Estudos Aplicados de Direito Empresarial

Estudos Aplicados de Direito Empresarial

MERCADOS FINANCEIRO E DE CAPITAIS

2019

Coordenação:
Pamela Romeu Roque

ALMEDINA

ESTUDOS APLICADOS DE DIREITO EMPRESARIAL
MERCADOS FINANCEIRO E DE CAPITAIS

COORDENAÇÃO: Pamela Romeu Roque
DIAGRAMAÇÃO: Almedina
DESIGN DE CAPA: FBA
ISBN: 978-85-8493-582-6

Dados Internacionais de Catalogação na Publicação (CIP)
(Câmara Brasileira do Livro, SP, Brasil)

Estudos aplicados de direito empresarial :
mercados financeiros e capitais / coordenação
Pamela Romeu Roque. -- São Paulo : Almedina, 2019.

Bibliografia
ISBN 978-85-8493-582-6

1. Direito Empresarial 2. Direito empresarial -
Brasil 3. Mercado de capitais 4. Mercado de
capitais - Brasil 5. Mercado financeiro 6. Mercado
financeiro - Brasil I. Roque, Pamela Romeu.

19-31477 CDU-34:338(81)

Índices para catálogo sistemático:
1. Brasil : Direito empresarial 34:338(81)
Maria Alice Ferreira - Bibliotecária - CRB-8/7964

Este livro segue as regras do novo Acordo Ortográfico da Língua Portuguesa (1990).

Novembro, 2019

EDITORA: Almedina Brasil
Rua José Maria Lisboa, 860, Conj.131 e 132, Jardim Paulista | 01423-001 São Paulo | Brasil
editora@almedina.com.br
www.almedina.com.br

APRESENTAÇÃO

É com grande prazer que apresentamos este quarto volume da coleção Estudos Avançados em Direito Empresarial – Mercados Financeiro e de Capitais. Nele estão contidos cinco artigos decorrentes de monografias finais apresentadas por excelentes alunos no âmbito do curso de pós-graduação LL.M. Direito dos Mercados Financeiros e de Capitais do Insper Direito. Todos dedicam-se a temas palpitantes com cientificidade e trabalho duro, de modo que valem a leitura, como o leitor poderá comprovar.

Nesse sentido, abrindo o volume, André Maruch faz uma análise comparativa, de vantagens e desvantagens, entre Fundos de Investimento em Participações (FIP) e Sociedades em Conta de Participação (SCP), adotando como objetivo facilitar o processo decisório de análise de possibilidades para formatação de veículos de investimento. Com efeito, a depender do vulto envolvido, assim como do grau de complexidade dos interesses dos investidores, uma estrutura pode ser mais adequada do que a outra. Para atingir seu objetivo, o autor parte de seu estudo de regulação, autorregulação, decisões judiciais, administrativas e doutrina, destacando aspectos legais relevantes tanto para os FIP como para as SCP com relação a: poderes e deveres dos administradores, participação no processo decisório das investidas, *disclosure* aos investidores, investimentos do e para o exterior, e riscos patrimoniais. O artigo apresenta pontos de adequação e de divergência entre estas estruturas, confrontando, por um lado, a robustez e previsibilidade regulatória ínsitas ao FIP, do qual deriva amplo espectro de normas reguladoras e sujeição fiscalizatória à CVM, B3 e autorregulação, e, por outro, a flexibilidade e simplicidade da SCP, as quais vêm acompanhadas de menor previsibilidade de atuação do sócio ostensivo e maior exposição do negócio e dos investidores a fatos relacionados ou atribuíveis àquele. Como o próprio autor destaca, a consideração dos pontos levantados neste estudo podem ser úteis quando da adoção e formatação do modelo mais adequado, em prol dos investidores e demais atores envolvidos no negócio.

Na sequência, Fernando Pinto Xavier Filho apresenta sua análise crítica e fundamentada sobre a abordagem "aplique ou explique", também conhecida por "pratique ou explique", na governança corporativa brasileira após a edição, pela Comissão de Valores Mobiliários, da Instrução 586, de 8 de junho de 2017. Atualmente, por referida norma, as companhias abertas estão sujeitas à obrigação de observarem um código nacional de governança corporativa, o Código Brasileiro de Governança Corporativa – Companhias Abertas (CBGC), baseado em referido método. Por ele, possibilita-se aos diversos stakeholders das companhias a análise das práticas por estas adotadas e uma melhor compreensão do nível de governança corporativa das empresas brasileiras. O trabalho explora não apenas os diversos aspectos do método "aplique ou explique", incluindo seus fundamentos, propósitos e desafios, mas também faz valiosa contribuição analisando os primeiros resultados da sua introdução regulatória pela Instrução 586 no País, a partir do que o autor destaca a dificuldade enfrentada quanto à construção das justificativas para não adoção de determinada prática. Diante dos resultados de seu estudo, o autor propõe um esforço de conscientização das companhias sobre os pontos críticos do método, especialmente a importância da divulgação de boas justificativas, que devem ser produto da reflexão da companhia sobre sua própria governança corporativa e sobre os princípios e as práticas recomendadas pelo CBGC.

Dando continuidade, Júnia Fontes Vieira Cidade também aborda a governança corporativa de companhias de capital aberto, escolhendo como objeto de estudo um tema muito desafiador e atual: a diversidade de gênero nos conselhos de administração. A autora procura evidenciar, por meio da análise de pesquisas já realizadas em doutrina, se há, de fato, correlação entre a presença de diversidade de gênero nos conselhos de administração das companhias de capital aberto e a melhora de seus resultados financeiros. Para atender a esse objetivo, o artigo discute, com o auxílio de revisão bibliográfica, a evolução da mulher no mercado de trabalho, a existência do chamado "teto de vidro" no ambiente corporativo, majoritariamente dominado pelo gênero masculino, os motivos por trás da sua perpetuação até os dias de hoje e formas de tratá-lo. O estudo não fugiu de abordar a controversa imposição criada por lei de cotas para mulheres na composição dos conselhos, como o ocorrido na Noruega no início dos anos 2000, apresentando pontos positivos e negativos na sua adoção. A leitura deste artigo permite acompanhar o raciocínio cuidadoso realizado pela autora para culminar em sua conclusão de que a diversidade impulsionaria o debate efetivo de ideias e a tomada de decisões técnicas, isentas e fundamentadas, enriquecendo o processo decisório das companhias e, consequentemente, favorecendo sua performance financeira.

Após, Rafael Viana de Figueiredo Costa lança-se ao desafio de abordar, especificamente no contexto da administração de recursos de terceiros no Brasil, a transferência internacional de dados na recente Lei nº 13.709/18, a Lei Geral de Proteção de Dados, também conhecida por "LGPD". É de fato um desafio, especialmente pela novidade que vem acompanhada de escassez de material, bem como de muitas indefinições e potenciais divergências. Mas o autor soube enfrentá-lo, abordando os conceitos básicos do mercado de administração de recursos de terceiros, os termos legais fundamentais previstos na LGPD, bem como tentativas regulatórias em disciplinar o tema. O autor assevera que as transferências internacionais de dados dos investidores será significativamente impactada pela nova legislação, de modo que os prestadores de serviços dos veículos de investimento, brasileiros ou estrangeiros, deverão se adaptar a esta nova realidade, não se olvidando de que estão sujeitos à jurisdição da Autoridade Nacional de Proteção de Dados, podendo sofrer penalidades severas em caso de descumprimento. O autor ainda adiciona haver grande incerteza na aplicabilidade da nova lei para agentes de tratamento estrangeiros, principalmente por conta de controvérsias em torno da aplicação extraterritorial da lei, mas também pela competência concorrente com outros órgãos internacionais de proteção de dados. A leitura do artigo pode contribuir para o enfrentamento desses desafios.

Por fim, fechando muito bem este volume, Tomás Centurione Leme Barbosa aborda com propriedade a manipulação de mercado por meio de negociação de alta frequência, especificamente as práticas de *spoofing* e *layering*. Como explica o autor, investidores mal-intencionados podem hoje utilizar ferramentas de negociações em alta frequência para enviar e cancelar ofertas rapidamente e, assim, induzir outros investidores a erro, obtendo a vantagem pretendida. O artigo busca esclarecer questões relacionadas a práticas de *spoofing* e *layering*, bem como unificar e reforçar as ações que visam identificar e coibi-las. Assim, passando pela abordagem sobre as condições necessárias para o regular funcionamento do mercado de capitais, a fim de destacar sua importância e introduzir as formas e as consequências das infrações relacionadas principalmente aos vícios de vontade no mercado de capitais, são tratados os desafios impostos pelas novas tecnologias utilizadas neste mercado. Alguns casos no direito norte-americano são analisados, assim como o tratamento no direito brasileiro e sua tipificação, a atuação da BSM no combate a essas práticas, e os principais casos apurados por esta e pela CVM. O trabalho conclui que as práticas do *spoofing* e do *layering* são irregulares e devem ser combatidas para evitar-se a manipulação de mercado, preservando a competitividade, confiabilidade e eficiência do mercado, mas sem deixar de pontuar a dificuldade de diferenciar as práticas do *spoofing* e do *layering* de certas estratégias de negociação legítimas no mercado de valores mobiliários, principalmente quando fazem uso de transações em alta frequência, bem como a necessidade de identificar a intenção do agente envolvido.

Espero que esta breve apresentação tenha atiçado a curiosidade dos leitores e atinja o objetivo de convidá-los e convencê-los a desfrutar das páginas seguintes. Vale a pena.

Boa leitura a todos!

PAMELA GABRIELLE ROMEU GOMES ROQUE
Professora do Insper Direito

PREFÁCIO

A nova edição da Coleção Estudos Aplicados de Direito Empresarial, fruto dos mais qualificados e contemporâneo artigos científicos para a solução e revisão de questões complexas atinentes ao direito empresarial, representa a mais clara aplicação da máxima de que *ciência se faz com verdade e não com vaidade*, conforme sempre nos lembra o jurista Ives Gandra da Silva Martins.

Durante mais de sete anos em que tenho a honra de figurar como um dos integrantes do corpo docente do Insper Direito, figurando por dois anos como coordenador de tais programas, tive a oportunidade de acompanhar de perto a evolução de todo o nosso corpo discente, fruto da continua busca na excelência em qualidade dos discentes e ininterrupta dedicação de todo o corpo docente, além da equipe de Desenvolvimento de Ensino e Aprendizagem (DEA) que tanto colabora para a nossa evolução como docente, sem se falar na insubstituível equipe da Biblioteca Telles, sem a qual, o resultado de tais trabalhos, certamente não seria possível.

Cada um dos cinco volumes que compõe a Coleção é a representação e espelho da excelência dos cursos de direito do Insper reconhecida por toda a comunidade jurídica, empresarial e profissional, fruto de mais de 20 anos de existência dos programas de direito nesta escola.

O volume destinado aos artigos dos discentes do LL.C. em Direito Empresarial, turma que tive a honra de ministrar algumas disciplinas, possui a complexa missão de mesclar temas jurídicos com conhecimentos interdisciplinares de matérias reconhecidas como "não jurídicas". Missão executada com excelência pelos discentes Danniel Barbosa Rodrigues, Evelliny Feitosa Silva Rego, Guilherme Totti, Larissa de Araújo Franco e Luana Leite de Moura. Conforme o leitor terá a oportunidade de constatar, são trabalhos que tramitam entre o grande desafio inovador da Internet das Coisas (IoT) aos direitos do hipersuficiente estabelecido pela reforma trabalhista de 2017, ou ainda, do conceito de insumo para efeitos do PIS e COFINS à análise da teoria do adimplemento substancial, sem se falar no artigo destinado a questão do patrocínio esportivo, tema tão raramente enfrentado pela doutrina pátria. São todos temas fundamentais para a evolução do direito empresarial no Brasil. Parabenizo a Professora Pamela pelo excelente e incansável trabalho realizado e dedicação aos seus orientandos, mesmo com o grande desafio de orientar as turmas dos dois programas (LLC e LLM).

O volume destinado aos artigos dos discentes do LL.M. em Direito nos Mercados Financeiro e de Capitais, igualmente orientado pela Professora Pamela, a quem parabenizo novamente, apresenta os trabalhos dos discentes André Maruch, Fernando Pinto Xavier Filho, Júnia Fontes Vieira Cidade, Rafael Viana de Figueiredo Costa e Tomás Centurione Leme Barbosa. No volume são apresentados trabalhos relevantes para os mercados financeiro e de capitais com o enfrentamento de situações complexas que envolvem a pertinência e a eficiência dos conselhos de administração com diversidade de gênero, tema tão caro e atual para toda a cultura empresarial brasileira, além do artigo diretamente vinculado a temática da prática de Governança Corporativa. Segue o volume com os estudos que tratam sobre a estruturação de veículos de investimentos com a avaliação comparativa de dois importantes institutos como o FIP e a SCP, além das mais recentes formas abusivas de manipulação do mercado e transferência internacional de dados, a qual, além do seu tratamento específico, ganha maior relevância nesse momento histórico nacional de debates sobre a lei geral de proteção de dados brasileira.

O volume destinado aos artigos dos discentes do LL.M. em Direito Societário, apresenta os trabalhos dos discentes Ana Elias Borges Gonçalves, Gabriel Gustavo de Camargo, Guilherme da Cunha Andrade Maranhão, Soila Máira Ferreira da Silva Rodrigues e Victor Dias Vieira Clementino. São apresentados dois estudos práticos abordando o conhecido caso sobre a Oi telecomunicações e a situação da consolidação substancial na prática do direito societário nacional, além da abordagem sobre os temas vinculados as regras de eleição de administradores nos respectivos conselhos das companhias de sociedade por ações, mecanismos de desinvestimentos pelo *private equity* e poder sancionar da CVM. São todos temas complexos e de extrema atualidade e importância ao profissional estratégico do direito. Parabenizo a Professora Ana Cristina pelo excelente trabalho realizado e dedicação aos seus orientandos.

O volume destinado aos artigos dos discentes do LL.M. em Direito Tributário, carinhosamente conhecido entre nós docentes do Direito como, o "volume roxinho" por escolha do seu Professor Orientador Regis Braga, a quem já parabenizo pela costumeira e brilhante orientação, dedicação aos seus alunos e intocável coordenação do volume, apresenta os trabalhos dos discentes Gabriela Mattos Uchôa de Moraes, Giuliana Cesani de Oliveira, Luan Moreira, Luiz Guilherme Fernandes Rosa Noronha e Pedro Moura de Almeida. São tratados os temas envolvendo a responsabilidade solidária de empresas do mesmo grupo econômico, comercialização de produtos e serviços durante os voos de aeronaves onde, o elemento territorial torna-se de dificílima definição para o direito tributário, sem se falar na temática envolvendo os benefícios fiscais e a sua análise jurisprudencial, bem como, os temas destinados a tributação quanto a saída definitiva de pessoa natural do território nacional e tributação referente ao pagamento de prémios na emissão de debentures.

Finalmente, o volume destinado aos artigos dos discentes do LL.M. em Direito dos Contratos, turma que igualmente tenho a honra de ministrar algumas disciplinas, apresenta os trabalhos dos discentes Juliana Braido Zaccarelli, Marcos Carrasco Gonzales, Mariana Rodrigues Cursino Osorio Nunes, Nathan Rocha Fernandes e Nathan Rocha Fernandes, todos grandes amigos que conquistamos ao longo do curso. São tratados relevantíssimos temas para o direito contratual e com propostas contemporâneas para problemas complexos, tais como, a questão da intervenção judicial nos contratos de *Built to Suit*, a avaliação sobre a persistência ou não de uma dicotomia entre os contratos de direito público e privado sob a ótica da boa-fé objetiva, ou ainda, quanto as cláusulas gerais da teoria geral do direito privado, é realizada a analise quanto a situação da função social nos contratos administrativos, além da recente possibilidade de rompimento do vínculo contratual pelo desvio de conduta apurado por regras e programas de *compliance*. O volume é encerrado com uma temática que me é particularmente muito cara, fruto do meu estudo durante o programa do mestrado, qual seja, a avaliação da manifestação de vontade nos contratos eletrônicos firmados com assinatura digital ou eletrônica. Parabenizo a Professora Maria Isabel (Bel) pelo excelente trabalho realizado, dedicação aos seus orientandos e a sua imensurável gentileza que tenho a oportunidade de acompanhar ao longo de mais de uma década de amizade.

Como dito, a nova edição da Coleção Estudos Aplicados de Direito Empresarial publicada pela prestigiada e rigorosa Editora Almedina, brinda e encerra o ano de 2019, ano em que o direito no Insper completou os seus 20 anos de história, inequívoco reconhecimento e prestígio no cenário jurídico nacional, feitos que nunca serão apagados, por quem quer que seja. Para mim, é uma verdadeira honra participar desse momento histórico da evolução da educação do direito no Brasil, parabéns aos autores e professores orientadores. Boa leitura e sucesso a todos!

Prof. Dr. Rodrigo Fernandes Rebouças

SUMÁRIO

Alternativas de Estruturação de Veículos de Investimento: Análise Comparativa entre Fundos de Investimento em Participações (FIP) e Sociedades em Conta de Participação (SCP)

André Maruch

Introdução

Os fundos de investimento de participações ("FIP") constituem o instrumento por excelência para a operacionalização de estruturas de investimento coletivo em *private equity*, entendido como a alocação de recursos em sociedades de capital fechado mediante ofertas privadas para valorização e futuro desfazimento da participação subscrita, seja por meio de alienação a terceiro interessado em transação privada ou por meio de oferta pública.

O FIP viabiliza a concentração de recursos por diversos investidores em um único veículo que lhes permite acesso a uma diversidade de ativos financeiros aliado a uma gestão profissional, possibilitando economia de escala e pulverização de riscos.[1]

Diante destes aspectos, que permitem uma clara separação do FIP perante outros formatos alternativos de estruturação de

[1] Conforme: Nakamura, Edson Takeshi. Poder de controle no fundo de private equity e seu reconhecimento pelo direito da concorrência. In. RDB pp. 81-108. Ano 21. Vol. 82. out.-dez./2018. Editora Revista dos Tribunais. p. 82.

investimentos, tem-se verificado uma crescente adoção do FIP como veículo preferencial para fomento do *private equity* no País.

Conforme dados coletados pela Associação Brasileira das Entidades dos Mercados Financeiro e de Capitais – ANBIMA em seu boletim anual, o patrimônio líquido consolidado dos FIPs ao fim de 2018 foi de R$ 230 bilhões, apresentando uma captação líquida de R$ 20 bilhões no agregado de 2017 e 2018, com 971 fundos deste tipo existentes em dezembro de 2018. Somente no primeiro trimestre de 2019 a captação líquida chegou a R$ 2 bilhões.[2]

Ao passo, contudo, em que os benefícios do FIP são vários, pode-se dizer que os custos envolvidos em sua constituição e manutenção de FIPs também podem ser considerados diversos. De fato, podem ser materiais e, dependendo do vulto de certas estruturas, proibitivas para a implementação de certos empreendimentos as despesas tanto de constituição quanto de operação, aí envolvidas aquelas relativas ao cumprimento de exigências de *compliance* e governança em função do arcabouço

[2] Conforme: Associação Brasileira das Entidades dos Mercados Financeiro e de Capitais. Relatório de Fundos de Investimento. 2019. Disponível em: http://www.anbima.com.br/pt_br/informar/relatorios/fundos-de-investimento/boletim-de-fundos-de-investimentos/industria-de-fundos-mantem-sua-atratividade-em-2018.htm Acesso em: 21 de abril de 2019. A respeito do crescimento da utilização de FIPs ao longo do tempo: "Os fundos de investimentos, especialmente os fundos de investimentos em participações, vêm ganhando cada vez mais destaque no cenário econômico mundial. Por apresentarem grande potencial de rentabilidade, as operações envolvendo fundos de investimento são cada vez mais presentes no mercado financeiro, firmando seu importante papel na economia. O mercado financeiro brasileiro tem crescido no decorrer dos últimos anos com um significativo número de operações envolvendo fundos de investimento, especialmente a partir da segunda metade da década de 90." (ANDERS, Eduardo Caminati. Fundos de investimento: desafios ao CADE. In: Poder de controle e outros temas de direito societário e mercado de capitais. CASTRO, Rodrigo R. Monteiro de; Moura Azevedo, Luís André N. de (Coord.). São Paulo: Quartier Latin, 2010. p. 476)

legal e do monitoramento exercido pela Comissão de Valores Mobiliários ("CVM") e por entidades autorregulatórias.

Neste contexto, é possível identificar custos de diversos matizes, que devem ser incorridos em diferentes esferas. Nesse sentido podem ser ressaltadas despesas com prestadores de serviços, incluindo (i) honorários advocatícios para a elaboração do regulamento do fundo e da ata de sua constituição, bem como de demais documentos eventualmente aplicáveis; (ii) custos de contratação, em base permanente, de serviços de administrador do fundo; (iii) custos de contratação, em base também permanente, de serviços de gestor do portfólio do fundo, que podem variar consideravelmente em função da modelagem de remuneração (incluindo taxa de performance etc.) e da complexidade e volume do portfólio; (iv) remuneração dos auditores independentes responsáveis pela verificação das demonstrações financeiras; e (v) contratação de distribuidor de valores mobiliários para efetuar, a princípio, a colocação privada das cotas mediante esforços restritos, em conformidade com a Instrução CVM ("ICVM") 476, permitindo o registro para negociação das cotas em mercado organizado.

Em complemento, em se tratando de taxas, podem ser vislumbrados os seguintes custos: (i) taxas da CVM para o registro do fundo; (ii) taxas da CVM para a formalização da oferta de esforços restritos; (iii) custos de abertura e manutenção de conta de custodiante para as cotas de emissão do fundo, e/ou em função da eventual existência de investidores não residentes, para fins de cumprimento da Resolução do Conselho Monetário Nacional (CMN) n. 4.373, de 29 de setembro de 2014; e (iv) custos de abertura e manutenção de conta de custódia para manutenção dos ativos constantes da carteira do fundo.

Em complemento aos ônus financeiros acima apontados, deve ser também levado em consideração o necessário dispêndio de tempo. Pode-se dizer que, de modo costumeiro, podem ser tomados cerca de 3 (três) a 4 (quatro) meses para a finalização dos vários procedimentos envolvidos, que incluem, dentre outros: discussão, negociação e elaboração do regulamento do fundo, que abrange diversos aspectos operacionais sujeitos a alinhamento entre investidores e advogados; registro da ata de constituição e do regulamento em cartório; obtenção do Cadastro Nacional de Pessoas Jurídicas da Receita Federal do Brasil ("CNPJ"); formalização de contratos, obrigatórios ou facultativos, pelo administrador do fundo, incluindo atividades de tesouraria (obrigatório), atividades de controle e processamento dos ativos (obrigatório), escrituração da emissão e resgate de cotas (obrigatório), custódia de ativos financeiros (sendo dispensada a contratação de custódia para os investimentos do FIP em valores mobiliários emitidos por companhias fechadas, sociedades limitadas e para os ativos integrantes das disponibilidades do FIP quando forem negociados em mercado regulado), gestão da carteira do FIP (caso gestor e administrador sejam pessoas diferentes), distribuição de cotas (caso a distribuição de quotas seja feita por meio de oferta pública), consultoria de investimentos (facultativo, a depender da estrutura do FIP), formador de mercado para as cotas do fundo (facultativo, a depender da sua estrutura); contratação do auditor independente (o qual que precisa ser informado à CVM já no momento do pedido de registo); registro na CVM; abertura da conta bancária; seleção e cadastramento dos investidores pelo administrador/custodiante; e integralização do capital.

Em vista destas questões, a depender do vulto que se pretende transacionar por meio do veículo, assim como do grau de complexidade dos interesses dos investidores, não é incomum se deparar com a discussão de alternativas menos custosas em substituição ao que usualmente seria adequado a um FIP, podendo-se verificar atualmente no mercado a indicação do movimento de intermediários na procura por instrumentos que permitam contornar a constituição e gestão de FIPs.

Neste cenário, por vezes se verifica o interesse de investidores em aprofundarem conhecimentos acerca dos aspectos essenciais da Sociedade em Conta de Participação ("SCP"), no sentido de verificarem a possibilidade e viabilidade de sua utilização em lugar do FIP.[3]

Em primeiro lugar, é sabido que uma SCP não incorre em despesas típicas de constituição e funcionamento de um FIP. A respeito do rol acima exposto, pode-se dizer que, de fato, o único custo similar é aquele da contratação de advogados para redigirem os atos constitutivos para refletirem no documento apropriado os interesses das partes.

Sem prejuízo deste benefício da SCP, de não incidir em custos e prazos equivalentes para a constituição e funcionamento de um fundo, são considerados ainda os benefícios de sua flexibilidade (com grande liberdade aos sócios para regularem seus direitos e obrigações), dinamicidade (é uma estrutura sem maiores burocracias e formalidades), e discrição (a confidencialidade da participação de certos sócios perante terceiros, conforme eventualmente pretendido pelos investidores). A relevância da SCP é assim descrita por Scalzilli e Spinelli:

> Poucas figuras jurídicas são tão importantes para o tráfico negocial e, ao mesmo tempo, tão incompreendidas quanto a sociedade em conta de participação, também designada, na prática, simplesmente por SCP. Com efeito, não resta dúvida de que a SCP é um dos tipos societários mais pujantes, podendo-se supor que

[3] Como explicado por Nelson Eizirik: "Há também as SCP criadas para funcionar como holdings, cujo objetivo é justamente o de lucrar mediante a participação em outras sociedades. A vantagem de uma sociedade (sócia ostensiva) constituir uma SCP com esta finalidade é a possibilidade de agregar o capital de terceiros (sócios participantes), sem que eles passem a integrar os seus quadros sociais, restringindo sua participação ao negócio específico que é objeto da SCP." (EIZIRIK, Nelson. Notas sobre a sociedade em conta de participação. In: Direito Societário – Estudos e Pareceres. São Paulo: Quartier Latin, 2015. p. 739)

seja o tipo mais utilizado depois das sociedades limitadas, inclusive mais do que as sociedades anônimas e do que as cooperativas. Tal afirmação, porém, não pode ser fundada em números precisos, já que a constituição deste tipo societário é livre de qualquer formalidade, inexistindo registro próprio, e, consequentemente, dados oficiais sobre aquela.[4]

De fato, diante das características acima referidas, existe um grau de alinhamento entre as estruturas da SCP e do FIP de modo a permitir-se, por meio da utilização da primeira, a exploração de atividade ínsita à segunda, como se segue:

> A formatação clássica da sociedade em conta de participação tem sido empregada, de igual modo, para a estruturação de modernas operações de *private equity* e *venture capital*. Na prática, essas operações envolvem um investidor que adquire participação societária em uma sociedade-alvo por meio da subscrição de suas quotas ou ações, em uma transação que, via de regra, não envolve o mercado de títulos e valores mobiliários. (...) O objetivo de tais operações é desenvolver a sociedade-alvo e obter lucro, após atingido determinado patamar patrimonial, com a oferta de suas ações no mercado ou por meio de sua alienação privada a terceiros concorrentes. As referidas estruturas têm sido implementadas mediante a utilização a sociedade em conta de participação, figurando o sócio ostensivo como o investidor, isto é, aquele que adquire as participações societárias nas sociedades-alvo, obrigando-se externamente, e os sócios participantes como meros prestadores de capital.[5]

[4] SCALZILLI, João Pedro. SPINELLI, Luis Felipe. Reflexões sobre a sociedade em conta de participações no direito brasileiro. In: Revista Jurídica Empresarial. Ed. Notadez. 12 ed. Jan/fev 2010. p. 11.

[5] GALIZZI, Gustavo Oliva. Sociedade em conta de participação. Belo Horizonte: Mandamentos, 2008. pp. 129-130.

Apesar de a SCP ser efetivamente menos onerosa que um FIP, tanto para sua constituição como para manutenção, e de fato apresentar as demais características acima, seria necessário sopesar-se tal configuração com os elementos que compõem a estruturação do FIP, observado que tal fundo foi idealmente formulado justamente para servir como veículo de investimentos.

Assim, o trabalho se propõe a facilitar o processo decisório de análise de alternativas para a formatação de veículos de investimento, diante dos custos forçosamente envolvidos na constituição e operação de fundos de investimento em participações, buscando viabilizar a visualização das vantagens e desvantagens de cada estrutura[6] para, diante da natureza e perfil dos investimentos desejados, permitir uma escolha mais consciente da figura jurídica pretendida, minimizando riscos futuros de ordem jurídica.[7]

Para tanto, será realizado um breve estudo comparativo entre aspectos legais relevantes relacionados ao FIP, de um lado, e a SCP, de outro, a fim de identificar, especialmente do ponto de vista do investidor, as vantagens e desvantagens de cada um deles como veículo de estruturação de investimento, dependendo da configuração do investimento envolvido em cada caso. Para fins deste estudo, os temas objeto de atenção são: poderes e deveres dos administradores, participação no processo deci-

[6] Não serão analisados, portanto, elementos referentes a quaisquer outros instrumentos que poderiam viabilizar a alocação de recursos por por usualmente apresentarem dinâmica e estruturação não tão próximas à dos fundos de investimento em participações, tais como como associações, fundações ou sociedades (à exceção de holdings puras patrimoniais, que contudo apresentam certas restrições especialmente relacionadas a formalismos operacionais, alocação de responsabilidades e governança que as afastam do propósito desta análise vis-à-vis a SCP).

[7] Tendo-se clareza nos riscos jurídicos inerentes à transação, torna-se mais fácil prever soluções que possam proteger a integridade do negócio e dos investidores.

sório das investidas, *disclosure* aos investidores, investimentos do e para o exterior, e riscos patrimoniais. Feito isso, com suporte na regulação e autorregulação aplicáveis além de decisões judiciais, doutrina e decisões da CVM, serão eleitos pontos de adequação e de divergência entre as estruturas para que então se aprofunde a comparação que se pretende em relação a aspectos materiais, indicando as situações nas quais as características de uma estrutura se sobrepõem às da outra, apontando as adequações e inadequações de cada veículo. Por fim, a pretexto de conclusão, se fará uma síntese do que foi apresentado, indicando algumas situações nas quais certos aspectos relevantes, tanto do FIP quando da SCP, poderiam a princípio se afigurar menos ou mais eficientes.[8]

1. Aspectos Essenciais dos Fundos de Investimento em Participações

Para a verificação a que se propõe este estudo é necessário inicialmente ter-se em vista que a regulação regente do FIP é muito mais abrangente e minuciosa que a da SCP. De fato, verifica-se substancial número de disposições na regulação específica emanada especialmente pela CVM, tanto sobre fundos de investimento em geral quanto sobre fundos de investimento em participações em específico, com substancial número de disposições. A título ilustrativo, a ICVM n. 578, de 30 de agosto de 2016, que atualmente regula os FIPs, possui 60 artigos, e a ICVM n. 555, de 17 de dezembro de 2014, que trata dos fundos de investimento em geral, tem 157 artigos, ao passo que a SCP é regulamentada essencialmente pelos artigos 991 a 996

[8] A pesquisa foi desenvolvida com base na doutrina brasileira acerca de fundos de investimento em participações e sociedades em conta de participação, tanto em artigos especializados quanto em obras de doutrina que abordam o assunto ao lado de outros correlatos, além da jurisprudência específica e de manifestações da autorregulação.

do Código Civil. Em função desta constatação, se faz necessário que o estudo comparativo – que claramente não tem meios nem propósito de exaurir o tema – tome por base aspectos da regulação aplicável aos FIPs, para que deles se possa proceder à comparação com a SCP.

Assim, pode-se dizer que os fundos de investimentos possuem sua regulamentação essencialmente conferida pela CVM, que trata dos aspectos de sua constituição, administração, funcionamento e divulgação das informações por meio da Instrução 555, de 2014.[9]

De acordo com a norma, foi conferida a ele a natureza de condomínio, caracterizado genericamente como a titularidade conjunta por mais de uma pessoa sobre o mesmo bem. Nos termos do artigo 3º da norma, o fundo de investimento é "uma comunhão de recursos, constituído sob a forma de condomínio, destinado à aplicação em ativos financeiros". Nas palavras de Luiz Leonardo Cantidiano, "o Fundo de Investimento constitui instrumento de investimento coletivo, por meio do qual há uma captação de recursos junto a diversos investidores que passam a integrar o fundo, que é administrado e gerido por profissionais especializados".

A este respeito, em vista da relevância do tema no que toca a seus possíveis efeitos jurídicos, é válido ressaltar que existem

[9] De salientar-se a publicação em 20/09/2019 da Lei 13.874, que inova o arcabouço jurídico aplicável aos fundos de investimento ao incluir no Código Civil certas disposições referentes a sua natureza jurídica e alocação de responsabilidades. A regulamentação da CVM sobre FIP deverá ser ajustada de acordo. Ao passo em que algumas disposições da norma serão endereçadas em maior detalhe ao longo deste texto, é oportuno já informar, o conteúdo do novo artigo 1.368-C, que corrobora o conceito de que o "fundo de investimento é uma comunhão de recursos, constituído sob a forma de condomínio de natureza especial, destinado à aplicação em ativos financeiros, bens e direitos de qualquer natureza", reservando à CVM a competência para regulamentar o tema.

discussões sobre a definição da natureza jurídica dos fundos de investimento, especialmente no sentido de se classificá-los efetivamente como um condomínio ou se, diversamente, tratar-se-ia de um tipo societário. Neste contexto, há corrente consistente adotando a primeira alternativa, em consonância com o texto legal, como a seguir sintetizado:

> Os fundos de investimento, ao contrário do que ocorre com as companhias de investimento, apresentam uma feição contratual e não societária, uma vez que não há entre os investidores relação interpessoal associativa – a *affectio*. Ao contrário, a relação dos investidores entre si é irrelevante para a constituição e funcionamento de um fundo, uma vez que, ao aderirem ao fundo, estes vinculam-se ao administrador, que lhes presta serviços de administração e de gestão de seus recursos.[10]

Por outro lado, vale também salientar a argumentação em defesa de entendimento diverso, que caminha em direção ao alinhamento da natureza jurídica do fundo com a figura da sociedade mediante a identificação de elementos essenciais tais como descritos em lei, conforme adiante sumarizado:

> Mas independentemente das características específicas que cada fundo venha a adotar, sempre estarão presentes alguns elementos essenciais que podemos afirmar compor o conceito da figura dos fundos de investimento. São eles a contribuição com

[10] EIZIRIK, Nelson; GAAL, Ariádna B.; PARENTE, Flávia; HENRIQUES, Marcus de Freitas. Mercado de Capitais – regime jurídico. 3.ed. revista e ampliada – Rio de Janeiro: Renovas, 2011. p. 83. Veja-se ainda: CORRÊA-LIMA, Sérgio Mourão; PIMENTA, Vinícius Rodrigues. Fundos de Investimento. In: Sociedades Anônimas e Mercado de Capitais. GONÇALVES, Fernando; SOARES DE CASTRO, Moema Augusta (coord.); FREITAS, Bernardo Vianna (org.). São Paulo: Quartier Latin, 2011. p. 653.

> bens, para o desenvolvimento de atividade econômica com fim lucrativo, objetivando a partilha dos resultados. Estes elementos essenciais coincidem com os da figura de sociedade, tal qual conceituada no art. 981 do Código Civil de 2002 e permitem que, com apoio no art. 983, parágrafo único, se possa reconhecer que a natureza jurídica dos fundos de investimento é efetivamente a de sociedade. A insistente e expressa atribuição da condição de condomínio aos fundos de investimento, pelo legislador, na totalidade das espécies existentes, não tem o condão de subsumi-los ao instituto de Direito Civil. O conjunto de relações jurídicas compreendidas em um fundo de investimento colidem com as normas insculpidas no Código Civil como reguladoras da figura condominial.[11]

Concluída esta observação, e tendo-se em vista que o sistema normativo vigente expressamente optou pela primeira abordagem acima, informa-se que são admitidos dois tipos de condomínio para fundos: o aberto, em que os cotistas podem solicitar o resgate de suas cotas conforme estabelecido no regulamento, e o fechado, em que as cotas somente são resgatadas ao término do prazo de duração do fundo. Um FIP é sempre um condomínio fechado, de forma que as cotas de sua emissão e seus direitos de subscrição podem ser transferidos, mediante termo de cessão e transferência entre cedente e cessionário, ou por meio de negociação em mercado organizado em que as cotas do fundo sejam admitidas à negociação.[12]

[11] Freitas, Ricardo de Santos. Natureza jurídica dos fundos de investimento. São Paulo: Quartier Latin, 2006, pp. 269-270.

[12] Derivaria deste fato a robustez regulatória do FIP: "É importante notar que, em decorrência da falta de liquidez dos fundos de investimento fechados, a CVM optou por estabelecer um cenário regulatório mais complexo aos referidos fundos, estabelecendo normas mais rígidas para investimento e distribuição de cotas de fundos de investimento fechados." (BRASIL. Comissão de Valores Mobiliários. Direito do Mercado de Valores Mobiliários. 1.ed. Rio de Janeiro, 2017. p. 622. Disponível em: www.cvm.gov.br. Acesso em: 1º de fevereiro de 2019)

Seu funcionamento depende do prévio registro na CVM.[13] Dentre a documentação necessária a este registro encontram-se o regulamento, a indicação do auditor independente e o número de inscrição no CNPJ.[14]

A título de contrapartida pelos recursos aportados, os investidores recebem cotas do fundo, as quais correspondem a frações ideais de seu patrimônio, sendo escriturais, nominativas, e conferindo iguais direitos e obrigações aos cotistas, inclusive de votarem nas assembleias gerais de quotistas. Segundo o artigo 15, os cotistas são responsáveis por eventual patrimônio líquido negativo do fundo, sem prejuízo da responsabilidade do administrador e do gestor em caso de inobservância da política de investimento[15] ou dos limites de concentração previstos no regulamento e na regulação[16].

[13] É possível constituir um FIP sem proceder ao seu registro na CVM, o qual teria suas cotas atribuídas aos investidores de forma privada e não pública. Com este procedimento faltaria à CVM competência fiscalizatória sobre tal fundo, reduzindo-se entretanto a segurança jurídica que envolve o veículo. Veja-se neste tocante o julgamento do Processo CVM RJ2005/2345. (BRASIL. Comissão de Valores Mobiliários. Processo CVM RJ2005/2345. Relator: Marcelo Fernandez Trindade. Rio de Janeiro, 21 de fevereiro de 2006. Disponível em: www.cvm.gov.br. Acesso em: 1º de março de 2019)

[14] Como o fundo é um condomínio e portanto não possui personalidade jurídica, se poderia dizer que carece de sentido a exigência de seu registro no Cadastro Nacional de Pessoas Jurídicas. Trata-se contudo de convenção para permitir a devida caracterização do fundo para seu regular funcionamento. O número de CNPJ é conferido após registro do fundo em cartório de títulos e documentos.

[15] "Por intermédio da política de investimentos o administrador do fundo revela aos investidores e aos organismos reguladores como serão alocados os recursos aportados pelos cotistas, ou melhor, quais as aplicações nos mercados financeiros, de capitais e de futuros que comporão a carteira criada, observados os limites regulamentares, de forma a permitir o conhecimento da classificação do fundo em questão." (Dotta, Eduardo Montenegro. A responsabilidade dos administradores e gestores de fundos de investimento. São Paulo: Almedina, 2018. p. 129)

[16] Será, adiante neste trabalho, comentado o abrandamento desta estipulação pela Lei 13.874, de 20/09/2019, objeto de conversão da Medida Provisória n. 881,

Somente investidores qualificados podem figurar como cotistas, os quais, segundo o artigo 9º-B da ICVM 539, de 13 de novembro de 2013, conforme alterada, podem ser (i) investidores profissionais,[17] (ii) pessoas com investimentos financeiros em valor superior a R$ 1 milhão, (iii) pessoas aprovadas pela CVM para autuarem como agentes autônomos de investimento, administradores de carteira, analistas e consultores de valores mobiliários, e (iv) clubes de investimento, desde que tenham a carteira gerida por um ou mais cotistas, que sejam investidores qualificados.

Ao passo em que a ICVM 555 regula os aspectos gerais dos fundos de investimento, as disposições específicas sobre os fundos de investimento em participações são encontradas na ICVM 578. Esta norma, que reforça o conceito do fundo como uma comunhão de recursos, delimita quais são os ativos elegíveis para formação de sua carteira de investimentos.

de 30/04/2019, que dispôs que o regulamento do fundo de investimento poderá "estabelecer a limitação da responsabilidade de cada investidor ao valor de suas cotas", de forma que, em havendo a expressa previsão regulamentar, não mais haverá o risco de, em caso de patrimônio líquido negativo do fundo, um cotista vir a ser chamado a aportar valores adicionais aos que havia se comprometido a investir, aumentando a previsibilidade e segurança do instrumento.

[17] Segundo a ICVM 539, art. 9º-A: "São considerados investidores profissionais: I – instituições financeiras e demais instituições autorizadas a funcionar pelo Banco Central do Brasil; II – companhias seguradoras e sociedades de capitalização; III – entidades abertas e fechadas de previdência complementar; IV – pessoas naturais ou jurídicas que possuam investimentos financeiros em valor superior a R$ 10.000.000,00 (dez milhões de reais) e que, adicionalmente, atestem por escrito sua condição de investidor profissional mediante termo próprio, de acordo com o Anexo 9-A; V – fundos de investimento; VI – clubes de investimento, desde que tenham a carteira gerida por administrador de carteira de valores mobiliários autorizado pela CVM; VII – agentes autônomos de investimento, administradores de carteira, analistas e consultores de valores mobiliários autorizados pela CVM, em relação a seus recursos próprios; VIII – investidores não residentes."

Neste contexto, a Instrução informa em seu artigo 5º que o FIP é um condomínio fechado "destinado à aquisição de ações, bônus de subscrição, debêntures simples, outros títulos e valores mobiliários conversíveis ou permutáveis em ações de emissão de companhias, abertas ou fechadas, bem como títulos e valores mobiliários representativos de participação em sociedades limitadas", abrangendo mais ativos que a regulamentação anterior, consubstanciada na ICVM 391, de 16 de julho de 2003.

Além disso, uma característica intrínseca ao FIP consiste na exigência da norma de que ele que deve participar do processo decisório da sociedade investida, com "efetiva influência na definição de sua política estratégica e na sua gestão". Não lhe é suficiente, portanto, meramente figurar como detentor da participação, devendo efetivamente atuar no direcionamento das atividades da investida. É neste sentido que se classifica o FIP como um veículo especificamente formatado para *private equity*, o qual permite a realização de investimentos em uma gama de ativos financeiros sem descurar-se da gestão profissional, o que torna factíveis a economia de escala e a pulverização de riscos desejados pelos investidores.

O FIP tem suas normas essenciais dispostas em seu regulamento. A CVM lista as matérias que devem ser necessariamente endereçadas neste instrumento, tais como: patrimônio inicial mínimo, qualificação e remuneração do administrador e do gestor, política de investimento (com a indicação dos ativos elegíveis e explicação sobre os riscos de sua concentração e iliquidez), informações a serem divulgadas aos cotistas, despesas e encargos, possibilidades e condições de amortização e distribuição de dividendos, direitos de cada classe de cotas, funcionamento da assembleia geral de cotistas, processo decisório para o investimento e desinvestimento, e casos de liquidação do fundo.

É prevista a existência de diferentes tipos de fundos, aplicando-se a cada tipo diferentes normas de governança e de ativos elegíveis. Segundo o artigo 14 da ICVM 578, há FIP Capital Semente, Empresas Emergentes, Infraestrutura (FIP-IE), Produção Econômica Intensiva em Pesquisa, Desenvolvimento e Inovação (FIP-PD&I), e Multiestratégia.

Em breve síntese, trata-se de um veículo moldado para viabilizar operações de *private equity* que, em que pese estar sujeito a detalhada regulação, possui razoável grau de flexibilidade, com certa discricionariedade para definir regras de administração e governança e dos direitos das classes de cotas. Ademais, apresenta previsibilidade de funcionamento pela coesão de suas regras e da existência de julgados da CVM tratando de aspectos importantes de sua operação, o que reforça sua segurança jurídica em linha com a fiscalização desempenhada pela CVM e pelas normas de autorregulação.

2. Aspectos Essenciais das Sociedades em Conta de Participação

A SCP é regulada pelo Código Civil em seus artigos 991 a 996, além do parágrafo único do artigo 986. Suas disposições estão, assim, inseridas no Subtítulo I (Da Sociedade Não Personificada) do Título II (Da Sociedade) do Livro II (Do Direito de Empresa) do Código Civil.

Ao ser a SCP classificada como uma sociedade, indica-se que ela consubstancia, nos dizeres do artigo 981 do mesmo Código Civil, um contrato por meio do qual certas pessoas reciprocamente se obrigam a contribuir, com bens ou serviços, para o exercício de atividade econômica e a partilha, entre si, dos resultados.[18]

[18] GALIZZI, Gustavo Oliva. A sociedade em conta de participação como subespécie do gênero joint venture. In: Revista de Direito Mercantil, Industrial, Econômico e Financeiro. Núm. 135, Julho 2004. p. 206.

Nela figuram dois tipos de sócios, o ostensivo e o participante. O primeiro é responsável por desenvolver os negócios sociais em seu nome e sob sua própria e exclusiva responsabilidade. Não há, assim uma entidade constituída pelos sócios para o desenvolvimento daquela atividade específica, revestida de personalidade jurídica, que seria gerida e representada por seus administradores, tal como se dá na sociedade limitada e na sociedade anônima. É o próprio sócio ostensivo quem conduz as atividades sociais e formaliza os negócios da SCP perante terceiros. Ao não haver delimitação de personalidade em função do patrimônio social, o sócio ostensivo assume responsabilidade ilimitada, com seu próprio patrimônio, pelas dívidas da SCP.

De outro lado se encontra o sócio participante, cujo papel se resume a participar dos resultados sociais, obrigando-se exclusivamente perante o sócio ostensivo nos termos do contrato social. Não pode ele buscar representar a sociedade perante terceiros, sendo-lhe vedado direcionar os negócios ao lado do sócio ostensivo, sob pena de também assumir, em caráter solidário com este, responsabilidade ilimitada pelas dívidas da SCP. O contrato pode dispor a respeito de restrições ou da liberdade de cessão de suas quotas, observado que na omissão textual aplica-se a exigência legal das sociedades simples, que requer a anuência de todos os sócios ao ingresso de terceiro.

Ao indicar que ela não é personificada, se aponta que, ao não ser titular de personalidade jurídica, não possui um patrimônio próprio, ou seja, uma universalidade de ativos própria e distinta daquela dos correlatos fundadores. Carece-lhe ainda autonomia obrigacional, vale dizer, a possibilidade de atuar e assumir obrigações perante terceiros, não podendo praticar todos os atos que não sejam exclusivos das pessoas naturais seja por natureza ou por força de lei. Falta-lhe assim uma existência própria, não podendo ser sujeito ativo ou passivo de delitos e não tendo um nome próprio, uma sede própria, e tampouco órgãos de administração.[19]-[20]

Esta sistemática é corroborada por meio do artigo 982 do Código Civil, que dispõe que a constituição da SCP independe de qualquer formalidade, podendo sua existência ser provada por todos os meios de direito. Não há, assim, necessidade de registro do documento constitutivo da sociedade na Junta Comercial local[21]. Indo além, não há necessidade nem da redação de tal documento constitutivo para que a SCP venha a existir, sendo deste modo, trazida à existência por fatos.

Como sintetizado por Alfredo de Assis Gonçalves Neto:

> E aqui não se está a vincular o instituto da sociedade com a pessoa jurídica mas simplesmente levando em conta que só se pode ter por sociedade um ente, uma estrutura, a que o direito atribui a possibilidade, em maior ou menor grau, de se tornar sujeito de direito em certas relações jurídicas. A sociedade em conta de participação não se apresenta como um ente capaz de direitos e obrigações, nem mesmo como um centro de imputação de interesses, já que tudo se passa como se fosse – e na verdade é

[19] Conforme: Fiuza, César. Direito civil: curso completo. 16. ed. rev., atual. e ampl. Belo Horizonte: Del Rey, 2013. pp. 154-155.

[20] A ausência de personalidade jurídica da SCP não significaria ausência de personalidade judiciária, segundo este entendimento: "Sendo a sociedade em conta de participação uma das espécies das sociedades não personificadas, como prevê o próprio Código Civil, conclui-se, em simples silogismo, que terá personalidade judiciária, podendo demandar e ser demandada." (Donoso, Denis; Ramos, Glauco Gumerato. Sociedade em conta de participação em juízo: análise da sociedade em conta de participação à luz dos pressupostos processuais. In: Direito Processual Empresarial. p. 196). Em sentido contrário: Galizzi, Gustavo Oliva. Sociedade em conta de participação. Belo Horizonte: Mandamentos, 2008. p. 52.

[21] Faz-se necessário, contudo, seu registro perante o CNPJ, em cumprimento ao artigo 4º, inciso XVII, da Instrução Normativa 1.863/18 da Receita Federal.

> – o sócio ostensivo o único a agir na busca dos propósitos sociais. Ela é um simples contrato de participação no qual o sócio ostensivo obriga-se a agir como ajustado com os seus sócios ocultos na aplicação dos recursos (numerário ou bens, dentre eles direitos) que reuniram para tal fim.[22]

É discutível, diante do cenário acima delineado, se a SCP seria mesmo uma sociedade, tal como se pode concluir ao ater-se à redação do texto legal, ou se, diversamente, poderia se tratar de um contrato de investimento, posição adotada por parcela razoável da doutrina[23].

Como informado, não há assim uma entidade constituída e dotada de personalidade jurídica em face das demais pessoas. Com base nesta premissa o artigo 993 dispõe que o contrato social produz efeito somente entre os sócios, e não perante terceiros, sendo que a eventual inscrição deste documento em qualquer registro – seja a Junta Comercial ou o Registro Civil de Pessoas Jurídicas – não é capaz de dotar a sociedade de personalidade jurídica. Ademais, direitos e obrigações estabelecidos entre os sócios em tal documento são válidos somente entre si, não podendo ser alegados e impostos em face de não sócios.

[22] Conforme: Gonçalves Neto, Alfredo de Assis. Direito de empresa: comentários aos artigos 966 a 1.195 do Código Civil. 3. ed., rev., atual. e ampl. – São Paulo: Editora Revista dos Tribunais, 2010. p. 154.

[23] A título exemplificativo: "Os contratos de SCP distinguem-se dos contratos constitutivos de sociedades justamente pelo fato destes se caracterizarem como contratos plurilaterais, que dão origem a um novo ente jurídico que se obriga perante terceiros. (...) Ou seja, na SCP não há uma organização nova, nem para efeitos externos, nem internos, mas uma relação contratual em que apenas uma das partes assume responsabilidade perante terceiros." (Eizirik, Nelson. Notas sobre a sociedade em conta de participação. In: Direito Societário – Estudos e Pareceres. São Paulo: Quartier Latin, 2015. p. 749). A respeito dos posicionamentos contrários, veja-se: Ramires, Rogerio. A sociedade em conta de participação do direito brasileiro. 2. ed. São Paulo: Almedina, 2013. p. 76.

Em sendo o sócio ostensivo responsável por todos os aspectos inerentes à condução das atividades sociais, deve também, de modo geral, receber dos sócios participantes as contribuições para o negócio, as quais constituirão um patrimônio especial dentro da contabilidade do ostensivo. Em vindo o sócio ostensivo a ter sua falência declarada, a SCP será dissolvida e os sócios participantes passarão a deter perante a massa falida crédito de natureza quirografária, posto que todos os ativos do ostensivo, incluindo aqueles integrantes do patrimônio especial, serão contribuídos à sua massa falida. Já em caso de falência de algum sócio participante não deverá haver a dissolução da SCP, restando o contrato social sujeito às normas que regulam os efeitos da falência nos contratos bilaterais do falido, com a eventual continuidade do contrato a critério do administrador da falência. A SCP em si não é sujeita ao instituto por não se tratar de sociedade empresária, nos termos do artigo 1º da Lei 11.101/05.

Em caso de dissolução da SCP deverá haver a prestação de contas pelo ostensivo em favor dos participantes, averiguando-se ali os haveres ou deveres exigíveis, tal como regulado no artigo 550 e seguintes do Código de Processo Civil (Lei 13.105/15).[24]

Diante do pequeno número de artigos regulando este tipo societário, diversas lacunas de regulação deveriam surgir, o que é contudo solucionado pelo artigo 996 do Código Civil, que lhe impõe a aplicação subsidiária, no que forem compatíveis, as regras da sociedade simples.

Havendo sido acima delineados os aspectos essenciais do FIP e da SCP, dá-se a seguir continuidade à análise comparativa dos veículos abarcando elementos fundamentais e específicos de sua operação.

[24] Segundo o artigo 551 do Código de Processo Civil, "as contas do réu serão apresentadas na forma adequada, especificando-se as receitas, a aplicação das despesas e os investimentos, se houver".

3. Poderes e Deveres dos Administradores

A ICVM 578 estabelece que o FIP seja sujeito a uma administração profissional, devendo ser gerido e representado por administradores e gestores devidamente autorizados pela CVM para o exercício profissional de administração de carteiras de valores mobiliários, responsáveis pelos serviços relacionados direta ou indiretamente ao funcionamento e à manutenção do fundo.

Como definido no artigo 2º da ICVM 555, o administrador de fundo é a "pessoa jurídica autorizada pela CVM para o exercício profissional de administração de carteiras de valores mobiliários e responsável pela administração do fundo". Já o gestor é a "pessoa natural ou jurídica autorizada pela CVM para o exercício profissional de administração de carteiras de valores mobiliários, contratada pelo administrador em nome do fundo para realizar a gestão profissional de sua carteira".

O administrador e o gestor de um FIP estão sujeitos a estritas regulações que direcionam as balizas de seus deveres fiduciários, além de contratos que costumam esclarecer claras metodologias de atuação, sem mencionar a própria política de investimento devidamente aprovada e o monitoramento exercido pelos agentes de mercado.

Neste contexto, em que pese o necessário grau de discricionariedade para condução do fundo, a ICVM 555 dispõe em seu artigo 16 as regras de conduta do administrador de carteira de valores mobiliários – abrangendo aqui tanto o administrador em sentido estrito quanto o gestor – , imputando-lhe as obrigações de (i) exercer suas atividades com boa fé, transparência, diligência e lealdade em relação aos seus clientes; (ii) desempenhar suas atribuições de modo a buscar atender aos objetivos de investimento de seus clientes e evitar práticas que possam ferir a relação fiduciária mantida com seus clientes; (iii) cumprir fielmente o regulamento do fundo de investimento ou o contrato previamente firmado por escrito com o cliente, contrato este que deve conter as características dos serviços a serem prestados, incluindo a política de investimento e o conteúdo e a periodicidade das informações a serem prestadas ao cliente; (iv) manter atualizada, em perfeita ordem e à disposição do cliente toda a documentação relativa às operações das carteiras administradas; (v) transferir à carteira qualquer benefício ou vantagem que possa alcançar em decorrência de sua condição de administrador; (vi) informar à CVM sempre que verifique, no exercício das suas atribuições, a ocorrência ou indícios de violação da legislação que incumbe à CVM fiscalizar; e (vii) estabelecer política relacionada à negociação de valores mobiliários por parte de administradores, empregados, colaboradores, sócios controladores e pela própria empresa.

São também impostas vedações de atuação, como (i) atuar como contraparte, direta ou indiretamente, em negócios com carteiras que administre[25]; (ii) modificar as características básicas dos serviços que presta sem a prévia formalização adequada nos termos previstos no contrato e na regulação; (iii) fazer propaganda garantindo níveis de rentabilidade, com base em desempenho histórico da carteira ou de valores mobiliários e índices do mercado de valores mobiliários; (iv) fazer quaisquer promessas quanto a retornos futuros da carteira; (v) contrair ou efetuar empréstimos em nome dos seus clientes; (vi) prestar fiança, aval, aceite ou coobrigar-se sob qualquer outra forma em relação aos ativos administrados; (vii) negociar com

[25] Como previsto no § 1º do art. 44 da ICVM 578, a menos que haja aprovação em assembleia, é proibida a realização de operações, pelo fundo, em que seja contraparte o administrador ou o gestor (além dos membros de comitês ou conselhos criados pelo fundo e cotistas titulares de cotas representativas de 5% do patrimônio do fundo, seus sócios e respectivos cônjuges, individualmente ou em conjunto, com porcentagem superior a 10% do capital social votante ou total), bem como outros fundos de investimento ou carteira de valores mobiliários administrados pelo administrador ou pelo gestor daquele fundo.

os valores mobiliários das carteiras que administre com a finalidade de gerar receitas de corretagem ou de rebate para si ou para terceiros; (viii) negligenciar, em qualquer circunstância, a defesa dos direitos e interesses do cliente.

Está o administrador ainda sujeito a diversas regras e procedimentos relacionados à gestão de riscos, de modo a garantir-se a existência de controles internos efetivos e consistentes com a natureza e complexidade das operações realizadas, bem como a identificação e eliminação de eventuais conflitos de interesses que possam afetar a imparcialidade de seus profissionais, o controle de informações confidenciais, e o constante treinamento de administradores, empregados e colaboradores.

Há, sem prejuízo destes deveres, diversas outras obrigações estabelecidas tanto na ICVM 555, que trata especialmente do tema, quanto nas normas correlatas, como a própria ICVM 578, as quais impõem ao administrador pormenorizadas regras de atuação que buscam minimizar ao máximo a possibilidade de violação de seus deveres fiduciários, a qual, se houver, o sujeitará a penalidades da CVM que podem envolver multas ou mesmo o descredenciamento perante a Autarquia e, por consequência, sua autorização para funcionar. Em cada caso deve ser demonstrada a existência de sua culpa ou dolo em nexo com o dano causado em razão do fato de sua responsabilidade ser de ordem subjetiva.[26]

De se salientar ainda a existência de arcabouço normativo a respeito do administrador tal como gerado pela autorregulação, valendo citar-se o Código de Regulação e Melhores Práticas

[26] Conforme: Perricone, Sheila. Fundos de investimento: a política de investimento e a responsabilidade dos administradores. In: Revista de Direito Bancário e do Mercado de Capitais. Ano 4. n. 11. janeiro-março de 2001. pp. 80-101. Editora Revista dos Tribunais. p. 96. E conforme: Dotta, Eduardo Montenegro. A responsabilidade dos administradores e gestores de fundos de investimento. São Paulo: Almedina, 2018. p. 141.

para o Mercado de FIP e FIEE da ABVCAP (Associação Brasileira de *Private Equity* & *Venture Capital*) e ANBIMA (Associação Brasileira de Entidades dos Mercados Financeiro e de Capitais), que impõe vários deveres que excedem àqueles indicados na regulação da CVM. A autorregulação, consistente na elaboração de normas pelos próprios agentes do mercado e a adesão voluntária a elas, constitui importante instrumento para assegurar maior grau de higidez e regularidade do mercado, tendo como propósito sanear desequilíbrios de forma mais célere e eficiente que o legislador, porém sempre alinhado com as disposições legais e regulatórias.[27] A violação do referido Código implica penalidades de multa, advertência pública e proibição temporária do uso do selo ANBIMA/ABVCAP.

Há, assim, como se pode ver, extensa regulação sobre a atuação dos administradores e gestores de fundos de investimento, com estritos e detalhados deveres que buscam garantir o necessário grau de confiança na relação dos investidores, na qualidade de cotistas, com os responsáveis pela gestão de seus recursos por meio do FIP, minimizando riscos de desvios de conduta que possam pôr em risco o regular funcionamento do mercado.[28]

[27] Segundo descrito no artigo 1º deste Código, o seu propósito consiste em (i) propiciar a transparência no desempenho das atividades das instituições participantes, permitindo melhor quantificação e acompanhamento do desenvolvimento do setor; (ii) promover a padronização de suas práticas e processos; (iii) promover a sua credibilidade e adequado funcionamento; (iv) manter os mais elevados padrões éticos e consagrar a institucionalização de práticas equitativas; (v) elevar os padrões fiduciários e promover as melhores práticas do mercado; e (vi) viabilizar, no que couber, a compatibilização e integração gradativa do mercado brasileiro de FIPs/FIEEs com o mercado internacional de *private equity* e *venture capital*.

[28] "A transparência na administração dos fundos de investimento é de tal importância que que regulamentação do setor impõe a segregação da administração de recursos de terceiros das demais atividades da instituição (política denominada de *Chinese Wall*), e a implementação de rígidos controles internos, por intermédio de políticas de *Compliance*." (DOTTA, Eduardo Montenegro. A

No escopo das disposições aplicáveis ao administrador, é de sua alçada contratar, em nome do fundo, os serviços de gestão da carteira do fundo, consultoria de investimentos, atividades de tesouraria, atividades de controle e processamento dos ativos, distribuição de cotas, escrituração da emissão e resgate de cotas, custódia de ativos financeiros, e formador de mercado para as cotas do fundo, nos termos do § 2º do artigo 33 da ICVM 578. Pormenorizando tais funções há diversas outras listadas no artigo 39 daquela norma.

Em decorrência dos deveres do administrador nos atos de contratação dos serviços necessários ao funcionamento do fundo, o § 4º daquele artigo impõe que os contratos referentes aos serviços de tesouraria, de controle e processamento dos ativos, e de escrituração da emissão e resgate de cotas devem conter cláusula que estipule a responsabilidade solidária entre o administrador e os terceiros contratados pelo fundo por eventuais prejuízos causados aos cotistas em virtude de condutas contrárias à lei, ao regulamento ou aos atos normativos expedidos pela CVM. Sem prejuízo disso, tal como previsto no parágrafo subsequente, o administrador e os demais prestadores de serviços contratados respondem perante a CVM, na esfera de suas respectivas competências, por seus próprios atos e omissões contrários à lei, ao regulamento do fundo ou às disposições regulamentares aplicáveis.

Note-se a este respeito que a Lei 13.874, de 20/09/2019, objeto de conversão da Medida Provisória n. 881, de 30/04/2019, regulou o tema ao incluir no Código Civil os artigos 1.368-C a 1.368-F, conforme adiante melhor analisado, sendo de se ressaltar a esta altura a disposição no sentido de que o regulamento do fundo de investimento poderá “estabelecer a limitação da

responsabilidade dos administradores e gestores de fundos de investimento. São Paulo: Almedina, 2018. p. 123)

responsabilidade, bem como parâmetros de sua aferição, dos prestadores de serviços do fundo de investimento, perante o condomínio e entre si, ao cumprimento dos deveres particulares de cada um, sem solidariedade". Ademais, determina-se que a avaliação da responsabilidade dos prestadores de serviço deverá levar sempre em consideração os riscos ínsitos às aplicações nos mercados em que atua o respectivo fundo de investimento e a natureza da obrigação de meio de seus serviços.

Em complemento, segundo o novo artigo 1.368-E do Código Civil, os prestadores de serviços não respondem pelas obrigações assumidas pelo fundo, porém serão passíveis de responsabilização pelos prejuízos que causarem com dolo ou má-fé. Com suporte nesta nova sistemática, a CVM deverá atualizar sua regulamentação para prever esta possibilidade, o que certamente tornará mais nítida a separação de responsabilidades entre os agentes de suporte aos fundos.

Já a gestão da carteira do fundo, a ser desenvolvida por pessoa jurídica credenciada para tal perante a CVM, inclui, de acordo com o artigo 34 da ICVM 578, as funções de (i) negociar e contratar, em nome do fundo, os ativos e os intermediários para realizar operações do fundo; (ii) negociar e contratar, em nome do fundo, terceiros para a prestação de serviços de assessoria e consultoria relacionados diretamente com o investimento ou o desinvestimento nos ativos elegíveis; e (iii) monitorar os ativos investidos e exercer o direito de voto decorrente desses ativos, realizando todas as demais ações necessárias para tal exercício, em linha com o disposto na política de voto do gestor.

Pormenorizando tais funções há diversas outras listadas no artigo 40 daquela norma, sendo de se ressaltar, na esfera dos deveres fiduciários, as funções de "exercer, ou diligenciar para que sejam exercidos, todos os direitos inerentes ao patrimônio e às atividades do fundo", e "transferir ao fundo qualquer benefício ou vantagem que possa alcançar em decorrência de sua condição de gestor do fundo".

Há vedações que são comuns tanto ao gestor quanto ao administrador, tal como listadas no artigo 43, sendo válido ressaltar as proibições de, em nome do fundo, receberem depósitos em conta corrente; contrair ou efetuar empréstimos; prestar garantias;[29] prometer rendimento predeterminado aos investidores; e praticar qualquer ato de liberalidade.[30]

Caso o desempenho do administrador e/ou do gestor não seja satisfatório, é sempre facultado aos cotistas, reunidos em

[29] Acerca da formalização da dispensa desta exigência, vide a decisão dos Processos CVM RJ2009/13070 E RJ2010/490, constante da ata da Reunião do Colegiado n. 11, de 23 de março de 2010, e do Processo CVM RJ2011/14068, constante da ata da Reunião do Colegiado n. 14, de 17 de abril de 2012. (Respectivamente: BRASIL. Comissão de Valores Mobiliários. Processo CVM RJ2009/13070. Colegiado. Rio de Janeiro, 23 de março de 2010. Disponível em: www.cvm.gov.br. Acesso em: 1º de março de 2019. BRASIL. Comissão de Valores Mobiliários. Processo CVM RJ2010/490. Colegiado. Rio de Janeiro, 23 de março de 2010. Disponível em: www.cvm.gov.br. Acesso em: 1º de março de 2019. BRASIL. Comissão de Valores Mobiliários. Processo CVM RJ2011/14068. Colegiado. Rio de Janeiro, 17 de abril de 2012. Disponível em: www.cvm.gov.br. Acesso em: 1º de março de 2019)

[30] Também é proibido a eles, exceto se aprovado pelos cotistas, aplicar recursos do fundo em valores mobiliários de companhias nas quais participem o administrador, o gestor, os membros de comitês ou conselhos criados pelo fundo e cotistas com cotas representativas de 5% do patrimônio do fundo, seus sócios e respectivos cônjuges, individualmente ou em conjunto, com porcentagem superior a 10% do capital social votante ou total. A vedação também se aplica a estas mesmas pessoas nos casos de (i) seu envolvimento, direta ou indiretamente, na estruturação financeira da operação de emissão de valores mobiliários a serem subscritos pelo fundo; ou (ii) participação em conselhos de administração, consultivo ou fiscal da companhia emissora dos valores mobiliários a serem subscritos pelo fundo, antes do primeiro investimento por parte do fundo. De modo geral, tampouco o fundo deve figurar em operações como contraparte das pessoas acima, bem como de outros fundos de investimento ou carteira de valores mobiliários administrados pelo administrador ou pelo gestor, salvo se aprovado pelos cotistas.

assembleia, deliberar e aprovar sua substituição, em linha com os procedimentos estabelecidos nos artigos 41 e 42 da ICVM 578.

Dada a alocação das funções acima ao gestor e administrador, permite-se criar uma esfera de responsabilização que busca resguardar o regular funcionamento do fundo e proteger os investidores. Neste contexto, criou-se jurisprudência no âmbito do FIP no sentido de que, em se verificando hipótese de responsabilização derivada de atos ou fatos relacionados às sociedades investidas, permite-se o acesso ao patrimônio de certas pessoas envolvidas no funcionamento do FIP, especialmente do administrador e/ou gestor.

Assim, na esfera societária, em se verificando o descumprimento das funções acima especificadas, há a chance de responsabilização do administrador e do gestor, que arcam com os prejuízos acarretados ao fundo e às investidas.[31] Ademais, a título ilustrativo, em se tratando de um FIP que controle dada investida, é possível verificar-se evento de responsabilização em caso de abuso do poder de controle por enquadramento nas hipóteses do artigo 117 da Lei 6.404/76, quando o FIP não teria atuado visando o melhor interesse da investida, o que pode ocorrer ainda por exercício abusivo do direito de voto tal como previsto no artigo 115 daquela norma.

Há ainda possibilidade de responsabilização do administrador e gestor por passivos trabalhistas de sociedade investida por FIP, por sua inclusão no conceito de conglomerado econômico do fundo – inclusive em virtude do cumprimento da obrigação regulatória de eleição de efetiva influência na investida, usu-

[31] Vide, a título de exemplo, a Proposta de Termo de Compromisso no Processo Administrativo Sancionador SEI 19957.003200/2017-08. (BRASIL. Comissão de Valores Mobiliários. Processo 19957.003200/2017-08. Colegiado. Rio de Janeiro, 22 de maio de 2018. Disponível em: www.cvm.gov.br. Acesso em: 1º de março de 2019).

almente por meio da eleição de administrador –,[32] sem contar a possibilidade de responsabilização por passivos tributários.

A SCP sujeita-se a um modo diverso de administração. Como visto, o sócio ostensivo é responsável por desenvolver os negócios sociais em seu nome e sob sua própria e exclusiva responsabilidade. É o próprio sócio ostensivo quem conduz as atividades sociais e formaliza os negócios da SCP perante terceiros. Não há a eleição de terceiros para ocupar a função. O sócio participante deve somente participar dos resultados sociais, não podendo representar a sociedade perante terceiros, sendo-lhe vedado direcionar os negócios ao lado do sócio ostensivo, sob pena de também assumir, em caráter solidário com este, responsabilidade ilimitada pelas dívidas da SCP.

Mesmo que haja administradores e/ou gestores mais qualificados disponíveis no mercado, não é possível que venham a administrar a SCP em conjunto com ou em substituição ao sócio ostensivo, que deverá permanecer representando a sociedade, mesmo que este venha a não mais preencher os requisitos técnicos e/ou regulatórios necessários. Uma alternativa para tanto, no caso da contratação de uma gestora para funções relacionadas à política de investimento, seria a celebração de um contrato de consultoria, em suporte à atuação do sócio ostensivo, o que contudo não implicaria a aplicação de todos os deveres regulatórios previstos nas disposições da ICVM 578 sobre ela na qualidade de gestora de um FIP.

Em todo caso, no cenário de divergência entre o ostensivo e os participantes, haveria uma maior dificuldade em promover a substituição do ostensivo em suas funções. Ao passo em que a ICVM 578 apresenta um procedimento específico para dar

[32] Vide, a título de exemplo, o Acórdão nº 20160263934, processo nº 00026943720145020044, do Tribunal Regional do Trabalho da 2ª Região, 4ª Turma, Desembargador Relator Ricardo Artur Costa e Trigueiros, julgado em 03 de maio de 2016.

efeito a esta deliberação, a troca do sócio ostensivo depende de alteração do contrato de SCP aprovada por todos os demais sócios, como segue:

> Se o sócio ostensivo age em desacordo com as normas que definem sua atuação no domínio da SCP, também não há como excluí-lo, eis que ele é o único incumbido de dar cumprimento ao objeto social, não sendo a ele aplicável, por isso, a norma do art. 1.030 do Código Civil, mas os sócios participantes terão as alternativas de deliberar a dissolução da sociedade, se formarem maioria (art. 1.033, III), ou judicialmente, mostrando que o descumprimento das obrigações sociais pelo sócio ostensivo importa a impossibilidade de atingir os fins sociais (art. 1.034, II). (...)
>
> O sócio ostensivo, pela função que possui na SCP, não pode ser dela substituído, salvo se o consentirem os demais sócios, porque as exerce em caráter pessoal, o que revela ser aplicável ao caso a regra do art. 1002. Em matéria de mora é aplicável o art. 1.004; a evicção é resolvida pela regra do art. 1.005; e a conduta do sócio ostensivo deve ser pautada nas regras relativas à administração da sociedade (art. 1.010 e ss.).[33]

Tendo em vista a complicação ora indicada, e o fato de que a retirada do ostensivo acarretaria o término da SCP como um todo, os investidores devem bem avaliar o vínculo que se pretende estabelecer com o sócio ostensivo, haja vista que desentendimentos posteriores podem levar à inviabilidade de prosseguimento do empreendimento.

Um outro risco a ser levado em conta pelos participantes é a possível insegurança nas relações intrassocietárias pelo fato de não haver disposição legal que obrigue o sócio ostensivo a

[33] Conforme: GONÇALVES NETO, Alfredo de Assis. Direito de empresa: comentários aos artigos 966 a 1.195 do Código Civil. 3. ed., rev., atual. e ampl. – São Paulo: Editora Revista dos Tribunais, 2010. pp. 161-165.

implementar diretrizes eventualmente alinhadas com os sócios participantes. Neste cenário, é presumível que o sócio ostensivo não esteja sujeito a direcionamentos tão claros em sua atuação, devendo observar somente normas mais genéricas em lugar de um extenso regulamento, uma detalhada política de investimentos ou mesmo regulações da CVM. Em havendo, entretanto, deliberações dos demais sócios a respeito do modo de condução dos negócios, como por exemplo a alteração do perfil de investimentos ou a realização de certos desinvestimentos, é possível que, primeiramente, se deparem com a dificuldade em aprovar tal resolução e, mesmo que assim o façam, a princípio não haveria um mecanismo eficiente e célere para obrigar o ostensivo a cumpri-la, o que certamente implica um risco razoável acerca da governança do negócio.

Em linhas gerais, se verificou que há uma gama de proteções que buscam vincular a atuação do administrador e do gestor no âmbito do FIP para que não haja violação dos padrões de atuação estabelecidos legalmente e contratualmente. Com a SCP tais proteções não se encontram presentes, especialmente do ponto de vista regulatório. Aplicam-se à SCP as disposições de responsabilização previstas na legislação civil ordinária. É necessário que os sócios participantes, diante da ausência de tais resguardos regulatórios, disponham claramente no contrato da sociedade as balizas de atuação do sócio ostensivo, inclusive por meio do estabelecimento de decisões negociais que, dependendo de certos limites financeiros ou mesmo da natureza da ação, venham a depender da prévia e expressa aprovação dos sócios participantes. Em caso de comprovada violação do acordado por parte do sócio ostensivo, caberia aos sócios participantes, a princípio, somente reclamar por indenização por perdas e danos.[34]

[34] Ramires, Rogerio. A sociedade em conta de participação do direito brasileiro. 2. ed. São Paulo: Almedina, 2013. p. 91.

Neste âmbito de preocupação, a SCP careceria da figura do administrador como instância garantidora da regularidade das ações do negócio, observado que ele, dentre suas diversas funções, atua como um *gatekeeper*, monitorando e impedindo a prática de atos em eventual desconformidade com as normas que regem a atividade. Em que pese a inerente burocracia que permeia a atuação de administradores, a inexistência de um freio similar no âmbito da SCP aumenta sobremaneira a discricionariedade do sócio ostensivo.

Outra preocupação se refere aos limites de atuação do ostensivo, observado que caso haja o oferecimento de seus serviços para a administração profissional de carteira de valores mobiliários na forma prevista na regulamentação da CVM, deveria registrar-se como tal perante a Autarquia, sob pena de incorrer em penalidades por ela aplicáveis na forma do artigo 11 da Lei 6.385/76.[35]

É visível, neste contexto, a maior exposição dos investidores a eventuais danos de ordem reputacional na condição de sócios de uma SCP. A conjuntura dos fatores acima elencados permite ao sócio ostensivo uma autonomia muito maior no trato com os valores a ele confiados, o que certamente gera maior risco de agir de modo arrojado ou mesmo ilícito, expondo seus sócios, diante da vinculação entre eles existente, a efeitos de atos ou omissões de ordem ilegal, com possíveis danos de reputação aos investidores. Dada a magnitude dos efeitos que prejuízos de ordem reputacional atualmente são capazes de produzir,

[35] Veja-se, a este respeito, a elucidativa decisão do Processo Administrativo Sancionador CVM nº RJ2014/6515. Caso a atuação do ostensivo se restrinja a restrita carteira somente no âmbito do FIP, entende-se que este risco seria minorado. (BRASIL. Comissão de Valores Mobiliários. Processo Administrativo Sancionador CVM nº RJ2014/6515. Relator: Henrique Balduino Machado Moreira. Rio de Janeiro, 15 de dezembro de 2016. Disponível em: www.cvm.gov.br. Acesso em: 1º de março de 2019).

com ampla e imediata disseminação de informações, este risco deve ser levado em especial consideração, em que pese o caráter sigiloso da SCP.

É, por outro lado, inegável que a estrutura de administração da SCP é muito mais simplificada e flexível que aquela do FIP, garantindo menor custo de operação e mais celeridade na tomada e implementação de decisões diante da menor burocracia envolvida.

4. Participação no Processo Decisório das Investidas

Tal como acima informado, um dos requisitos para a regular operação do FIP é que ele participe do processo decisório da sociedade investida, com "efetiva influência na definição de sua política estratégica e na sua gestão".

De acordo com o artigo 6º da ICVM 578, a participação do FIP no processo decisório da investida pode se dar de diferentes maneiras, quais sejam: (i) detenção de ações que integrem o respectivo bloco de controle, (ii) celebração de acordo de acionistas; ou (iii) celebração de qualquer contrato, acordo, negócio jurídico ou a adoção de outro procedimento que assegure ao fundo efetiva influência na definição de sua política estratégica e na sua gestão, inclusive por meio da indicação de membros do conselho de administração.

Como explanado pela CVM, "a regulação dos FIP objetiva desenvolver boas práticas em companhias investidas, tendo em vista a efetiva influência dos gestores dos fundos no processo decisório das mesmas, servindo de degrau para a obtenção da condição de companhia aberta".[36]

[36] Veja-se a decisão do Colegiado da CVM no Processo CVM Nº RJ2009/2034 (BRASIL. Comissão de Valores Mobiliários. Processo CVM nº RJ2009/2034. Relator: Eli Loria. Rio de Janeiro, 14 de abril de 2009. Disponível em: www.cvm.gov.br. Acesso em: 1º de março de 2019). A respeito do tema, vale também analisar o Memorando nº 3/2018-CVM/SIN/GIE, de 10 de janeiro de 2018, encaminhado

Não se pode, assim, admitir que o FIP atue meramente aportando recursos, porém tem o dever de participar das decisões negociais da investida e influenciá-las ativamente. Ao passo em que o monitoramento permanente dos negócios supostamente auxilia na melhor governança das investidas e reduz o risco de perdas inesperadas, é certo que também exige maiores dispêndios de tempo e recursos pela estrutura do fundo, demandando especialistas que acompanhem as atividades sociais e compareçam a assembleias e reuniões de cada investida.

A verificação da efetiva influência é a regra geral de atuação dos FIP. Há, contudo, hipóteses em que esta exigência não se justifica, seja em função da modificação do perfil da carteira de investimentos ou do nível de governança exigido da sociedade investida.

Assim, o parágrafo único do artigo 6º da ICVM 578 impõe a dispensa da participação do fundo no processo decisório da sociedade investida quando o investimento nesta for reduzido a menos da metade do percentual originalmente investido e passe a representar parcela inferior a 15% do capital social da investida, ou o valor contábil do investimento tenha sido reduzido a zero e haja decisão assemblear dos cotistas pela maioria das cotas subscritas presentes, caso o regulamento não estipule um quórum mais elevado. Nestes casos, nos quais se verifica o advento da substancial redução, ou mesmo inexistência, de representatividade econômica de dado investimento perante o portfólio do fundo, o regulador formaliza a desconsideração da exigência em razão da absoluta ineficiência e inocuidade do dispêndio de recursos e tempo no acompanhamento e interferência em investidas que tendem a não gerar retorno.

pelo Superintendente Geral em relação ao Processo nº 19957.006804/2017-06, no qual se manifesta a necessidade de o fundo ter cotistas que influenciam ou participam da administração das entidades investidas como requisito para a configuração do FIP como uma entidade de investimento.

Da mesma forma, o regulador dispensa a aplicação da exigência também no cenário de investimento em companhias listadas em segmento especial de negociação de valores mobiliários, instituído por bolsa de valores ou por entidade do mercado de balcão organizado, voltado ao mercado de acesso, que assegure padrões de governança mais estritos que os exigidos por lei, desde que corresponda a até 35% do capital subscrito do fundo. Tal é a hipótese de companhias abertas aderentes ao Bovespa Mais, que impõe a adoção de práticas consistentes de transparência (*disclosure*), prestação de contas (*accountability*) e boa gestão. Assim, dado que tais investidas já se encontram sujeitas a regras que exigem uma administração mais profissional e direcionada, considera-se que é dispensável a efetiva influência pelo FIP – observado que ela será aplicável mesmo assim caso o investimento exceda 35% do capital subscrito do fundo, de acordo com o art. 7º da ICVM 578.

A SCP, por outro lado, não se sujeita a este requisito. O sócio ostensivo possui liberdade para deter participações para fins de mero investimento, sem exigência legal ou regulatória de monitoramento contínuo das atividades da investida.

Assim, caso o perfil de investimento em dada situação consista no aporte de capital sem a intenção de efetuar-se um monitoramento contínuo e próximo da investida, não incorrendo-se em maiores custos de acompanhamento e avaliação da evolução do negócio, a SCP permite um cenário que não é viável por meio do FIP. Da mesma forma, a SCP possuiria mais possibilidades para formar uma carteira pulverizada, já que não seria obrigada a deter participações materialmente suficientes para exigir poder de ingerência na investida. Igualmente teria seu ingresso também barateado em função de não ter que adentrar em tratativas para a celebração de acordos de acionistas ou para a negociação de competências conferíveis a administrador indicado para compor o quadro gerencial da investida.

Por outro lado, o acompanhamento próximo das atividades da investida, com a efetiva ingerência em suas atividades, naturalmente deveria conferir à SCP uma possibilidade mais eficiente de retorno. A questão, contudo, reside na inexistência de regulação que garanta aos investidores forçar o sócio ostensivo a comparecer às assembleias de sócios das investidas e participar ativamente de seus negócios caso assim o ostensivo venha a se opor – cenário que não se verifica no FIP –, o que pode gerar possível insegurança nas relações entre os sócios participantes e o sócio ostensivo caso tenha sido alinhada uma atuação de maior ingerência por parte do ostensivo. Vale dizer que a desídia do sócio ostensivo em dar cumprimento eficiente a atividades elementares que se esperam de seu conhecimento de mercado esvaziaria a razão de ser da SCP, não tendo entretanto os investidores mecanismo jurídico eficiente para exigir o cumprimento desta obrigação.

Deve ser notado a esta altura que nem o FIP e tampouco a SCP podem ser usados como veículo de investimento que venha a ser considerado como oferecido publicamente, a menos que cumpridas as devidas obrigações de registro. A participação na SCP não pode, desta forma, ser ofertada publicamente, de modo que possa ser entendida como um contrato de investimento coletivo que gere direito de participação, de parceria ou de remuneração, inclusive resultante de prestação de serviços, cujos rendimentos advêm do esforço do empreendedor ou de terceiros, tal como previsto no inciso IX do artigo 2º da Lei 6.385/76,[37] valendo a mesma proibição para captação por FIP que não tenha se sujeitado aos procedimentos de oferta pública de cotas.

[37] Conforme: Eizirik, Nelson. Notas sobre a sociedade em conta de participação. In: Direito Societário – Estudos e Pareceres. São Paulo: Quartier Latin, 2015. p. 757.

A CVM, por meio de sua função fiscalizatória, tem o dever monitorar, identificar e buscar a cessação de empreendimentos que, sem o devido embasamento legal e sem o necessário registro perante a Autarquia, conforme artigos 19 e 21 da Lei 6.385/76, busquem captar a poupança popular para negócios diversos, em observância ao delineamento estabelecido pelo *Howey Test* da jurisprudência norte-americana para a configuração ou não de um valor mobiliário nos termos das seguintes premissas:

> Sem muitas dificuldades, podemos perceber que estas diretrizes encontraram acolhida no inciso IX do art. 2º da Lei nº 6.386/76, que estabeleceu os seguintes requisitos para a caracterização dos valores mobiliários: i. deve haver um investimento; ii. o investimento deve ser formalizado por um título ou por um contrato; iii. o investimento deve ser coletivo, isto é, vários investidores devem investir sua poupança no negócio; iv. o investimento deve dar direito a alguma forma de "remuneração", termo ainda mais amplo que o correlato "lucro" utilizado no direito norteamericano; v. a remuneração deve ter origem nos esforços do empreendedor ou de terceiros que não o investidor; e vi. os títulos ou contratos devem ser objeto de oferta pública, requisito que não encontra similar no conceito norte-americano mas que se coaduna perfeitamente com o sistema regulatório dos Estados Unidos.[38]

É certo, assim, que o oferecimento público de participações, mediante o preenchimento dos requisitos de configuração de um valor mobiliário, implica o cumprimento das obrigações de formalização de registro de oferta pública tanto

[38] Conforme: BRASIL. Comissão de Valores Mobiliários. Processo CVM nº RJ2007/11.593. Voto do Diretor Marcos Barbosa Pinto. Rio de Janeiro, 15 de janeiro de 2008. Disponível em: www.cvm.gov.br. Acesso em: 1º de março de 2019.

para a SCP[39] quanto para o FIP, o que envolve complexidades de monta que a princípio não coadunam com o suporte normativo aplicável à SCP. Neste cenário, devem ser analisadas as disposições das Instruções 476 (para ofertas públicas com esforços restritos) ou 400 (para as demais ofertas públicas) da CVM, que demandam a observância de diversos procedimentos e obrigações perante a Autarquia e o mercado, assim como o posterior e permanente cumprimento de deveres periódicos de *disclosure* e governança conforme passíveis de fiscalização pela CVM, implicando substancial incremento da complexidade e custo para manejo dos mencionados veículos.

Apesar do fato de que a possibilidade de se acessar maior número de investidores potencializaria a capacidade do veículo de se capitalizar e investir em oportunidades que conferem maior poder de ingerência, deve-se ter especial atenção às restrições indicadas acima.

5. *Disclosure* aos Investidores

Um aspecto fundamental levado em consideração pelos investidores diz respeito à facilidade de acesso a informações claras, completas e precisas sobre o status do negócio e de aspectos

[39] "Da análise empreendida, entretanto, ficou a impressão de tratar-se o CIC [contrato de investimento coletivo] duma modalidade imprópria, ou pelo menos, não reconhecida, de SCP. Isto, não obstante sua configuração poder ser enfocada sob o prisma de um instrumento contratual permutativo (bilateral) e ao mesmo tempo plurilateral, ou como um título creditício, 'autônomo' ou não. Mas constituindo obrigação creditícia causal, sempre se deverá falar em causa da obrigação, o que remeterá à *affectio* que, em maior ou menor grau, vincula todos os contratantes. Consequentemente, se compostos dos mesmos princípios informadores, deve-se seguir que são aplicáveis ao CIC, enquanto espécie de SCP, o mesmo regramento jurídico que a esta fundamenta." (PICCHI, Flavio Augusto. A sociedade em conta de participação e os contratos de investimento coletivo: paralelismo e assimetria. In: Revista de Direito Mercantil, Industrial, Econômico e Financeiro. Núm. 134, Abril 2004. p. 204)

de seu investimento, assim como à sua capacidade de exigir as complementações e esclarecimentos que foram julgados necessários e razoáveis.

É sabido que o *disclosure* de informações é tido como elemento essencial para o regular funcionamento dos mercados, de modo que a imposição de obrigações de divulgação, clareza e completude de dados evita ou ao menos minimiza riscos de assimetria de informações, equalizando as posições dos agentes de mercado e combatendo facilidades de uso indevido de informação privilegiada. Ao passo em que o FIP e seu administrador e gestor estão sujeitos à regulamentação autárquica, é certo que se encontram sujeitos a obrigações específicas de divulgação.

Neste sentido, o artigo 46 da ICVM 578 exige do administrador que preste informações a diferentes destinatários, com escopos diversos e em épocas distintas.

Assim, deve fornecer as informações exigidas não somente aos cotistas, que possuem o direito básico e elementar de terem acesso ao status de seu investimento, como também à entidade administradora de mercado organizado onde as cotas estejam admitidas à negociação – diga-se B3 S.A. – Brasil, Bolsa, Balcão – e naturalmente à CVM, a fim de que esta exerça precipuamente sua função fiscalizatória.

Os dados devem ser divulgados trimestralmente, semestralmente e anualmente.

A cada 3 meses, em até 15 (quinze) dias após o encerramento do trimestre civil a que se referirem, são devidas as informações indicadas no Anexo 46-I daquela ICVM, as quais abrangem valores de patrimônio líquido, capital comprometido, quantidade e valor de cotas subscritas e integralizadas, investimento em cotas de outros FIPs, número de cotistas e percentual de cotas subscritas por cada categoria de investidor (como pessoas físicas, pessoas jurídicas, bancos, corretoras etc.) e por classe de cotas, se houver.

Já a cada 6 meses deve ser indicada a composição da carteira, discriminando quantidade e espécie dos títulos e valores mobiliários que a integram. E, por fim, a cada ano, as demonstrações contábeis – englobando as demonstrações da posição financeira, do resultado e do resultado abrangente do período, das mutações do patrimônio líquido, e do fluxo de caixa – devidamente auditadas e acompanhadas do relatório dos auditores independentes e do relatório do administrador e gestor.

A norma exige que cada fundo tenha escrituração contábil própria, devendo as suas contas e demonstrações contábeis serem segregadas das do administrador, o qual é o responsável pela elaboração e divulgação das demonstrações contábeis do fundo[40], tendo a incumbência de definir a sua classificação contábil entre entidade ou não de investimento e efetuar o adequado reconhecimento, mensuração e divulgação do valor dos investimentos do fundo, nos termos da ICVM 579.[41]

[40] Veja-se ainda que não somente o administrador é responsável pela elaboração das demonstrações do fundo, porém, sem descurar de seu dever de diligência, pode se fiar em dados levantados pelo gestor para efetuar a classificação contábil do fundo ou, ainda, para determinar o valor justo dos seus investimentos, desde que obtenha o conforto necessário e o gestor tenha metodologia de avaliação consistente, dentre outros requisitos. De toda forma, o gestor é responsável pelas informações transmitidas ao administrador para enquadramento ou não do fundo como entidade de investimento, as demonstrações auditadas das companhias fechadas investidas, e o laudo de avaliação do valor justo das sociedades investidas e documentos correlatos. Acerca das responsabilidades pelo enquadramento equivocado do FIP, veja-se a decisão proferida pelo Colegiado da CVM no Processo SEI 19957.006804/2017-06. (BRASIL. Comissão de Valores Mobiliários. Processo SEI 19957.006804/2017-06. Colegiado. Rio de Janeiro, 17 de abril de 2018. Disponível em: www.cvm.gov.br. Acesso em: 1º de março de 2019)

[41] A ICVM 579 é a norma da CVM que regula os padrões de elaboração e divulgação de demonstrações financeiras por FIPs, definindo os aplicáveis critérios contábeis de reconhecimento, classificação e mensuração de ativos e passivos, assim como os de reconhecimento de receitas, apropriação de despesas e di-

Vê-se que existem diversas e detalhadas disposições exigindo a apresentação de informações financeiras aos investido-

vulgação de informações. Neste contexto, devem ser cumpridas pelos fundos as normas contábeis emitidas pela CVM e aplicáveis às companhias abertas, observadas as especificidades indicadas na referida norma. Dentre disposições de relevo, como obrigatoriedade de reconhecimento de ativos e passivos pelo valor justo e metodologia de reconhecimento de ganhos e perdas, são estabelecidos os critérios para que um FIP seja reconhecido como entidade de investimento: (i) obter recursos de um ou mais investidores com o propósito de atribuir o desenvolvimento e a gestão de uma carteira de investimento a um gestor qualificado que deve possuir plena discricionariedade na representação e na tomada de decisão perante as entidades investidas, não sendo obrigado a consultar os cotistas para essas decisões e tampouco indicar os cotistas ou partes a eles ligadas como representantes nas entidades investidas; (ii) se comprometer com os investidores com o objetivo de investir os recursos unicamente com o propósito de retorno através de apreciação do capital investido, renda ou ambos; (iii) substancialmente mensurar e avaliar o desempenho de seus investimentos, para fins de modelo de gestão, com base no valor justo; e (iv) definir nos seus regulamentos estratégias objetivas e claras a serem utilizadas para o desinvestimento, assim como a atribuição do gestor de propor e realizar, dentro do prazo estabelecido na estratégia, o desinvestimento, de forma a maximizar o retorno para os cotistas. O administrador deve ainda, para tanto, considerar a existência das seguintes características típicas de entidade de investimento: (i) possuir mais de um investimento, direta ou indiretamente; (ii) ter mais de um cotista, direta ou indiretamente; (iii) ter cotistas que não influenciam ou não participam da administração das entidades investidas ou não sejam partes ligadas aos administradores dessas entidades; (iv) possuir investimento em entidades nas quais os cotistas não possuíam qualquer relação societária, direta ou indiretamente, previamente ao investimento do fundo. O FIP que não seja classificado como uma entidade de investimento deve ter seus investimentos avaliados de acordo com as normas contábeis que tratam de investimento em coligadas, controladas e em empreendimentos controlados em conjunto e de negócios em conjunto, e as distribuições de lucro declaradas e provisionadas pelas investidas devem reduzir o valor contábil do investimento no fundo, havendo ainda inciativas de lei para que os rendimentos e ganhos da carteira sejam tributados de acordo com as mesmas regras aplicáveis às pessoas jurídicas. Devem ser, assim, consideradas na estruturação do veículo o tratamento contábil atinente e as potenciais implicações fiscais da adoção de um FIP diante de seu

res e demais entidades responsáveis, garantindo-lhes eficientes ferramentas de acompanhamento das atividades do fundo, sem contar outros meios possíveis como a solicitação de esclarecimentos pelos investidores em sede de assembleias gerais de cotistas e o envio pela CVM de ofícios com requerimento de dados.

No âmbito da SCP o tratamento da questão é mais simples. O parágrafo único do artigo 993 do Código Civil refere-se genericamente a um "direito de fiscalizar a gestão dos negócios sociais", e o artigo 996, ao tratar da liquidação da SCP, dispõe que deve ser orientada "pelas normas relativas à prestação de contas, na forma da lei processual".

De fato, é usual deparar-se com obrigações simplificadas de *disclosure* aos sócios participantes em contratos de constituição de SCP, os quais costumam limitar-se a impor ao ostensivo a obrigação de prestar contas da situação dos negócios em periodicidade anual. De lembrar-se que a SCP é regulada também pelas normas das sociedades simples, que preveem em seu artigo 1.020 a obrigação dos administradores de "prestar aos sócios contas justificadas de sua administração, e apresentar-lhes o inventário anualmente, bem como o balanço patrimonial e o de resultado econômico", assim como a possibilidade de os sócios deliberarem acerca dos negócios sociais por maioria de votos, conforme o artigo 1.010, em cenário similar a uma reunião de sócios para tomar as contas dos administradores.

Na prática não é incomum verificar-se a omissão do sócio ostensivo na prestação de contas prevista contratualmente, e tampouco a formalização de reuniões para análise e discussão dos dados eventualmente fornecidos, o que denota uma infor-

enquadramento contábil. Por oportuno, de se destacar que, para fins de registro contábil, a SCP é equiparada a uma pessoa jurídica, devendo haver a apuração e taxação de seus resultados na pessoa do sócio ostensivo.

malidade no tratamento entre os parceiros. Não há ainda que se falar no compartilhamento de informações com órgãos de fiscalização (em que pese o fato de a participação na SCP dever ser objeto de declaração às autoridades tributárias), e tampouco na obrigação de validação das contas por auditor independente, o que confere maior liberdade ao ostensivo em relação ao eventual descumprimento de suas obrigações de *disclosure*, tanto no que tange ao seu conteúdo quanto à tempestividade das informações. Certamente, por outro lado, a ausência destas amarras implica custo muito menor de operação da SCP se comparado ao FIP neste tocante.

No âmbito da SCP se costuma verificar efetiva preocupação no compartilhamento de informações na hipótese de saída litigiosa de algum sócio, ocasião em que o sócio participante vem a exigir do ostensivo a prestação de contas para que seja apurado e pago o valor de sua participação. Nestes casos, são aplicados os artigos 550 a 553 do Código de Processo Civil (Lei 13.105/15).[42]

[42] "RECURSO. Apelação. Teor da contestação reiterada nas razões recursais. Constatação de impugnação específica da sentença. Apelação conhecida. Preliminar rejeitada. PRESTAÇÃO DE CONTAS. Primeira fase. Sociedade em conta de participação. Poderes de administração conferidos à sócia ostensiva. Dever de prestação de contas reconhecido. Dever que não se exaure com a mera exibição de documentos. Ação de prestação de contas procedente. Apelação da ré improvida. PRESTAÇÃO DE CONTAS. Primeira fase. Sociedade em conta de participação. Liquidação coincidente com a realização do objeto social. Espécie de sociedade liquidada em ação de prestação de contas. Legitimidade do pedido de exibição de documentos e esclarecimentos vinculados ao objeto social (empreendimento imobiliário) indicados na exordial Ação de prestação de contas procedente. Apelação da autora procedente. Dispositivo: rejeitam a preliminar de não conhecimento do recurso da ré, e negam-lhe provimento; dão provimento à apelação da autora." (BRASIL. Tribunal de Justiça do Estado de São Paulo. Apelação 0013271-29.2012.8.26.0011; Relator: Ricardo Negrão; Órgão Julgador: 2ª Câmara Reservada de Direito Empresarial; Foro Regional XI – Pinheiros – 5ª Vara Cível; Data do Julgamento: 04/11/2013; Data de Registro: 07/11/2013. Disponível em: www.tjsp.gov.br. Acesso em: 1º de março de 2019)

6. Investimentos do e para o Exterior

Neste ponto devem ser consideradas eventuais limitações à capacidade do veículo investir seus recursos no exterior, observado que a possibilidade de adquirir ativos fora do País pode expandir as perspectivas de rentabilidade, bem como de lá receber investimentos, tendo em vista que parte substancial dos valores transacionados no mercado de capitais brasileiros historicamente não é advinda de fontes localizadas no País.

No tocante ao FIP há disposição expressa a este respeito no artigo 12 da ICVM 578, que preceitua a regra geral que ele pode investir até 20% (vinte por cento) de seu capital subscrito em ativos emitidos ou negociados no exterior[43], desde que tais ativos possuam a mesma natureza econômica dos ativos elegíveis.

É facultado ainda ao fundo realizar o investimento fora do País de forma indireta, por meio de outros fundos ou sociedades de investimento no exterior, independentemente da forma ou natureza jurídica do veículo intermediário. De todo modo, a participação do fundo no processo decisório da investida no exterior, com a efetiva influência na definição de sua política estratégica e na sua gestão, deve ser garantida pelo gestor do FIP no Brasil, podendo se dar por meio do administrador ou gestor do veículo intermediário utilizado para o investimento no exterior, devendo também ser garantido o cumprido das exigências mínimas de governança previstas no artigo 8º da ICVM 578 conforme eventualmente ajustadas para atendimento da legislação local aplicável ao ativo.

[43] É classificado como ativo no exterior cujo emissor tiver sede no exterior, ou sede no Brasil e ativos localizados no exterior que correspondam ao menos à metade daqueles constantes das suas demonstrações contábeis, não sendo contudo assim classificado o ativo quando o emissor tiver sede no exterior e ativos localizados no Brasil que correspondam a 90% ou mais daqueles constantes das suas demonstrações contábeis.

O percentual acima informado pode ser ajustado para até 100% (cem por cento) do capital subscrito em se tratando de FIP Multiestratégia destinado exclusivamente a investidores profissionais, desde que o seu regulamento (i) expressamente indique a possibilidade de investimento em ativos no exterior e o respectivo percentual máximo do capital subscrito que poderá ser alocado, (ii) estabeleça a exclusiva participação de investidores profissionais, e (iii) utilize o sufixo "Investimento no Exterior" em sua denominação.

Para concatenar os percentuais acima, a norma prevê que o investimento, por dado FIP, em cotas de FIPs classificados na categoria "Multiestratégia" e que tenham em sua denominação o sufixo "Investimento no Exterior", deve observar o limite de 20% (vinte por cento) pelo FIP investidor que não se enquadrar em tal categoria.

É ainda possível o investimento advindo do exterior diretamente em FIPs. Neste cenário, há regulações que orientam o ingresso e a atuação de não residentes no mercado de capitais e financeiro, sendo de citar a Resolução CMN n. 4.373, que exige a constituição de representante no Brasil, o registro na CVM e a constituição de custodiante autorizado pela CVM, vedando ainda a utilização dos recursos ingressados em operações com valores mobiliários para aquisição ou alienação fora de mercado organizado. Há também a Instrução CVM 560, de 27 de março de 2015, que regulamenta a atuação dos investidores não residentes no âmbito da Autarquia, abrangendo aspectos de seu registro e obrigações de *disclosure*.

A questão é substancialmente diversa no âmbito da SCP. Acerca da possibilidade de aquisição e negociação de ativos no exterior, em vista do fato de o sócio ostensivo não estar sujeito à detalhada regulamentação da CVM conforme aplicável ao FIP, é certo que, diante da ausência de vedação legal, possui ampla discricionariedade para tanto, assemelhando-se de certo modo neste tocante ao FIP Multiestratégia Investimento no Exterior destinado a investidores profissionais, tal como acima analisado. De salientar-se que as aquisições e negociações devem ser naturalmente conduzidas e formalizadas pelo sócio ostensivo, em linha com o já analisado, e não pela SCP, a qual, sendo uma sociedade não personificada e sem autonomia obrigacional, não teria condições de praticar aqueles atos em seu próprio nome.

Similarmente, o sócio ostensivo a princípio pode receber investimento do exterior, porém não a SCP, que encontra óbices regulatórios para tanto. Neste contexto o próprio site do BACEN fornece esclarecimento a respeito da questão. Ao, em uma lista de perguntas e respostas da referida Autarquia sobre investimentos e empréstimos para fins de direcionamento do público, apresentar o questionamento acerca da possibilidade de um estrangeiro poder ou não registrar um investimento em SCP constituída no Brasil e posterior remessa de lucros ao exterior, responde negativamente, pois "o investimento estrangeiro no Brasil em Sociedade em Conta de Participação não pode ser registrado no Banco Central do Brasil (Sistema RDE-IED) como investimento externo direto, ao amparo da legislação em vigor, entre elas a Lei 4.131/62. Referido registro é a condição básica para as remessas de lucros ao exterior, sem o qual as remessas não podem ser efetivadas".[44]

Mesmo o investimento diretamente no sócio ostensivo pode apresentar implicações. Usualmente o ingresso de divisas é feito por investimento estrangeiro direto, com a atribuição de participação acionária ao investidor, ou por dívida. Nenhum dos casos aparenta representar a exata intenção da participação do investidor estrangeiro na SCP. No primeiro caso, para fins de

[44] Disponível em: <https://www.bcb.gov.br/acessoinformacao/legado?url=https:%2F%2Fwww.bcb.gov.br%2Fpre%2Fbc_atende%2Fport%2Finvestimento.asp#9. Acesso em: 04 de março de 2019.

cumprimento do artigo 5º da Lei 4.131, ele passaria a compartilhar o risco integral das atividades do sócio ostensivo, e não somente da SCP.[45] Em complemento, mesmo que as atividades da SCP sejam lucrativas, haveria óbice à remessa de lucros ao investidor caso o resultado como um todo das atividades do ostensivo fosse de perda.

Já no segundo caso o mútuo em algum momento deveria ser pago de volta, sendo que a remuneração de juros tampouco reflete a intenção a que a natureza do investimento se propõe. Alternativas diversas precisariam ser discutidas com o banco comercial responsável pelas remessas, assim como analisadas as implicações tributárias da natureza da participação.

Aqui se identifica, do ponto de vista cambial e regulatório, relevante disparidade entre ambas as estruturas, o que pode prejudicar substancialmente a adoção da SCP em estruturas que envolvam o recebimento de investimento estrangeiro.

7. Riscos Patrimoniais

Do ponto de vista do investidor no tocante à proteção de seu patrimônio diante do investimento alocado no veículo e dos resultados da exploração da atividade conduzida por este, devem ser avaliadas as possibilidades de responsabilização e as formas de minimizá-las.

Existe a regra geral, contida no artigo 15 da ICVM, de que "os cotistas respondem por eventual patrimônio líquido negativo do fundo, sem prejuízo da responsabilidade do administrador

[45] Uma opção para evitar o compartilhamento destes riscos seria a realização do investimento indiretamente, mediante a constituição de uma sociedade no Brasil que, controlada pelo sócio estrangeiro, receberia os aportes para, em seguida, repassá-los ao ostensivo, o que contudo certamente envolve maiores custos e burocracias e deve ser levado em consideração. A respeito desta sugestão de estrutura, confira-se: Ramires, Rogerio. A sociedade em conta de participação do direito brasileiro. 2. ed. São Paulo: Almedina, 2013. p. 107.

e do gestor em caso de inobservância da política de investimento ou dos limites de concentração previstos no regulamento e nesta Instrução". Assim, em caso de desfalque do patrimônio do fundo, os cotistas poderiam vir a ser chamados a aportar valores complementares, além daqueles originalmente comprometidos.

Esta sistemática foi materialmente modificada por meio da Lei 13.874, de 20/09/2019, objeto de conversão da Medida Provisória n. 881, de 30/04/2019, a qual, conhecida como Declaração de Direitos de Liberdade Econômica, estabelece garantias de livre mercado e altera certas leis neste sentido.

Em tal contexto, foram incluídas disposições no Código Civil para regular os fundos de investimento, inovando o arcabouço legal do tema que, sem regulação no âmbito da legislação ordinária, era somente concentrado em normas emitidas pela CVM. Assim, segundo o novo artigo 1.368-D, no contexto de todo um capítulo dedicado exclusivamente ao tema (do artigo 1.368-C ao 1.368-F), o regulamento do fundo de investimento poderá "estabelecer a limitação da responsabilidade de cada investidor ao valor de suas cotas". Desta forma, em havendo a expressa previsão do regulamento, não deveria mais haver o risco de, em caso de patrimônio líquido negativo do fundo, um cotista vir a ser chamado a aportar valores adicionais aos que havia se comprometido a investir, aumentando a previsibilidade e segurança do instrumento.

Em complemento, passa-se a admitir a possibilidade de constituição de patrimônio segregado para cada classe de cotas, sendo que este somente responderá por obrigações vinculadas à respectiva classe. A propósito, esclarece o parágrafo 1º do mesmo artigo 1.368-D que a adoção da responsabilidade limitada por fundo constituído sem a limitação de responsabilidade somente abrangerá fatos ocorridos após a mudança do respectivo regulamento.

Neste cenário, dispõe o novo artigo 1.368-E que os fundos de investimento respondem de modo direto pelas obrigações assumidas, sendo que os seus prestadores de serviços por elas não respondem, responsabilizando-se contudo pelos prejuízos causados com dolo ou má-fé. Na eventualidade de o fundo que tenha responsabilidade limitada de seus investidores venha a não possuir recursos suficientes para fazer frente a suas dívidas, ser-lhe-ão aplicáveis as regras de insolvência previstas no Código Civil, a qual poderá ser requerida pelos credores, pelos cotistas ou pela CVM. Este regramento específico se encontra em linha com o novo artigo 1.368-C, cujo parágrafo 1º estabelece que não se aplicam aos fundos de investimento as regras atinentes a condomínios em geral conforme dispostas nos artigos 1.314 a 1.358-A do Código Civil; assim, apesar de manterem a natureza de condomínio, possuem os fundos regramento próprio e distinto daquele previsto na lei civil, tal como estabelecido pela CVM.

Como previsto na própria Exposição de Motivos da norma quando da emissão da Medida Provisória, atenta-se às necessidades de facilitar a canalização de recursos poupados para a economia real, assegurando "a legalidade de responsabilidade limitada para fundos de investimento, o que deverá aumentar a segurança da modalidade por meio dessas estruturas" contribuindo-se para um ambiente mais competitivo e atrativo e "abrindo a possiblidade desse tipo de fundo, conforme futura regulamentação da Comissão de Valores Mobiliários", a fim de obter-se um aumento de investimentos em geral.

Aparte a questão anterior, é importante notar que têm sido discutidos cenários em que cotistas poderiam ser responsabilizados por atos inerentes a, por exemplo, decisões de investimento ou desinvestimento do fundo, caso, conforme devidamente comprovado, sua ingerência seja substancial e determinante no direcionamento das atividades do FIP, reduzindo o campo de atuação do administrador e gestor, que constariam somente de maneira formal na estrutura do veículo.

No caso da SCP devem ser considerados cenários específicos de responsabilização.

Um aspecto a ser levado em conta é a exposição do patrimônio do ostensivo por dívidas do negócio relacionado à SCP. Como é ele quem representa a sociedade perante terceiros e conduz as suas atividades em nome próprio, se responsabiliza, com todo o seu patrimônio, por eventual revés que a atividade da SCP venha a ter. Trata-se de efeito da ausência de autonomia patrimonial e obrigacional da SCP, que não possui personalidade jurídica.

Pode ser considerado um efeito negativo à pessoa do sócio ostensivo, que passa a suportar os ônus e riscos não somente dos negócios que já desenvolvia por si, mas também os da SCP. Neste contexto, pode-se dizer que, de modo geral, pode haver um desbalanceamento do nível de responsabilidades que assume vis-à-vis o percentual de retorno financeiro, já que os sócios participantes interagem com os ganhos financeiros sem exporem aos reveses da SCP seus patrimônios além do que foi investido. É obviamente um ponto a ser considerado pelo sócio ostensivo, posto que o grau de risco acarretado pelos negócios da SCP pode comprometer irremediavelmente a sua condição patrimonial e os demais negócios por ele desenvolvidos.

O outro lado deste mesmo ponto é o risco a que se expõe o patrimônio da SCP pelas contingências relacionadas aos demais negócios do sócio ostensivo. Os sócios participantes devem considerar que os recursos investidos na SCP estarão sujeitos não somente aos riscos do próprio negócio social, mas também àqueles das demais atividades eventualmente desenvolvidas pelo sócio ostensivo.

A proteção a esta exposição passa por eventual auditoria a ser conduzida pelos sócios participantes a respeito dos aspectos legais do sócio ostensivo a fim de identificar os passivos e contingências a ele relacionados, assim como os ativos que tenha para fazer frente a eles. Caso se verifique que os passivos e contingências são materiais e os ativos – excetuados aqueles da SCP – não são proporcionais, a proteção dos participantes deverá ser endereçada no contrato da sociedade para prever mecanismos de indenização claros e detalhados. Eventual oferecimento de garantia pelo ostensivo também poderá ser considerado.

Outro aspecto diz respeito ao conforto necessário dos investidores em assimilarem o fato de que a consolidação da propriedade dos investimentos ocorre em nome do sócio ostensivo, passando a integrar o patrimônio dele. Deste modo, em que pese o fato de que possuem vínculo contratual que formaliza sua participação em um negócio conjunto, é certo que não possuem meios de acessar diretamente tais ativos. Analogamente, não se trata da titularidade de quotas em uma sociedade empresária que representariam participação direta em um patrimônio a ser acessado mediante exercício do direito de retirada, por exemplo. Qualquer manifestação de desvinculação precisaria observar os procedimentos previstos no contrato de SCP e dependeria de movimentação patrimonial a ser conduzida pelo sócio ostensivo.

Conclusão

Foram vistos de forma sumária neste trabalho pontos fundamentais relacionados à formação e operação do FIP e da SCP, destacando certos aspectos relevantes que tendem a ser consideradas por investidores na escolha por um ou outro como veículo de investimentos.

O FIP se apresenta como o instrumento de viabilização de estruturas de *private equity* por excelência, permitindo a aglutinação de multiplicidade de investidores e seu acesso a diferentes ativos financeiros por meio de uma gestão profissional, viabilizando economia de escala e pulverização de riscos. Entretanto, no contexto da diversidade de questões que podem surgir na estruturação de FIPs como veículos de investimento, podem pesar na decisão dos investidores os custos e prazos envolvidos neste procedimento, de forma a serem consideradas diferentes alternativas de estruturação.

É neste contexto que a SCP pode vir a ser levada em conta, observado que possui menores custos de constituição e manutenção, apresentando ainda certas características que podem ser mais convenientes conforme derivadas da sua grande flexibilidade (com grande liberdade aos sócios para regularem seus direitos e obrigações), dinamicidade (é uma estrutura sem maiores burocracias e formalidades), e discrição (a confidencialidade da participação de certos sócios perante terceiros, conforme eventualmente pretendido pelos investidores).

Foram assim analisados detalhadamente pontos de interseção entre os veículos, apresentando-se as vantagens e desvantagens, do ponto de vista de proteção dos investidores, relacionadas aos poderes e deveres dos seus administradores, participação no processo decisório das sociedades investidas, *disclosure* informacional, realização de investimentos do e para o exterior, e possibilidades de exposição patrimonial dos investidores.

Como foi possível verificar-se, existe uma gama de aspectos tanto de um veículo quanto de outro que, a depender da estrutura que se pretende formatar, podem ser tidos como positivos e negativos. Essencialmente, diante da robustez e previsibilidade regulatória ínsitas ao FIP, deriva-se amplo espectro de normas reguladoras e sujeição fiscalizatória à CVM, B3 e autorregulação; de outro lado, a flexibilidade e simplicidade da SCP são características marcantes da SCP que, contudo, vêm acompanhadas de menor previsibilidade de atuação do sócio ostensivo e maior exposição do negócio e dos investidores a fatos relacionados ou atribuíveis ao ostensivo.

Diante, portanto, da multiplicidade de questões jurídicas e operacionais que podem advir das discussões e negociações relacionadas à estruturação de veículos de investimento similares, a consideração dos pontos levantados neste estudo podem ser úteis da adoção e formatação do modelo mais adequado, em prol dos investidores e demais *players* envolvidos no negócio.

Referências

ANDERS, Eduardo Caminati. **Fundos de investimento: desafios ao CADE.** In: Poder de controle e outros temas de direito societário e mercado de capitais. CASTRO, Rodrigo R. Monteiro de; MOURA AZEVEDO, Luís André N. de (Coord.). São Paulo: Quartier Latin, 2010.

ASSOCIAÇÃO BRASILEIRA DAS ENTIDADES DOS MERCADOS FINANCEIRO E DE CAPITAIS. **Relatório de Fundos de Investimento.** 2019. Disponível em: http://www.anbima.com.br/pt_br/informar/relatorios/fundos-de-investimento/boletim-de-fundos-de-investimentos/industria-de-fundos-mantem-sua-atratividade-em-2018.htm Acesso em: 21 de abril de 2019.

BRASIL. Comissão de Valores Mobiliários. **Direito do Mercado de Valores Mobiliários.** 1.ed. Rio de Janeiro, 2017. Disponível em: <http://www.investidor.gov.br/publicacao/LivrosCVM.html#DireitodoMercado> Acesso em 1º de fevereiro de 2019.

CORRÊA-LIMA, Sérgio Mourão; PIMENTA, Vinícius Rodrigues. **Fundos de Investimento.** In: Sociedades Anônimas e Mercado de Capitais. GONÇALVES, Fernando; SOARES DE CASTRO, Moema Augusta (coord.); FREITAS, Bernardo Vianna (org.). São Paulo: Quartier Latin, 2011. pp. 653-679.

DONOSO, Denis; RAMOS, Glauco Gumerato. **Sociedade em conta de participação em juízo: análise da sociedade em conta de participação à luz dos pressupostos processuais.** In: Direito processual empresarial: estudos em homenagem ao Professor Manoel de Queiroz Pereira Calças. BRUSCHI, Gilberto Gomes (coord.). Rio de Janeiro: Elsevier, 2012. pp. 185-197.

DOTTA, Eduardo Montenegro. **A responsabilidade dos administradores e gestores de fundos de investimento.** 2. ed. São Paulo: Almedina, 2018.

EIZIRIK, Nelson; GAAL, Ariádna B.; PARENTE, Flávia; HENRIQUES, Marcus de Freitas. **Mercado de Capitais – regime jurídico.** 3.ed. revista e ampliada – Rio de Janeiro: Renovas, 2011.

EIZIRIK, Nelson. **Notas sobre a sociedade em conta de participação.** In: Direito Societário – Estudos e Pareceres. São Paulo: Quartier Latin, 2015.

FIUZA, César. **Direito civil: curso completo.** 16. ed. rev., atual. e ampl. Belo Horizonte: Del Rey, 2013.

FREITAS, Ricardo de Santos. **Natureza jurídica dos fundos de investimento.** São Paulo: Quartier Latin, 2006.

GALIZZI, Gustavo Oliva. **Sociedade em conta de participação.** Belo Horizonte: Mandamentos, 2008.

GALIZZI, Gustavo Oliva. **A sociedade em conta de participação como subespécie do gênero joint venture.** In: Revista de Direito Mercantil, Industrial, Econômico e Financeiro. Núm. 135, Julho 2004.

GONÇALVES NETO, Alfredo de Assis. **Direito de empresa: comentários aos artigos 966 a 1.195 do Código Civil.** 3. ed., rev., atual. e ampl. – São Paulo: Editora Revista dos Tribunais, 2010.

NAKAMURA, Edson Takeshi. **Poder de controle no fundo de private equity e seu reconhecimento pelo direito da concorrência**. In. RDB pp. 81-108. Ano 21. Vol. 82. out.-dez./2018. Editora Revista dos Tribunais.

PERRICONE, Sheila. Fundos de investimento: a política de investimento e a responsabilidade dos administradores. In: Revista de Direito Bancário e do Mercado de Capitais. Ano 4. n. 11. janeiro-março de 2001. pp. 80-101. Editora Revista dos Tribunais.

PICCHI, Flavio Augusto. A sociedade em conta de participação e os contratos de investimento coletivo: paralelismo e assimetria. In: Revista de Direito Mercantil, Industrial, Econômico e Financeiro. Núm. 134, Abril 2004. pp. 193-205.

RAMIRES, Rogerio. A sociedade em conta de participação do direito brasileiro. 2. ed. São Paulo: Almedina, 2013.

SCALZILLI, João Pedro. SPINELLI, Luis Felipe. **Reflexões sobre a sociedade em conta de participações no direito brasileiro.** In: Revista Jurídica Empresarial. Ed. 12. Jan/fev 2010. pp. 11-105.

Lista de Decisões

BRASIL. Comissão de Valores Mobiliários. Processo CVM RJ2005/2345. Relator: Marcelo Fernandez Trindade. Rio de Janeiro, 21 de fevereiro de 2006. Disponível em: www.cvm.gov.br. Acesso em: 1º de março de 2019.

BRASIL. Comissão de Valores Mobiliários. Processo CVM nº RJ2007/11.593. Voto do Diretor Marcos Barbosa Pinto. Rio de Janeiro, 15 de janeiro de 2008. Disponível em: www.cvm.gov.br. Acesso em: 1º de março de 2019.

BRASIL. Comissão de Valores Mobiliários. Processo CVM nº RJ2009/2034. Relator: Eli Loria. Rio de Janeiro, 14 de abril de 2009. Disponível em: www.cvm.gov.br. Acesso em: 1º de março de 2019.

BRASIL. Comissão de Valores Mobiliários. Processo CVM RJ2009/13070. Colegiado. Rio de Janeiro, 23 de março de 2010. Disponível em: www.cvm.gov.br. Acesso em: 1º de março de 2019.

BRASIL. Comissão de Valores Mobiliários. Processo CVM RJ2010/490. Colegiado. Rio de Janeiro, 23 de março de 2010. Disponível em: www.cvm.gov.br. Acesso em: 1º de março de 2019.

BRASIL. Comissão de Valores Mobiliários. Processo CVM RJ2011/14068. Colegiado. Rio de Janeiro, 17 de abril de 2012. Disponível em: www.cvm.gov.br. Acesso em: 1º de março de 2019.

BRASIL. Comissão de Valores Mobiliários. Processo Administrativo Sancionador CVM nº RJ2014/6515. Relator: Henrique Balduino Machado Moreira. Rio de Janeiro, 15 de dezembro de 2016. Disponível em: www.cvm.gov.br. Acesso em: 1º de março de 2019.

BRASIL. Comissão de Valores Mobiliários. Processo SEI 19957.006804/2017-06. Colegiado. Rio de Janeiro, 17 de abril de 2018. Disponível em: www.cvm.gov.br. Acesso em: 1º de março de 2019.

BRASIL. Comissão de Valores Mobiliários. Processo 19957.003200/2017-08. Colegiado. Rio de Janeiro, 22 de maio de 2018. Disponível em: www.cvm.gov.br. Acesso em: 1º de março de 2019.

BRASIL. Tribunal Regional do Trabalho da 2ª Região. Acórdão nº 20160263934, processo nº 00026943720145020044. Desembargador Relator Ricardo Artur Costa e Trigueiros, julgado em 03 de maio de 2016. Disponível em: www.trt02.gov.br. Acesso em: 1º de março de 2019.

BRASIL. Tribunal de Justiça do Estado de São Paulo. Apelação 0013271-29.2012.8.26.0011; Relator: Ricardo Negrão; Órgão Julgador: 2ª Câmara Reservada de Direito Empresarial; Foro Regional XI – Pinheiros – 5ª Vara Cível; Data do Julgamento: 04/11/2013; Data de Registro: 07/11/2013. Disponível em: www.tjsp.gov.br. Acesso em: 1º de março de 2019.

Governança Corporativa: A Abordagem "Aplique ou Explique" no Brasil

FERNANDO PINTO XAVIER FILHO

Introdução

Em 8 de junho de 2017, a Comissão de Valores Mobiliários editou a Instrução CVM nº 586 (ICVM 586), que introduziu no ordenamento jurídico brasileiro a obrigatoriedade de divulgação, em formulário específico denominado "Informe sobre o Código Brasileiro de Governança Corporativa – Companhias Abertas" (Informe), pelas companhias abertas autorizadas por entidade administradora de mercado à negociação de ações ou de certificados de depósito de ações em bolsa de valores, sobre a adoção por essas companhias de determinadas práticas constantes no Código Brasileiro de Governança Corporativa – Companhias Abertas (CBGC) ou, conforme o caso, a justificativa para não aplicarem tais práticas. Esse método adotado pelo CBGC e, consequentemente, pela ICVM, é mundialmente conhecido como "cumpra ou explique" ou "aplique ou explique".

No primeiro ano de vigência da ICVM 586, apenas as companhias com ações negociadas em bolsa e compreendidas nos índices Brasil 100 – IBrX-100 ou no Bovespa – IBOVESPA estavam obrigadas a divulgar o Informe, de forma que, até 10 de novembro de 2018, 95 companhias abertas divulgaram seus respectivos Informes, fornecendo ao mercado, pela primeira vez, um material relevante com foco em governança corporativa que permitiria a análise, por todos os *stakeholders*, das práticas adotadas por cada companhia e a compreensão, ao menos em parte, da cultura de governança de cada uma dessas empresas.

A edição da ICVM 586 é, portanto, um marco histórico para a governança corporativa das companhias brasileiras, uma vez que, ao estabelecer como obrigatória a observância do CBGC, introduziu definitivamente em nosso ordenamento jurídico a abordagem "aplique ou explique", adotada em outros países desde a década de 1990.

Assim, serão abordadas neste trabalho, em termos sintéticos, as bases da governança corporativa no Brasil e em outros países, com foco específico no método "aplique ou explique". Adicionalmente, serão analisados, sob perspectivas quantitativas e qualitativas, Informes já divulgados pelas companhias abertas brasileiras.

Por fim, pretende-se com o presente trabalho propiciar uma melhor compreensão dos objetivos e fundamentos do método "aplique ou explique" e, a partir dos resultados das análises dos Informes divulgados pelas companhias brasileiras, como esse método pode contribuir para aprimorar o nível da governança corporativa das companhias brasileiras.

1. Governança Corporativa

1.1. Definição

Governança corporativa tem sido definida de diversas formas ao longo das últimas décadas.

Em 2001, o Instituto Brasileiro de Governança Corporativa (IBGC), na capa de seu relatório anual, definiu pela primeira vez governança corporativa como:

> [...] o sistema que assegura aos sócios-proprietários o governo estratégico da empresa e a efetiva monitoração da diretoria executiva. A relação entre propriedade e gestão se dá através do conselho de administração, a auditoria independente e o conselho fiscal, instrumentos fundamentais para o exercício do controle. A boa Governança Corporativa garante equidade aos sócios, transparência e responsabilidade pelos resultados (*accountability*).[1]

No ano seguinte, em junho de 2002, a Comissão de Valores Mobiliários (CVM) divulgou uma cartilha sobre governança corporativa, que continha recomendações relativas a boas práticas de governança. Na introdução de referida cartilha, a CVM definiu governança corporativa como:

> [...] o conjunto de práticas que tem por finalidade otimizar o desempenho de uma companhia ao proteger todas as partes interessadas, tais como investidores, empregados e credores, facilitando o acesso ao capital. A análise das práticas de governança corporativa aplicada ao mercado de capitais envolve, principalmente: transparência, eqüidade de tratamento dos acionistas e prestação de contas.[2]

O conceito de governança corporativa adotado pelo IBGC foi mais tarde atualizado, sendo que a última versão do seu Código das Melhores Práticas de Governança Corporativa define governança corporativa, sem focar exclusivamente nos sócios e ampliando os relacionamentos que compõem o sistema, como:

[1] Instituto Brasileiro de Governança Corporativa. **Uma década de governança: história do IBGC, marcos da governança e lições da experiência.** São Paulo: Saint Paul Editora: Saraiva, 2016. p. 37.

[2] Comissão de Valores Mobiliários. **Recomendações da CVM sobre Governança Corporativa.** Rio de Janeiro, 2002. Disponível em: <http://www.cvm.gov.br/export/sites/cvm/decisoes/anexos/0001/3935.pdf >. Acesso em: 27 abr. 2019.

> [...] o sistema pelo qual as empresas e demais organizações são dirigidas, monitoradas e incentivadas, envolvendo os relacionamentos entre sócios, conselho de administração, diretoria, órgãos de fiscalização e controle e demais partes interessadas.[3]

Alexandre di Miceli da Silveira, em seu livro Governança Corporativa no Brasil e no Mundo: Teoria e Prática, adotou a seguinte definição de governança corporativa:

> o conjunto de mecanismos (internos ou externos, de incentivo ou controle) que visa a fazer com que as decisões sejam tomadas de forma a maximizar o valor de longo prazo do negócio e o retorno de todos os acionistas.[4]

Cinco anos mais tarde, na segunda edição de seu livro, Alexandre di Miceli da Silveira atualizou o conceito de governança corporativa por ele adotado e a definiu como:

> [a] maneira pela qual as sociedades são dirigidas e controladas, incluindo suas regras explícitas e tácitas, com destaque para o relacionamento entre seus principais personagens: diretoria, conselho de administração e acionistas.[5]

A definição de governança corporativa como sistema de direção e controle das companhias não é nova. O *Committee on the Financial Aspects of Corporate Governance* do Reino Unido publicou em 1992 um relatório que se tornou um marco para a histó-

[3] Instituto Brasileiro de Governança Corporativa. **Código das melhores práticas de governança corporativa.** 5. Ed. São Paulo: IBGC, 2015. p. 20.
[4] SILVEIRA, Alexandre di Miceli da. **Governança corporativa no Brasil e no mundo: teoria e prática.** Rio de Janeiro: Elsevier, 2010. p. 3.
[5] SILVEIRA, Alexandre di Miceli da. **Governança corporativa no Brasil e no mundo: teoria e prática.** 2. Ed. Rio de Janeiro: Elsevier, 2015. p. 3.

ria da governança corporativa, mundialmente conhecido como *Cadbury Report*, que definia governança corporativa como "*the system by which companies are directed and controlled*"[6].

Entretanto, embora a definição de governança corporativa como um sistema de direção e controle tenha atravessado as décadas, o foco antes dado aos sócios e aos relacionamentos internos de uma companhia foi sensivelmente ampliado nas últimas décadas com a inclusão de outros *stakeholders*, como é possível notar nas atualizações das definições utilizadas pelo IBGC e pelo professor Alexandre di Miceli. O próprio *The UK Corporate Governance Code* de julho de 2018 afirma que a definição existente no *Cadbury Report* permanece verdadeira ainda hoje, com a ressalva de que o ambiente em que as companhias, seus acionistas e demais *stakeholders* operam continua a se desenvolver rapidamente, e completa: "*Companies do not exist in isolation*".[7]

1.2. Origem e Evolução

Embora ainda inominada, pode-se dizer que a governança corporativa surgiu a partir das mudanças na administração das grandes corporações norte-americanas. A transformação dos oligopólios dos *robber barons*, que tinham o domínio completo sobre as companhias por eles detidas, incluindo sua administração, em companhias com estrutura acionária dispersa, resultou na separação entre propriedade e controle, uma vez que a propriedade de grandes companhias estadunidenses passou às

[6] The Committee on the Financial Aspects of Corporate Governance. **Cadbury Report**. Reino Unido, 1992. Disponível em: <https://www.icaew.com/-/media/corporate/files/library/subjects/corporate-governance/financial-aspects-of-corporate-governance.ashx?la=en>. Acesso em: 15 jun. 2019.

[7] Financial Reporting Council. **The UK Corporate Governance Code.** Reino Unido, 2018. Disponível em: <https://www.frc.org.uk/getattachment/88bd8c45-50ea-4841-95b0-d2f4f48069a2/2018-UK-Corporate-Governance-Code-FINAL.pdf>. Acesso em: 02 mar. 2019.

mãos de milhões de pessoas, enquanto seu controle foi entregue a alguns poucos executivos profissionais.[8]

As consequências dessa separação entre controle e propriedade foram identificadas pela primeira vez por Berle e Means, que demonstraram, em sua obra *The Modern Corporation and Private Property*, preocupação com o poder absoluto detido pelos administradores das companhias, colocando, portanto, em evidência a importância da forma como as companhias são dirigidas e controladas.[9]

Se é verdade que avanços regulatórios no campo da governança corporativa surgem a partir de marcos históricos, geralmente crises de confiança do mercado em relação a companhias[10], os casos do *Sarbanes-Oxley Act* e do *Cadbury Report*, referências da governança corporativa norte-americana e britânica, respectivamente, reforçam esse entendimento.

O *Cadbury Report*, em seu prefácio, indica o momento histórico em que foi criado:

> *The harsh economic climate is partly responsible, since it has exposed company reports and continuing concern about standards of financial reporting and accountability, heightened by BBCI, Maxwell and the controversy over directors' pay, which has kept corporate governance in the public eye.*
>
> *Unexpected though this attention may have been, it reflects a climate of opinion which accepts that changes are needed and it presents an opportunity to raise standards of which we should take full advantage.*[11]

[8] SILVEIRA, Alexandre di Miceli da. **Governança corporativa no Brasil e no mundo: teoria e prática.** 2. Ed. Rio de Janeiro: Elsevier, 2015. p. 30-32.

[9] apud SILVEIRA, Alexandre di Miceli da. **Governança corporativa no Brasil e no mundo: teoria e prática.** 2. Ed. Rio de Janeiro: Elsevier, 2015. p. 32.

[10] ROSSETI, Maristela Abla; PITTA, Andre Grunspun (Coords.). **Direito Empresarial Estudos Contemporâneos.** São Paulo: Quartier Latin, 2017. p. 454.

[11] The Committee on the Financial Aspects of Corporate Governance. **Cadbury Report**. Reino Unido, 1992. Disponível em: <https://www.icaew.com/-/media/

O *Sarbanes-Oxley Act*, por sua vez, surgiu como uma reação a escândalos financeiros em companhias abertas americanas, especialmente a Enron, e seu objetivo primordial está descrito em suas primeiras linhas: "*To protect investors by improving the accuracy and reliability of corporate disclosures made pursuant to the securities laws, and for other purposes*"[12].

Embora há muito conhecida, a governança corporativa somente ganhou força no Brasil no final da década de 1990, impulsionada especialmente pelo surgimento de fundos de investimento em ações "ativistas", que buscavam auferir ganhos a partir de alterações na governança das companhias por eles investidas, bem como pela insatisfação de acionistas minoritários com o fechamento de capital e a alienação do controle de determinadas companhias.[13]

Em 1995, com inspiração no bem-sucedido *Institute of Directors* (IoD) do Reino Unido, foi criado o Instituto Brasileiro de Conselheiros de Administração (IBCA) que, mais tarde, no final da década, deu origem ao IBGC. Desde sua criação, o IBGC promoveu o desenvolvimento da cultura de boa governança nas empresas brasileiras, especialmente com a edição de códigos de melhores práticas de governança corporativa.[14]

Na virada do século, a governança corporativa ganhou papel central no direito societário brasileiro. Como forma de propi-

corporate/files/library/subjects/corporate-governance/financial-aspects-of-corporate-governance.ashx?la=en>. Acesso em: 15 jun. 2019.

[12] Estados Unidos da América. Public Law 107–204 – July 30, 2002 (Sarbanes-Oxley Act). **Congress of United States of America**, Washington, DC, 30 jul. 2002. Disponível em: <https://www.congress.gov/107/plaws/publ204/PLAW-107publ204.pdf>. Acesso em: 02 mar. 2019.

[13] Silveira, Alexandre di Miceli da. **Governança corporativa no Brasil e no mundo: teoria e prática.** 2. Ed. Rio de Janeiro: Elsevier, 2015. p. 220.

[14] Instituto Brasileiro de Governança Corporativa. **Uma década de governança: história do IBGC, marcos da governança e lições da experiência.** São Paulo: Saint Paul Editora: Saraiva, 2016. p. 37.

ciar o desenvolvimento do mercado de capitais do País, a Lei nº 6.404, de 15 de dezembro de 1976 (Lei das Sociedades por Ações), que trata sobre as companhias brasileiras, e a Lei nº. 6.385, de 7 de dezembro de 1976 (Lei do Mercado de Capitais), que regulamenta a atuação da Comissão de Valores Mobiliários, foram reformadas por meio da Lei nº. 10.303, de 31 de outubro de 2001, com o objetivo de proporcionar mais direitos aos acionistas minoritários e dificultar a expropriação por acionistas controladores.

Nesse contexto, a bolsa de valores brasileira criou segmentos especiais de listagem do mercado de ações, com diferentes níveis de governança corporativa, tendo o "Novo Mercado" como o segmento com o mais alto nível de governança corporativa do País.

Também com o espírito de melhorar a governança corporativa das empresas brasileiras, a própria CVM publicou em 2002 uma cartilha com suas recomendações sobre boas práticas de governança corporativa, ainda que sem qualquer caráter normativo, conforme abordaremos adiante.

Nos anos seguintes, o desenvolvimento da governança corporativa no Brasil passou a ser encabeçado por entidades privadas, incluindo o IBGC, a Associação de Investidores no Mercado de Capitais (AMEC), a Associação Brasileira das Companhias Abertas (ABRASCA), o Instituto Brasileiro de Relações com Investidores (IBRI), fundos de pensão e algumas companhias, especialmente por meio da criação de códigos de boas práticas de governança corporativa.

1.3. Códigos de Governança Corporativa

Após os recentes escândalos envolvendo diversas das maiores companhias brasileiras, incluindo sua maior empresa estatal, Petróleo Brasileiro S.A. – Petrobras, a governança corporativa das empresas brasileiras voltou a ser discutida e atualizada.

Nesse diapasão, algumas entidades ligadas aos mercados financeiro e de capitais, coordenadas pelo IBGC, passaram a discutir a criação de um código de governança corporativa único.

Conforme descrevem Paulo Fernando Campos Salles de Toledo e Andréia Cristina Bezerra Casquet:

> [...] códigos de boa governança podem ser considerados um conjunto de melhores práticas relativas aos relacionamentos entre sócios, conselho de administração, diretoria, órgãos de fiscalização e controle e demais partes interessadas.[15]

Os códigos de governança corporativa podem adotar os três seguintes mecanismos de implementação: (i) nenhuma natureza legislativa/regulamentar *(no basis in regulatory or listing requirements)*, como o "Código das Melhores Práticas de Governança Corporativa" elaborado pelo IBGC; (ii) a abordagem "aplique ou explique" ou "cumpra ou explique" *(comply or explain)*, seguindo o modelo britânico de governança; ou (iii) total ou parcialmente obrigatório *(fully or partially binding)*, como é o caso do *Sarbanes-Oxley Act (one size fits all)*.[16]

Embora regras de governança corporativa com caráter mandatório sejam comuns no ordenamento jurídico pátrio, incorporando o conceito de *one size fits all*, como a própria Lei das Sociedades por Ações, as regras emitidas por reguladores, como a CVM e o Conselho Monetário Nacional (CMN), ou mesmo pela bolsa de valores brasileira, B3 S.A. – Brasil, Bolsa, Balcão (B3), os códigos de governança corporativa historicamente não

[15] Rosseti, Maristela Abla; Pitta, Andre Grunspun (Coords.). **Direito Empresarial Estudos Contemporâneos.** São Paulo: Quartier Latin, 2017. p. 782.
[16] Rosseti, Maristela Abla; Pitta, Andre Grunspun (Coords.). **Direito Empresarial Estudos Contemporâneos.** São Paulo: Quartier Latin, 2017. p. 299.

possuem natureza legislativa ou regulamentar, decorrendo de iniciativas de entidades privadas.

Um bom exemplo desse tipo de código é o Código das Melhores Práticas de Governança Corporativa do IBGC. Sua primeira edição remonta ao ano de 1999, em um período em que a governança corporativa era efervescente no Brasil e no mundo. Nos primeiros três meses daquele ano, o conselho de administração do IBGC elaborou o Código Brasileiro das Melhores Práticas de Governança Corporativa, que, divulgado em maio de 1999, tornou-se a "espinha dorsal" das atividades do instituto.

Conforme esclarece Bengt Hallqvist, um dos fundadores do IGBC:

> O Código se baseou em quatro fontes: reflexões dos próprios conselheiros sobre a Lei das Sociedades Anônimas e sobre suas experiências; as conclusões do estudo do International Comparison of Board Best Practices, editado em março de 1988 por Holly Gregory e Elizabeth Forminard, sob supervisão de Ira Millstein – um dos grandes nomes da governança corporativa dos Estados Unidos –, que analisava os 15 principais códigos em vigor; o documento "Governança Corporativa – subsídios ao código brasileiro de melhores práticas", extraído do Top Management Summit, promovido em 1997 pela Fundação Dom Cabral em Itu (São Paulo), reunindo alguns dos maiores empresários do País; e o texto "O Conselho de Administração – recomendações práticas para seu melhor funcionamento", publicado por Roberto Teixeira da Costa em 1996.[17]

Entretanto, o Código Brasileiro das Melhores Práticas de Governança Corporativa do IBGC somente passou a ganhar

[17] Instituto Brasileiro de Governança Corporativa. **Uma década de governança: história do IBGC, marcos da governança e lições da experiência.** São Paulo: Saint Paul Editora: Saraiva, 2016. p. 39.

relevância a partir da sua segunda edição, revista e editada em 2001. Em que pese os avanços no campo da governança corporativa e o constante ativismo dos membros do IBGC e de outros institutos e órgãos ligados ao mercado de capitais, a adoção voluntária das companhias brasileiras às práticas dos códigos de boa governança sempre foi limitada.

A fim de proporcionar maior adesão a um código de boa governança, foi criado o Grupo de Trabalho Interagentes (GT Interagentes) que, composto por onze entidades que representam os mais importantes agentes que atuam no mercado de capitais brasileiro e coordenado pelo IBGC, tinha como propósito inicial propor um conjunto mínimo de princípios de governança corporativa que as onze entidades seriam unânimes em classificar como fundamentais para o Brasil.

Todavia, após o início dos trabalhos, o grupo de trabalho identificou 56 mercados que haviam adotado códigos nacionais de governança corporativa, assim denominados os códigos tidos como as referências em suas jurisdições. A partir daquele momento, o GT Interagentes passou a se dedicar à criação de um código especificamente para as companhias abertas brasileiras. Como resultado, foi lançado em 2016 o Código Brasileiro de Governança Corporativa – Companhias Abertas (CBGC), que adotou a abordagem "aplique ou explique" presente no Código ABRASCA de Autorregulação e Boas Práticas das Companhias Abertas e teve inspiração, para seu conteúdo, no Código das Melhores Práticas de Governança Corporativa do IBGC, que, atualizado em novembro do anterior, apresentava um grau reconhecidamente elevado de exigência.[18]

[18] Grupo de Trabalho Interagentes. **Código Brasileiro de Governança Corporativa: Companhias Abertas.** São Paulo: IBGC, 2016. Disponível em: <https://conhecimento.ibgc.org.br/Lists/Publicacoes/Attachments/21148/Codigo_Brasileiro_de_Governanca_Corporativa_Companhias_Abertas.pdf>. Acesso em: 22 mai. 2019. p. 10-11.

2. A Abordagem "Aplique ou Explique"

2.1. "Aplique ou Explique" ou "One Size Fits All"

A abordagem "aplique ou explique" é relativamente recente. Até a edição do *Cadbury Report* em 1992, as regras de governança corporativa eram mandatórias, com a imposição de padrões mínimos de governança corporativa.

Essa abordagem mandatória é conhecida internacionalmente como "*one size fits all*". Um exemplo desse tipo de abordagem é a própria Lei das Sociedades por Ações, que traz diversas regras de governança corporativa a serem observadas pelas companhias brasileiras. Ainda que a própria lei estabeleça algumas regras que devem ser cumpridas apenas por companhias abertas e outras regras que não são obrigatórias para determinadas companhias a depender, por exemplo, do valor do seu patrimônio líquido, a maioria das normas prevista na Lei das Sociedades por Ações é de caráter mandatório para todas as companhias brasileiras e suas exceções não são capazes de captar as particularidades das companhias, como, por exemplo, os seus respectivos setores de atuação, que poderiam demandar regras de governança específicas.

Outro aspecto negativo resultante da falta de flexibilidade desse tipo de abordagem é o custo-benefício atrelado ao cumprimento de determinadas regras por companhias menores. A Lei das Sociedades por Ações, mesmo com a recente alteração promovida pela Lei nº 13.818, de 24 de abril de 2019, exige, nos termos dos seus artigos 124, 133 e 294, que uma companhia com dois acionistas e patrimônio líquido superior a dez milhões de reais publique em jornais o edital de convocação da sua assembleia geral ordinária, além de anúncios sobre a disponibilização de documentos de interesse dos acionistas na sua sede, ainda que a existência de apenas dois acionistas possibilite uma convocação individualizada e com baixo custo.

Adicionalmente aos pontos acima, pode-se apontar como aspecto negativo que uma abordagem mandatória não estimula o desenvolvimento de uma cultura de boa governança corporativa nas companhias, haja vista que as regras devem ser cumpridas e, portanto, não exigem nenhuma reflexão sobre seus efeitos para as companhias.

A abordagem "cumpra ou explique", implementada pelo *Cadbury Report*, por sua vez, mitiga em grande medida os problemas apontados acima. Nas palavras de Sridhar R. Arcot e Valentina G. Bruno:

> *The defining aspect of this approach was the introduction of a voluntary Code of best practice characterised by shareholder pressure for its adoption. In contrast to statutory law which imposes minimum standards, codes aim at improving corporate behaviour by raising standards through best practice. In particular, it is mandatory for companies to state in their annual reports whether they comply with the Code and to identify and give reasons for any areas of non-compliance in light of their own particular circumstances. As neither the form or content of this part of the statement are prescribed, companies have a free hand to explain their governance policies in the light of the principles. It is for shareholders to evaluate this part of the company's statement. According to Sir Adrian Cadbury, the "comply or explain" approach is preferable to statutory measures because it does not commit companies to a one-size-fits-all approach and thus diminishes the risk of complying with the letter, rather than the spirit of the Code.*[19]

Ainda, de acordo com o artigo *Enforcement of Corporate Governance Codes* de Eddy Wymeersch:

> *One of the advantages of the "comply or explain" approach is the possibility it offers to the company to draw up its governance according to its*

[19] Arcot, Sridhar R.; Bruno, Valentina G. **One size does not fit all, after all: Evidence from Corporate Governance**. World Bank Group, 2006. Disponível em: <http://siteresources.worldbank.org/INTFR/Resources/Valentina_Bruno_Feb_8.pdf>. Acesso em: 4 mai. 2019. p. 5.

> *individual needs. By letting the best practices being transformed in hard law rules, the benefits of this evolutionary process are largely lost.*[20]

Não obstante, a edição de normas mandatórias que estabeleçam regras mínimas de boa de governança podem ser benéficas. A Organização para a Cooperação e Desenvolvimento Econômico (OCDE) defende que a combinação desejável de legislação, regulação, autorregulação, etc., varia de país para país, mas afirma que:

> *The legislative and regulatory elements of the corporate governance framework can usefully be complemented by soft law elements based on the "comply or explain" principle such as corporate governance codes in order to allow for flexibility and address specificities of individual companies. What works well in one company, for one investor or a particular stakeholder may not necessarily be generally applicable to corporations, investors and stakeholders that operate in another context and under different circumstances.*[21]

Assim, a OCDE entende que uma combinação adequada de regras de diferentes naturezas é importante para a criação de um ambiente propício para o desenvolvimento econômico geral, com ênfase na edição de regras que possibilitem a flexibilidade necessária para atender as necessidades das companhias que operam em diversas circunstâncias, sendo a abordagem "cumpra ou explique" ideal para tal propósito. Nesse sentido:

[20] WYMEERSCH, Eddy O. **Enforcement of Corporate Governance Codes**. European Corporate Governance Institute – Law Working Paper No. 46/2005. Disponível em: <http://ssrn.com/abstract=759364>. Acesso em: 13 mai. 2019. Acesso em: 13 mai. 2019. p. 20.

[21] Organisation for Economic Co-operation and Development. **G20/OECD Principles of Corporate Governance**. Paris, 2015. Disponível em: <http://dx.doi.org/10.1787/9789264236882-en>. Acesso em: 13 mai. 2019. p. 13.

> *Policy makers also have a responsibility to put in place a framework that is flexible enough to meet the needs of corporations operating in widely different circumstances, facilitating their development of new opportunities to create value and to determine the most efficient deployment of resources. Where appropriate, corporate governance frameworks should therefore allow for proportionality, in particular with respect to the size of listed companies. Other factors that may call for flexibility include the company's ownership and control structure, geographical presence, sectors of activity, and the company's stage of development.*[22]

Por fim, Sridhar Arcot e Valentina Bruno concluíram em seus estudos que, em governança corporativa, "*one-size-does-not-fit-all*", haja vista que companhias que não adotam práticas recomendadas em razão de circunstâncias autênticas apresentam performance superior à performance de outras companhias. Por outro lado, a adesão a princípios geralmente aceitos como de boa governança não resultará necessariamente em uma performance melhor.[23]

2.2. Experiência Internacional

Conforme já mencionado, a abordagem "cumpra ou explique" surgiu no Reino Unido em 1992, introduzida pelo *Cadbury Report*, como uma reação a problemas na governança corporativa de empresas na década de 1980 (*e.g.*, Maxwell Communications, Polly Peck e BBCI) e com o propósito de diminuir o risco

[22] Organisation for Economic Co-operation and Development. **G20/OECD Principles of Corporate Governance**. Paris, 2015. Disponível em: <http://dx.doi.org/10.1787/9789264236882-en>. Acesso em: 13 mai. 2019. p. 14.

[23] Arcot, Sridhar R.; Bruno, Valentina G. **One size does not fit all, after all: Evidence from Corporate Governance**. World Bank Group, 2006. Disponível em: <http://siteresources.worldbank.org/INTFR/Resources/Valentina_Bruno_Feb_8.pdf>. Acesso em: 4 mai. 2019. p. 25.

de as companhias cumprirem a letra da regra em detrimento do espírito do código.[24]

O *Cadbury Report* foi, desde sua edição, revisado diversas vezes, culminando no *The UK Corporate Governance Code*, cuja última publicação se deu em julho de 2018. Apesar das sucessivas revisões, o código manteve o método "cumpra ou explique", orientando as companhias a evitarem um "*tick-box approach*", *i.e.*, a aplicação irrefletida de regras. Atualmente, o código é estruturado a partir de princípios que devem ser observados por todas as companhias, os quais fundamentam diversas práticas, cuja aplicação é recomendada, mas não obrigatória, desde que o alijamento pela companhia de determinada prática seja justificado.

Assim, a decisão de uma companhia de não aplicar determinada prática deve ser justificada a partir de circunstâncias particulares com base em diversos fatores, incluindo o tamanho, a complexidade, o histórico e a estrutura acionária da companhia.

Em pesquisa conduzida entre 1 de setembro de 2016 e 31 de agosto de 2017, a Grant Thornton conclui que, dentre as 350 empresas listadas na *The Financial Time Stock Exchange 350* – FTSE 350, 66% das companhias declararam aderir integralmente ao código então vigente, enquanto 95% declararam aderir a todas as práticas do código, com exceção de uma ou duas práticas.[25]

[24] ARCOT, Sridhar R.; BRUNO, Valentina G. **One size does not fit all, after all: Evidence from Corporate Governance.** World Bank Group, 2006. Disponível em: <http://siteresources.worldbank.org/INTFR/Resources/Valentina_Bruno_Feb_8.pdf>. Acesso em: 4 mai. 2019. p. 5.

[25] Grant Thornton. Corporate Governance Review 2017. October 2017 *apud* Financial Reporting Council. **Proposed Revisions to the UK Corporate Governance Code.** Reino Unido, 2017. Disponível em: <https://www.frc.org.uk/getattachment/f7366d6f-aa57-4134-a409-1362d220445b/;.aspx>. Acesso em: 13 mai. 2019. p. 14.

Em dezembro de 2017, por ocasião da última reforma do *The UK Corporate Governance Code*, o *Financial Reporting Council* concluiu que, com o passar do tempo, o cumprimento do código teve como foco o aspecto "cumpra ou explique" das práticas em lugar da aplicação dos princípios que as fundamentam.

Assim, o código de 2018 determina que as companhias divulguem como aplicaram os princípios, de forma a permitir que os acionistas avaliem como os princípios tem sido por elas adotados. O racional dessa determinação é manter a flexibilidade da abordagem "cumpra ou explique" em relação às práticas, sem que eventual não aplicação de determinada prática implique um distanciamento do princípio subjacente.

A obrigação das companhias de divulgarem como aplicam os princípios do código britânico está prevista nas regras de listagem estabelecidas pelo *Financial Conduct Authority* (FCA), que substituiu, em conjunto com o *Prudential Regulation Authority* (PRA), o antigo regulador *Financial Services Authority* (FSA), extinto em abril de 2013, sendo que, em caso de eventual descumprimento, as companhias estariam sujeitas a penalidades a serem impostas pela própria autoridade do mercado de capitais britânico.

Entretanto, a atuação do FCA se limita à verificação dos aspectos formais da divulgação das informações relativas ao código de governança, uma vez que as respectivas regras de listagem, em linha com o disposto no código britânico, somente obrigam as companhias a incluírem em suas demonstrações financeiras anuais uma declaração sobre como aplicam os princípios estabelecidos no código, de forma a permitir que os **acionistas avaliem** como os princípios tem sido aplicados[26].

[26] Reino Unido. *Financial Conduct Authority*. Reino Unido. Disponível em: <https://www.handbook.fca.org.uk/handbook/LR/9/8.html>. Acesso em: 9 set. 2019.

Portanto, a substituição do FSA pelo FCA não alterou a forma de atuação do regulador, que manteve uma supervisão formal do cumprimento do código, conforme apontava Eddy Wymeersch sobre a atuação do FSA:

> *On its role on enforcement the FSA has declared: "The FSA as listing authority makes no judgement about the accuracy or adequacy of the compliance statement: it is up to the board of the company and for the shareholders to make such evaluation. If a company fails to include a statement in the required form, the FSA has announced that it may make use of its powers, including its fining powers against that company. The FSA will use its compliance powers by sampling a number of annual reports on a routine basis". This quote indicates that the FSA's review would be limited to a formal check, leaving the substantive evaluation to the shareholders and to the market.*[27]

A edição do *Cadbury Report* impulsionou a criação do *King Committee* na África do Sul, sob os auspícios do *Institute of Directors of Southern Africa* e sob a coordenação do ex-juiz Mervyn King, com o objetivo de analisar a governança corporativa na África do Sul. Como resultado, em 1994 foi publicado o *Report of the King Committee on Corporate Governance* (King I), que codificou os padrões de boa governança aplicável às companhias abertas e a outras determinadas instituições, como grandes companhias, bancos e outras instituições financeiras e de seguros.

Em 2002, com o objetivo de atualizar o King I em razão de diversas alterações nas leis locais e em linha com a melhor prática internacional, foi publicado o *King Report on Corporate Governance for South Africa – 2002* (King II), que introduziu o

[27] Wymeersch, Eddy O. **Enforcement of Corporate Governance Codes**. European Corporate Governance Institute – Law Working Paper No. 46/2005. Disponível em: <http://ssrn.com/abstract=759364>. Acesso em: 13 mai. 2019. p. 16.

conceito de *triple bottom line reporting*, o qual determinava às companhias que divulgassem, em adição às informações financeiro-econômicas, suas práticas sociais e ambientais. Ademais, o King II reconhecia que a governança, em qualquer contexto, reflete o sistema de valores da sociedade em que está inserida, de forma que as companhias deveriam observar determinados valores sul-africanos, como a predominância do coletivo sobre o individual e a essência do *ubuntu* (humanismo africano).

A terceira versão do código, motivada pela publicação da nova lei societária da África do Sul (*Companies Act 71* de 2008), foi divulgada em 2009. O *King Report on Governance for South Africa 2009* (King III) passou a adotar uma abordagem de "aplique ou explique" em lugar da abordagem "cumpra ou explique". Essa sutil e importante diferença em relação ao King II teve como objetivo destacar que as companhias não são obrigadas a cumprir as práticas recomendadas no King III, mas devem avaliar a pertinência de sua aplicação e, se não aplicáveis, apresentar a respectiva justificativa. Assim, as companhias poderiam deixar de aplicar determinada prática prevista no King III e ainda continuar cumprindo plenamente o código.

Por fim, com a última atualização do código de governança sul-africano, ocorrida em 2016, o *Report on Corporate Governance for South Africa 2016* (King IV) trouxe uma grande alteração em sua abordagem de "aplique **ou** explique" para "aplique **e** explique" em razão de seu foco no resultado. Conforme indicado no King IV, "*the required explanation allows stakeholders to make an informed decision as to whether or not the organisation is achieving the four good governance outcomes required by King IV*"[28]. Os quatro

[28] Institute of Directors in Southern Africa. King IV Report on Corporate Governance for South Africa, 2016. Disponível em: <https://c.ymcdn.com/sites/iodsa.site-ym.com/resource/collection/684B68A7-B768-465C-8214-E3A007F15A5A/IoDSA_King_IV_Report_-_WebVersion.pdf>. Acesso em: 24 mar. 2019. p. 7.

resultados constantes no King IV são: cultura ética, boa performance, controle efetivo e legitimidade.

Em razão dessa mudança de abordagem, o número de princípios do código foi reduzido dos 75 existentes no King III para 17 princípios básicos previstos no King IV, sendo um deles aplicável apenas a investidores institucionais, o qual determina que os órgãos de controle desses investidores devem garantir que seu investimento promova a boa governança e a criação de valor pelas companhias investidas[29]. Ainda, o King IV foi elaborado de forma a facilitar a aplicação por todas as organizações: públicas e privadas, grandes e pequenas, com ou sem fins lucrativos.

Assim como os códigos britânicos, o King IV é estruturado a partir de princípios e práticas recomendadas, de forma que as organizações que se sujeitarem ao King IV devem aplicar os princípios nele estabelecidos e justificar como tais princípios são aplicados a partir de suas práticas, com vistas a atingir os quatro resultados almejados pelo King IV. O King IV pretende manter a flexibilidade necessária, na medida em que a aplicação das práticas deve ser refletida e relativizada (proporcional) em razão do tamanho do *turnover* e da força de trabalho, dos recursos e da extensão e complexidade das atividades de cada organização, incluindo o impacto no contexto triplo (economia, sociedade e meio-ambiente) em que a organização opera.

As explicações, exigidas para todos os princípios, devem ser divulgadas na forma de narrativa, com referência a práticas que demonstrem a aplicação do respectivo princípio, indicando, ainda, quais práticas (recomendadas ou outras) foram implementadas e como contribuem para que o princípio seja

[29] Institute of Directors in Southern Africa. **King IV Report on Corporate Governance for South Africa, 2016.** África do Sul, 2016. Disponível em: <https://c.ymcdn.com/sites/iodsa.site-ym.com/resource/collection/684B68A7-B768-465C-8214-E3A007F15A5A/IoDSA_King_IV_Report_-_WebVersion.pdf>. Acesso em: 24 mar. 2019. p. 73.

atingido. Não há, entretanto, necessidade de divulgação sobre se cada prática recomendada foi implementada ou não, uma vez que essa abordagem representaria uma informação quantitativa, que não contribui necessariamente para a qualidade da divulgação.

Em 2017, a *Johannesburg Stock Exchange* (*JSE*) aprovou alterações às regras de listagem aplicáveis às companhias com ações negociadas na bolsa sul-africana, de forma que referidas companhias passaram a ser obrigadas a divulgar em seu relatório anual a implementação do King IV em linha com a abordagem "aplique e explique" nele estabelecida.

Embora com diferenças, pode-se dizer que há uma recente convergência entre os códigos de boas práticas de governança corporativa do Reino Unido e da África do Sul, com uma clara preocupação com a qualidade das informações divulgadas em lugar de uma adoção irrefletida das práticas recomendadas. O código britânico busca mitigar esse problema ao determinar que as companhias justifiquem como o alijamento de uma prática recomendada contribui para que o princípio subjacente seja atingido, enquanto o código sul-africano passou a exigir que as organizações expliquem a aplicação de todos os princípios a partir das práticas adotadas, especialmente aquelas recomendadas pelo código.

2.3. A Abordagem "Aplique ou Explique" no Brasil

A abordagem "aplique ou explique" ganhou notoriedade no Brasil a partir do lançamento em 2016 do Código Brasileiro de Governança Corporativa – Companhias Abertas, que, conforme já mencionado, teve como base o Código ABRASCA de Autorregulação e Boas Práticas das Companhias Abertas (Código ABRASCA).

O Código ABRASCA, que entrou em vigor em 15 de agosto de 2011, começou a ser discutido e preparado em 2009, impulsionado por uma sugestão da CVM que constatou que algumas companhias abertas não cumpriam determinadas obrigações regulatórias.[30] A escolha da abordagem "aplique ou explique" pela ABRASCA, associação que congrega as principais companhias abertas brasileiras, teve como objetivo "buscar, mais que o mero cumprimento de aspectos formais, a observância da essência da regulação".[31]

Em entrevista concedida dois meses antes da entrada em vigor do Código ABRASCA, o presidente da associação afirmou que o modelo "aplique ou explique" era pela primeira vez trazido ao Brasil, de forma que "as empresas que deixarem de cumprir práticas esperadas de uma companhia aberta têm a opção de explicar porque deixou de cumprir certas regras".[32] Naquela ocasião, a ABRASCA possuía 200 companhias associadas, das quais 30 já haviam aderido voluntariamente ao Código ABRASCA. Vale ressaltar que, embora a adesão fosse voluntária, eventuais descumprimentos do Código ABRASCA poderiam ser punidos até com a cassação do direito de utilização do selo de adesão ao código.

O Código ABRASCA é estruturado a partir de princípios, regras e recomendações e trata de questões básicas relativas

[30] JUNIOR SILVA, Altamiro. Abrasca: código de autorregulação atraiu 30 cias abertas. **Exame**, Brasil, 11 jul. 2011. Mercados. Disponível em: <https://exame.abril.com.br/mercados/abrasca-codigo-de-autorregulacao-atraiu-30-cias-abertas/>. Acesso em: 22 mai. 2019.

[31] Associação Brasileira das Companhias Abertas. **Código Abrasca de Autorregulação e Boas Práticas das Companhias Abertas**. Disponível em: <http://www.abrasca.org.br/Uploads/autoregulacao/codigo_Abrasca_de_Autorregulacao_e_Boas_Praticas_das_Companhias_Abertas.pdf>. Acesso em: 22 mai. 2019. p. 2.

[32] JUNIOR SILVA, Altamiro. Abrasca: código de autorregulação atraiu 30 cias abertas. **Exame**, Brasil, 11 jul. 2011. Mercados. Disponível em: <https://exame.abril.com.br/mercados/abrasca-codigo-de-autorregulacao-atraiu-30-cias-abertas/>. Acesso em: 22 mai. 2019.

desde a administração das companhias até seu relacionamento com o mercado de capitais, passando, obviamente, por aspectos de ética e *compliance*. Todos os princípios devem ser obrigatoriamente observados pelas companhias que aderirem ao Código ABRASCA; as regras podem não ser aplicadas desde que a companhia justifique sua decisão; e as recomendações podem não ser aplicadas independentemente de justificativa. A adesão ao Código ABRASCA e a aplicação ou não das respectivas práticas pelas companhias devem ser informadas no formulário de referência a ser divulgado por cada companhia aderente, em conformidade com as regras editadas pela CVM aplicáveis à divulgação do formulário de referência.

Em balanço realizado pela ABRASCA em 2014, verificou-se que 71% das companhias que aderiram ao Código ABRASCA apresentaram melhorias no padrão de governança corporativa, tanto na prestação de informações quanto na aprovação e implantação de políticas importantes. De uma forma geral, a ABRASCA avaliou na ocasião que sua iniciativa de desenvolver um código de autorregulação contribuiu para aprimorar a governança corporativa das companhias, "principalmente em função do modelo adotado, (abordagem aplique ou explique) baseado em princípios (mandatórios), regras (justificáveis), e recomendações (sugestões para aprimoramento da governança)"[33].

Essa avaliação positiva do modelo "aplique ou explique" provavelmente contribuiu para a adoção desse tipo de abordagem pelo CBGC e o Código ABRASCA, e, sem qualquer dúvida, colaborou bastante para a governança corporativa das companhias brasileiras; mas é importante esclarecer que, ante-

[33] Equipe de Autorregulação da Abrasca. Código Abrasca de Autorregulação e Boas Práticas. **RI – Relações com Investidores**, Brasil, n. 191, mar. 2015. Disponível em: <https://www.revistari.com.br/191/951>. Acesso em: 22 mai. 2019.

riormente ao Código ABRASCA, a CVM já havia tentado implementar o modelo "aplique ou explique" no País.

No início do século, o Brasil buscava impulsionar seu mercado de capitais e, para tanto, era necessária uma melhor governança corporativa das companhias brasileiras. Assim, foi aprovada a Lei nº. 10.303, de 31 de outubro de 2001, que promoveu ampla reforma da Lei das Sociedades por Ações e da Lei do Mercado de Capitais, com o objetivo de proporcionar maior proteção aos investidores minoritários.

Nesse contexto, a CVM publicou em junho de 2002 "Recomendações da CVM sobre Governança Corporativa" (Cartilha CVM), que, conforme indicado no próprio documento, não constituíam uma norma cujo descumprimento seria passível de punição, mas representavam as recomendações do órgão relativas a boas práticas de governança corporativa.

O objetivo da Cartilha CVM era "estimular o desenvolvimento do mercado de capitais brasileiro por meio da divulgação de práticas de boa governança corporativa".[34] Embora a Cartilha CVM não tivesse caráter mandatório, a intenção da CVM era futuramente exigir que as companhias abertas incluíssem em suas informações anuais o nível de adesão às práticas recomendadas na Cartilha CVM, na forma "pratique ou explique".

Em reunião do Colegiado da CVM, o diretor Luiz Campos teceu comentários sobre as então recentes atualizações legais em benefício do mercado de capitais e defendeu que o julgamento do nível de governança corporativa de cada companhia deveria ser realizado pelos investidores e pelo mercado em geral:

[34] Comissão de Valores Mobiliários. **Recomendações da CVM sobre Governança Corporativa.** Rio de Janeiro, 2002. Disponível em: <http://www.cvm.gov.br/export/sites/cvm/decisoes/anexos/0001/3935.pdf>. Acesso em: 27 abr. 2019.

> É por isso que não rejeito o estabelecimento de uma oportunidade para que as companhias prestem informações ao mercado sobre a adoção ou não das recomendações constantes da cartilha. Tal oportunidade poderá beneficiar tanto as companhias que as adotem quanto aquelas que não as sigam, pois que estas últimas podem ter boas razões para não adotá-las no todo e, em alguns casos, podem não se aplicar ou ser até mesmo inconvenientes, sem que isso represente um desrespeito ao investidor ou uma má prática de governança. Pois, ao fim e ao cabo, é aos investidores que cabe julgar se as recomendações são apropriadas ou não. Mas, sem dúvida, os investidores merecem a informação. [35]

Ademais, no entendimento daquele diretor, tendo em vista que a abordagem "pratique ou explique" constitui uma faculdade e não uma obrigação, as companhias não estariam obrigadas a dar razões para a não adoção da prática, mas poderiam fazê-lo se assim desejassem, concluindo que "não pode, e não deve, a CVM avaliar o mérito e o conteúdo da explicação, o que caberá aos investidores"[36].

Não obstante, muito provavelmente em decorrência da consolidação de regras de governança corporativa diferenciadas para os segmentos de listagem da bolsa brasileira, da promoção de códigos de autorregulação por entidades privadas e até mesmo por ser um projeto muito ambicioso para ser encabeçado pelo órgão regulador do mercado, a CVM nunca exigiu que as companhias divulgassem como aplicavam as recomendações existentes na Cartilha CVM.

[35] BRASIL. Comissão de Valores Mobiliários. Rio de Janeiro, RJ. Disponível em: <http://www.cvm.gov.br/decisoes/2002/20020529_R1/20020529_D07.html>. Acesso em: 22 mai. 2019.

[36] BRASIL. Comissão de Valores Mobiliários. Rio de Janeiro, RJ. Disponível em: <http://www.cvm.gov.br/decisoes/2002/20020529_R1/20020529_D07.html>. Acesso em: 22 mai. 2019.

Por fim, em 9 de fevereiro de 2010, provocado pela Superintendência de Desenvolvimento de Mercado, o Colegiado da CVM considerou que o conteúdo da Cartilha CVM não se encontrava mais plenamente atualizado em razão da significativa evolução das práticas de governança adotadas pelas companhias, além do surgimento de práticas e problemas que eram desconhecidos ou incipientes em 2002, ano de divulgação da Cartilha CVM. O Colegiado da CVM ressalvou, entretanto, que a edição de uma versão atualizada da Cartilha CVM poderia ser avaliada em momento oportuno.[37]

De toda forma, a Cartilha da CVM até hoje é tida como um marco da governança corporativa no País, além de representar o primeiro contato do mercado de capitais brasileiro com o modelo "aplique ou explique".

3. Informe sobre o Código Brasileiro de Governança Corporativa – Companhias Abertas

3.1. O Código Brasileiro de Governança Corporativa – Companhias Abertas e a Instrução CVM nº 586

Em 2016, foi lançado o Código Brasileiro de Governança Corporativa – Companhias Abertas como resultado de esforços de diversas entidades ligadas ao mercado de capitais brasileiro reunidas no GT Interagentes.

Conforme já mencionado, o GT Interagentes visava estabelecer os princípios mínimos de governança corporativa que as onze entidades que integravam o grupo entendiam fundamentais para o País. Entretanto, ao verificar que diversos outros países possuíam códigos de governança corporativa referenciais para os seus mercados, os quais, em sua maioria, adota-

[37] BRASIL. Comissão de Valores Mobiliários. Rio de Janeiro, RJ. Disponível em: <http://www.cvm.gov.br/decisoes/2010/20100209_R2/20100209_D24.html>. Acesso em: 22 mai. 2019.

vam a abordagem "aplique ou explique", o GT Interagentes foi convencido da necessidade de criar um código específico para as companhias abertas brasileiras, a fim de recolocar o País em uma posição de destaque no campo da governança corporativa.

Assim como outros códigos baseados no modelo "aplique ou explique", o CBGC é dividido em princípios de boa governança, fundamentos que orientam os princípios e práticas recomendadas derivadas dos princípios, além de conter orientações às companhias. As companhias sujeitas ao código devem, como regra, aplicar os princípios e as práticas recomendadas e, caso decidam não aplicar qualquer princípio ou prática, devem justificar sua decisão. A justificativa deve ser redigida "em linguagem acessível, de forma transparente, completa, objetiva e precisa, para que acionistas, investidores e demais partes interessadas possam, criteriosamente, formar sua avaliação a respeito da companhia"[38].

Assim, busca-se que as companhias avaliem sua própria governança corporativa e, ao justificar o alijamento de determinado princípio ou prática, reflitam sobre os seguintes aspectos, entre outros:

> (i) a consistência entre as práticas efetivamente adotadas pela companhia e o Princípio e o Fundamento que dão origem à Prática Recomendada no Código; (ii) as circunstâncias e as razões para as práticas efetivamente adotadas pela companhia; (iii) todas e quaisquer ações mitigantes e salvaguardas adotadas para fazer face a eventuais riscos oriundos da não aderência ao Princípio ou Prática Recomendada; (iv) as análises realizadas pelo conselho de

[38] Grupo de Trabalho Interagentes. **Código Brasileiro de Governança Corporativa: Companhias Abertas.** São Paulo: IBGC, 2016. Disponível em: <https://conhecimento.ibgc.org.br/Lists/Publicacoes/Attachments/21148/Codigo_Brasileiro_de_Governanca_Corporativa_Companhias_Abertas.pdf>. Acesso em: 22 mai. 2019. p. 14.

> administração para embasar a decisão sobre a não adoção; e (v) a intenção de a companhia vir a aplicar o Princípio ou a Prática Recomendada no futuro, com explanação sobre a expectativa temporal, caso aplicável.[39]

O CBGC é estruturado em cinco capítulos, que tratam sobre os acionistas, o conselho de administração, a diretoria, os órgãos de fiscalização e controle, e ética e conflito de interesses, os quais se fundam em quatro pilares da boa governança corporativa: transparência, equidade, prestação de contas (*accountability*) e responsabilidade corporativa.

Por ter sido elaborado conjuntamente por entidades que representam agentes do mercado de capitais brasileiro, o CBGC não nasceu com qualquer natureza normativa, de forma que a adesão pelas companhias permanecia voluntária. Não obstante, em 8 de junho de 2017, a CVM, que participou como observadora na elaboração do CBGC, editou a ICVM 586 que, alterando a Instrução CVM nº 480, de 7 de dezembro de 2009 (ICVM 480), introduziu no ordenamento jurídico brasileiro a obrigatoriedade para as companhias abertas autorizadas por entidade administradora de mercado à negociação de ações ou de certificados de depósito de ações em bolsa de valores de divulgarem, no Informe, a aplicação de determinadas práticas constantes no Anexo 29-A da ICVM 480 ou a justificativa para não aplicarem tais práticas, se fosse o caso.

A edição da ICVM 586 se fundou inteiramente no CBGC, sendo que as práticas listadas no Anexo 29-A da ICVM 480 reproduzem literalmente as práticas recomendadas pelo CBGC.

[39] Grupo de Trabalho Interagentes. **Código Brasileiro de Governança Corporativa: Companhias Abertas.** São Paulo: IBGC, 2016. Disponível em: <https://conhecimento.ibgc.org.br/Lists/Publicacoes/Attachments/21148/Codigo_Brasileiro_de_Governanca_Corporativa_Companhias_Abertas.pdf>. Acesso em: 22 mai. 2019. p. 14.

Portanto, ainda que indiretamente, o CBGC passou a ser o primeiro código de governança corporativa com caráter obrigatório no Brasil. Vale ressaltar que a obrigatoriedade de observância do CBGC pelas companhias abertas passou a ser prevista na ICVM 480, que dispõe sobre as regras de listagem do mercado de capitais brasileiro, assim como ocorre em outros países que possuem um "código nacional", como o Reino Unido e a África do Sul.

O prazo para entrega do Informe pelas companhias, conforme previsto na ICVM 480, é de sete meses contados da data do encerramento do exercício social. Excepcionalmente, por ocasião da primeira entrega do Informe, o Colegiado da CVM deliberou, em reunião realizada no dia 13 de março de 2018, sobre a prorrogação de referido prazo para 31 de outubro de 2018.[40] Posteriormente, em razão de pedido da ABRASCA e considerando ser a primeira vez que os Informes seriam entregues, bem como a instabilidade apresentada pelo sistema próprio para a entrega do Informe, o Colegiado da CVM estendeu novamente o prazo para 9 de novembro de 2018[41].

Vale ressaltar que a divulgação do Informe em 2018 era obrigatória apenas para as companhias com ações compreendidas, na data da publicação da ICVM 586 no Índice Brasil 100 – IBrX-100 ou no Índice Bovespa – IBOVESPA, passando a ser obrigatória também para as demais companhias em 2019.

Na mais recente versão do Ofício-Circular divulgado pela Superintendência de Relações com Empresas (SEP), o órgão técnico divulgou que:

[40] BRASIL. Comissão de Valores Mobiliários. Rio de Janeiro, RJ. Disponível em: <http://www.cvm.gov.br/noticias/arquivos/2018/20180314-1.html>. Acesso em: 23 mar. 2019.

[41] BRASIL. Comissão de Valores Mobiliários. Rio de Janeiro, RJ. Disponível em: <http://www.cvm.gov.br/decisoes/2018/20181030_R1/20181030_D1209.html>. Acesso em: 29 mar. 2019.

> No informe sobre o CBGC, previsto pelo Anexo 29-A da Instrução CVM nº 480/09, o emissor deve informar se segue cada uma das práticas recomendadas e, em caso da não adoção da prática recomendada ou da sua adoção de forma parcial, apresentar as razões que levaram o emissor a não adotar integralmente a prática. Tais razões poderiam estar relacionadas, por exemplo, ao porte do emissor e atividades por ele desenvolvidas, seu histórico e estágio de evolução, sua estrutura de controle, sua avaliação sobre a validade e os benefícios da aplicação da prática em seu contexto particular, e seu entendimento sobre a capacidade de práticas alternativas por ele desenvolvidas alcançarem os objetivos visados pelo CBGC.
>
> A supervisão a ser exercida pela CVM sobre as informações prestadas no informe sobre o CBGC não se estenderá a avaliar as escolhas feitas pelo emissor quanto à adoção ou não das práticas recomendadas, mas se preocupará em verificar se as informações divulgadas pelos emissores sobre o assunto são verdadeiras, completas, consistentes e não induzem o investidor a erro.[42]

Assim, em linha com a fiscalização exercida por outras autoridades nacionais, a CVM expressamente indicou que não avaliará a decisão de cada companhia sobre aplicar ou não cada prática recomendada, mas sua atuação se limitará a verificar a veracidade, completude e consistência das informações divulgadas, bem como se não induzem o investidor a erro.

Nesse aspecto, embora seja fundamental a atuação da CVM para confirmar a veracidade e a consistência das informações, especialmente em comparação a outras informações divulgadas por cada companhia (no formulário de referência, por exemplo), a fim de que o investidor não seja induzido a erro, a possí-

[42] BRASIL. Comissão de Valores Mobiliários. Rio de Janeiro, RJ. Disponível em: <http://www.cvm.gov.br/legislacao/oficios-circulares/sep/oc-sep-0319.html>. Acesso em: 25 mai. 2019.

vel atuação da CVM no sentido de verificar se as informações são completas pode ser preocupante em razão da subjetividade da análise que, em geral, no modelo "aplique ou explique" deve ficar a cargo dos investidores que, em última instância, são os principais destinatários das informações.

Em consulta sobre a atuação da CVM em relação à completude das informações, a SEP indicou que pretende atuar quando a justificativa apresentada por uma companhia para deixar de aplicar determinada prática for excessivamente genérica:

> [...] no caso de uma resposta "excessivamente genérica", a SEP pretende adotar medidas, uma vez que não se estaria analisando o mérito de uma resposta, mas sim uma "não resposta", dada por meio de uma afirmação que não responde à questão elaborada. Vale ressaltar que essas medidas já são tomadas pela SEP no caso de outras informações periódicas e eventuais, e serão também adotadas nas análises dos informes sobre o CBGC.[43]

Em que pese a posição de Sridhar Arcot, Valentina Bruno e Antoine Faure-Grimaud de que a ausência de atuação do órgão regulador britânico contribui para que as companhias não apresentem justificativas adequadas para o alijamento das práticas recomendadas[44], a atuação da SEP para verificar se as informações divulgadas no Informe são completas deve ser cautelosa e moderada. Certamente, não será fácil identificar em alguns casos se a justificativa é genérica o suficiente para ensejar uma

[43] MULÉ, Gustavo dos Santos. **Informe sobre o Código Brasileiro de Governança Corporativa – Companhias Abertas.** [mensagem pessoal]. Mensagem recebida por: <fernando.xavier@cesconbarrieu.com.br>. Em 12 set. 2018.

[44] ARCOT, Sridhar R.; BRUNO, Valentina G.; FAURE-GRIMAUD, Antoine. **Corporate Governance in the UK: Is the comply or explain approach working?**. International Review of Law and Economics, 2010. Disponível em: <https://www.sciencedirect.com/science/article/abs/pii/S0144818810000050#!>. Acesso em: 15 jun. 2019.

atuação da CVM, sendo que, nesses casos, a CVM não deve agir, *i.e.*, a dúvida deve beneficiar a companhia.

É da essência do modelo "aplique ou explique" que o julgamento das justificativas fique a cargo dos investidores, com as consequentes e naturais penalizações impingidas pelo mercado às companhias que não demonstrarem preocupação em desenvolver uma cultura de boa governança corporativa, de forma que a atuação da SEP que envolva algum grau de subjetividade, enquanto possa ser virtuosa em alguns casos, pode resultar em (mais um caso de) atuação excessiva do Estado.

Vale ressaltar que os Informes possuem natureza e características específicas que impedem que sejam analisados da mesma forma que outras informações periódicas e eventuais mencionadas pela SEP. Como demonstraremos adiante, algumas companhias trataram o Informe como mais uma informação periódica a ser divulgada e o utilizaram apenas para divulgar suas atuais práticas, sem estabelecer qualquer relação com as práticas recomendadas no CBGC. Portanto, a SEP deve ter clareza que o Informe tem características peculiares e não pode ser fiscalizado como as demais informações periódicas e eventuais.

3.2. Análise Quantitativa

Após o fim do prazo para divulgação dos Informes pelas companhias com ações compreendidas, na data da publicação da ICVM 586, no Índice Brasil 100 – IBrX-100 ou no Índice Bovespa – IBOVESPA, diversas análises passaram a ser realizadas sobre as informações constantes nos respectivos Informes e, consequentemente, sobre o nível de governança corporativa dessas companhias. Com algumas gratas exceções[45], muitas análises

[45] Cf. Luz, Henrique. Balanço do Primeiro Ano da Entrega do Informe de Governança. **Capital Aberto**, Brasil, 18 jan. 2019. Governança Corporativa/

focaram em aspectos quantitativos dos Informes, ou seja, na quantidade de práticas recomendadas que as companhias indicaram aplicar, sem qualquer destaque, entretanto, para as justificativas apresentadas para cada prática não aplicada.

Uma das primeiras análises dos Informes a ser divulgada após o fim do prazo para entrega pelas companhias, realizada pela PwC em conjunto com o IBRI, trouxe resultados puramente quantitativos, incluindo uma comparação com a quantidade de práticas que são aplicadas pelas companhias britânicas. De acordo com esse estudo, as companhias brasileiras "responderam 'sim' para cerca de 60% (mais especificamente 59%) dos principais questionamentos"[46] dos Informes, enquanto no Reino Unido esse número é de aproximadamente 98%.

Em outra pesquisa, conduzida pelo IBGC em conjunto com Tozzini Freire Advogados, os Informes foram analisados com mais profundidade e sob diferentes aspectos quantitativos. Essa pesquisa indicou resultados com algumas diferenças do estudo da PwC e do IBRI, uma vez que indica que as companhias brasileiras responderam que adotam 58,1% das práticas recomendadas, sendo a taxa média de aderência às práticas recomendadas equivalente a 64,6%, desconsideradas eventuais práticas apontadas pelas companhias como não aplicáveis.[47] O cálculo da taxa média de aderência apresentada pela pesquisa do IBGC e do Tozzini Freire, ao desconsiderar práticas não aplicáveis, se

Colunistas. Disponível em: <https://capitalaberto.com.br/temas/governanca-corporativa/balanco-do-primeiro-ano-da-entrega-do-informe-de-governanca/>. Acesso em: 3 jun. 2019.

[46] PricewaterhouseCoopersBrasil. **Código Brasileiro de Governança Corporativa "pratique ou explique" – ICVM 586/2007: Primeiros Informes entregues**. Brasil, 2018. Disponível em: <http://www.ibri.com.br/Upload/Arquivos/novidades/4066_ICVM_586_18_PwC.pdf>. Acesso em: 23 mar. 2019.

[47] Instituto Brasileiro de Governança Corporativa. **Pratique ou explique: análise quantitativa dos informes das companhias abertas brasileiras (2018).** São Paulo: IBGC, 2018.

mostra mais acertada, uma vez que não se pode esperar que as companhias adotem práticas que não sejam aplicáveis a elas. A pesquisa concluiu, ainda, que não há diferenças significativas entre os níveis de aderência às práticas recomendadas pelas companhias que integram os diferentes segmentos de listagem da B3, *i.e.*, as companhias que integram o Novo Mercado divulgaram aderir, em média, a 65,2% das práticas recomendadas, enquanto a aderência pelas companhias integrantes do Nível 2, Nível 1 e segmento Tradicional foi de 62,7%, 63,8% e 65,1%, respectivamente.

Em nossa pesquisa, que teve como base exclusivamente os Informes das companhias que estavam obrigadas a divulgá-los em 2018, conforme eventualmente reapresentados até o final de maio de 2019, encontramos números bastante similares aos percentuais indicados na pesquisa do IBGC e do Tozzini Freire. Os resultados da nossa análise apontam que, consideradas todas as respostas constantes nos Informes, as companhias indicaram aplicar aproximadamente 58% das práticas recomendadas, correspondendo a uma taxa média de aderência de 64,5%, desconsideradas as práticas não aplicáveis. Se consideradas apenas as companhias com ações compreendidas no índice IBrX 50[48], que consiste em uma carteira teórica dos 50 ativos de maior negociabilidade e representatividade do mercado, ponderados pelo valor de mercado do "*free float*", no dia 5 de junho de 2019, teríamos como resultado que, em relação à totalidade das práticas recomendadas pelo CBGC, as companhias indicaram aplicar aproximadamente 64,9%, correspondendo a uma taxa média de aderência de 72%, desconsideradas as práticas não aplicáveis.

[48] Considerando o Informe da Centrais Elétricas Brasileiras S.A. – Eletrobras, que divulgou voluntariamente, e desconsiderada a Petrobras Distribuidora S.A., que, por não ser obrigada, não havia divulgado seu Informe até o fim de maio de 2019.

Em nova análise, realizada em setembro de 2019, *i.e.*, após o fim do prazo estabelecido pela ICVM 586 para divulgação anual dos Informes pela maioria das companhias brasileiras, com base nos Informes divulgados pelas companhias com ações compreendidas no índice IBrX 50 em 10 de setembro de 2019, identificamos um aumento no número de práticas recomendadas pelo CBGC indicadas como adotadas pelas companhias, correspondendo, em relação à totalidade das práticas recomendadas, a uma média de aderência de 66,7% ou, desconsideradas as práticas não aplicáveis, de 74,1%. De maneira similar, se consideradas apenas as companhias cujas ações integravam o IBrX 50 em 5 de junho de 2019 e também em 10 de setembro de 2019, tem-se que os Informes divulgados até setembro de 2019 apontavam que, em média, 66,5% das práticas recomendadas pelo CBGC eram adotadas ou 74% das práticas quando desconsideradas aquelas indicadas como não aplicáveis.

Destaca-se, ainda, que algumas companhias indicaram nas novas versões de seus Informes adotar um número de práticas recomendadas inferior ao número constante nos Informes precedentes. Essa redução condiz com a constatação do IBGC, abordada adiante, sobre as companhias brasileiras estarem no início de uma curva de aprendizagem, reforçando a necessidade de medidas educativas para o sucesso do método "aplique ou explique" no País.

Embora a adoção das práticas recomendadas possa ser entendida como um indicador de boa governança corporativa, a divulgação de justificativas adequadas, que se relacionem com características individuais da companhia, merece tanto ou mais destaque. Nesse sentido, o presente artigo já demonstrou, a partir de experiências internacionais, que a mera adoção de práticas não implica necessariamente uma melhor performance das companhias. Ademais, países que há décadas adotam o modelo "cumpra ou explique" passaram a promover nos últimos anos ajustes a esse modelo, de acordo com as especificidades locais, com o objetivo de resgatar o propósito inicial do modelo, *i.e.*, a preocupação com o espírito das regras em detrimento da aplicação irrefletida de práticas.

Nesse contexto, a disseminação de análises quantitativas dos Informes pode incentivar as companhias a buscarem a aplicação de um grande número de práticas recomendadas, sem qualquer reflexão sobre a pertinência de cada prática para a companhia. Afinal, por melhor que possam ser as justificativas apresentadas, nenhuma companhia deseja ter seu nome divulgado entre aquelas que menos adotam as práticas recomendadas pelo CBGC.

Em notícia publicada em 13 de novembro de 2018, poucos dias após o fim do prazo para entrega dos Informes, o diretor de uma companhia brasileira foi instado a se manifestar sobre o número de práticas que a sua companhia indicou não aplicar, sem qualquer menção sobre a qualidade das justificativas apresentadas:

> Na outra ponta, a empresa que aplicou o maior número de respostas "não" foi a EZTec, com 26 (48% das questões). O diretor financeiro e de relações com investidores da construtora, Emilio Fugazza, afirma que as negativas decorrem de uma exigência de formalização das práticas, o que está sendo implementado. "Prezamos pela governança, algo que é reconhecido por nossos acionistas, já que temos 18 mil pessoas físicas entre eles. Sabemos que é preemente melhorar e vamos apurar e sistematizar essas práticas", diz.[49]

[49] Leite, Pedro Ladislau. Estudo aponta que empresas respeitam 59% dos códigos de governança. **O Estado de São Paulo**, Brasil, 13 nov. 2018. Economia & Negócios. Disponível em: <https://economia.estadao.com.br/noticias/governanca,estudo-aponta-que-empresas-respeitam-59-dos-codigos-de-governanca,70002595585>. Acesso em: 3 jun. 2019.

Ressalta-se, entretanto, que as análises quantitativas não são *per se* um problema. Em verdade, o problema surge quando as análises quantitativas se tornam mais importantes ou mais disseminadas do que as análises qualitativas ou, ainda, a única forma de análise dos Informes. Destarte, todos os agentes do mercado, em especial os investidores, devem priorizar a análise da qualidade dos Informes (*i.e.*, o conjunto das práticas adotadas e as justificativas divulgadas por cada companhia) e, se possível, realizar suas próprias análises.

3.3. Análise Qualitativa

Além de proporcionar flexibilidade, um dos principais objetivos da abordagem "aplique ou explique" é incentivar as companhias a cumprirem o espírito das normas e não apenas sua letra, desenvolvendo, assim, uma cultura de boa governança.

A partir desses objetivos, pode-se dizer com segurança que os Informes devem ser primordialmente analisados sob uma perspectiva qualitativa, uma vez que a avaliação das justificativas apresentadas para o alijamento das práticas recomendadas pelo código é mais relevante do que a análise de quantas práticas recomendadas são aplicadas por determinada companhia.

É com base na análise qualitativa que poderemos inferir o comprometimento das companhias com a boa governança, na medida em que as explicações divulgadas por cada companhia indicarão sua compreensão sobre o valor de cada prática recomendada e as razões para entender que, considerando circunstâncias específicas e individuais, outras práticas garantirão um nível de governança tão alto quanto o nível almejado pelo código.

O *Financial Reporting Council* do Reino Unido, preocupado com a qualidade das explicações divulgadas pelas companhias britânicas, divulgou um relatório denominado "*What Constitutes an Explanation under 'Comply or Explain'?*". Nesse relatório, foram identificados três elementos essenciais para uma boa explicação:

> *It should set the context and historical background, should give a convincing rationale for the action it was taking, and describe mitigating action to address any additional risk and to maintain conformity with the relevant principle. Also the explanation should indicate whether the deviation from the Code's provisions was limited in time and when the company intended to return to conformity with the Code's provisions.*[50]

Em nossa análise dos Informes divulgados pelas companhias abertas brasileiras até 5 de junho de 2019, foi possível notar que a qualidade das justificativas varia drasticamente. Enquanto algumas companhias divulgaram explicações que certamente estarão sujeitas à atuação da SEP por não atenderem minimamente o exigido pelo CBGC e pela ICVM 586, grande parte das companhias se limitou a apresentar, em lugar de uma justificativa para o alijamento da prática recomendada, as práticas por elas adotadas, sem indicar como as práticas efetivamente adotadas se relacionam com o princípio e o fundamento indicados no CBGC.

Nossa percepção é corroborada pelo estudo desenvolvido em conjunto pelo IBGC, pelo escritório Tozzini Freire Advogados e pela EY, divulgado em 10 de junho de 2019, com foco específico na análise qualitativa dos Informes. Entre as conclusões desse estudo, destaca-se a substituição da justificativa pela salvaguarda, *i.e.*, "muitas companhias não apontam exatamente o motivo da não ou parcial adoção [da prática recomendada], preferindo enfatizar as ações empregadas"[51]:

[50] Financial Reporting Council. **What constitutes an explanation under 'Comply or Explain'?.** Reino Unido, 2012. Disponível em: <https://www.frc.org.uk/getattachment/a39aa822-ae3c-4ddf-b869-db8f2ffe1b61/what-constitutes-an-explanation-under-comply-or-exlpain.pdf>. Acesso em: 15 jun. 2019. p. 6.

[51] Instituto Brasileiro de Governança Corporativa. **Pratique ou explique: análise qualitativa dos informes de governança corporativa (2018).** São Paulo: IBGC, 2019. p. 14.

> Padrão recorrente entre as companhias, a substituição da justificativa pela salvaguarda envolve explicações do tipo: "não adotamos a prática, porém realizamos outras tantas". Ainda que não seja uma limitação tão grave quanto a ausência de justificativa e salvaguarda, o motivo propriamente dito do não cumprimento – o coração do "Pratique ou Explique" – não é revelado. Partindo do pressuposto de que não há obrigatoriedade na adoção das práticas recomendadas, as companhias deveriam refletir sobre seu contexto e estrutura e explicar por que determinada prática não se aplica, complementando a resposta com salvaguardas alinhadas ao princípio que fundamenta a prática.[52]

Outros pontos a serem evitados, apontados por referido estudo qualitativo, são explicações fundamentadas na exigência legal ou normativa, que implicam explicações incompletas, não fornecendo uma justificativa adequada aos parâmetros do CBGC, e explicações que não apresentam qualquer justificativa ou salvaguarda, que não cumprem qualquer aspecto exigido pelo CBGC e, portanto, estão sujeitas à atuação da CVM, inclusive.

A análise qualitativa encabeçada pelo IBGC também trouxe algumas percepções de investidores que, apesar das limitações iniciais, compartilham, na qualidade de *stakeholders* e principais destinatários dos Informes, uma visão positiva sobre a abordagem "pratique ou explique" no Brasil, com a ressalva de que as companhias estão no início de uma curva de aprendizagem, sendo necessários esforços adicionais de caráter educativo para o pleno funcionamento da abordagem. Não obstante, as limitações indicadas pelos investidores são: a dificuldade de acesso

[52] Instituto Brasileiro de Governança Corporativa. **Pratique ou explique: análise qualitativa dos informes de governança corporativa (2018).** São Paulo: IBGC, 2019. p. 22.

ao documento, uma vez que poucas companhias divulgaram os Informes em seus respectivos *websites*; a priorização pelas companhias da forma em detrimento do conteúdo dos Informes, ou seja, "escreve-se muito, porém de forma pouco assertiva, sem justificar de fato o não cumprimento de determinada prática"[53]; a postura defensiva das companhias, que se utilizam de normas existentes para explicar o alijamento de uma prática; e o excesso de referências a outros documentos como o formulário de referência, que, embora permitidas, pode prejudicar a análise dos Informes.

Ademais, analisamos os Informes divulgados, até 5 de junho de 2019, pelas companhias com ações compreendidas no IBrX-50 naquela data, com exceção da Petrobras Distribuidora S.A., que não estava obrigada a divulgar o Informe em 2018 e ainda não o fez. Para mitigar, na medida do possível, a subjetividade existente em toda análise qualitativa, adotamos algumas premissas similares às utilizadas por Sridhar Arcot, Valentina Bruno e Antoine Faure-Grimaud no artigo "*Corporate Governance in the UK: is the Comply-or-Explain Approach Working?*"[54].

Nesse sentido, catalogamos as justificativas apresentadas por cada companhia em duas categorias: genéricas, ou seja, que não apresentam elementos verificáveis e específicos relativos às circunstâncias de cada companhia, e específicas, que apresentam tais elementos. Assim, foram consideradas como justificativas genéricas aquelas que indicam a inexistência de normas

[53] Instituto Brasileiro de Governança Corporativa. **Pratique ou explique: análise qualitativa dos informes de governança corporativa (2018).** São Paulo: IBGC, 2019. p. 20.

[54] Cf. ARCOT, Sridhar R.; BRUNO, Valentina G.; FAURE-GRIMAUD, Antoine. **Corporate Governance in the UK: Is the comply or explain approach working?**. International Review of Law and Economics, 2010. Disponível em: <https://www.sciencedirect.com/science/article/abs/pii/S0144818810000050#!>. Acesso em: 15 jun. 2019.

cogentes (*e.g.*, Lei das Sociedades por Ações e regulamentos dos segmentos de listagem) que obriguem a companhia a adotar determinada prática e aquelas que apenas descrevem as práticas efetivamente adotadas pela companhia, sem estabelecer uma relação com os princípios, fundamentos e práticas constantes no CBGC, não apresentando, portanto, as razões que levaram a companhia a decidir não aplicar a prática recomendada pelo CBGC.

Ressalta-se que a categorização das justificativas não levou em consideração se as explicações apresentadas são válidas sob uma perspectiva comercial, *i.e.*, se a justificativa apresentada é convincente.

A partir de nossa análise, identificamos que por volta de dois terços das mais de 600 justificativas apresentadas são genéricas, havendo, assim, apenas uma explicação específica a cada três analisadas.

Dentre as justificativas genéricas identificadas, destacamos a existência de respostas "excessivamente genéricas", que provavelmente serão alvo de fiscalização da SEP. Por exemplo, uma companhia apresentou como justificativa, para não adotar a prática de que "a remuneração da diretoria deve ser fixada por meio de uma política de remuneração aprovada pelo conselho de administração por meio de um procedimento formal e transparente que considere os custos e os riscos envolvidos", que não possui política de remuneração, enquanto outra companhia, para justificar a não adoção da prática de que "a remuneração da diretoria deve estar vinculada a resultados, com metas de médio e longo prazos relacionadas de forma clara e objetiva à geração de valor econômico para a companhia no longo prazo", indicou que a remuneração da Diretoria Executiva é aprovada por meio da Assembleia Geral. Uma terceira companhia buscou justificar a existência de ações sem direito a voto, em desacordo com o primeiro princípio do CBGC, por meio da alegação de que atende "às exigências do Nível I de Governança da B3".

Em nossa análise, identificamos alguns Informes que não continham nenhuma justificativa específica, sobretudo por simplesmente reproduzirem as práticas adotadas pela companhia. Nitidamente, algumas companhias enxergaram o Informe como mais um formulário onde deveriam ser divulgadas as práticas efetivamente adotadas, ou seja, um formulário de referência "secundário".

Todavia, um dos aspectos sobre o qual o CBGC recomenda que as companhias reflitam ao dar uma explicação é exatamente "a consistência entre as práticas efetivamente adotadas pela companhia e o Princípio e o Fundamento que dão origem à Prática Recomendada no Código"[55].

É importante mencionar que, embora as companhias tenham realizado ajustes e correções nas novas versões de seus Informes, com data base de julho de 2019, não houve uma melhora significativa nas justificativas por elas apresentadas em relação aos Informes antecedentes.

Por fim, é possível que uma análise sobre a consistência e a veracidade das informações constantes nos Informes identifique práticas recomendadas pelo CBGC que não sejam efetivamente adotadas por companhias que tenham indicado no seu Informe aplicar tais práticas. Essa possibilidade é corroborada pelas alterações efetuadas por algumas companhias nas novas versões de seus informes, uma vez que, *v.g.*, práticas anteriormente indicadas como adotadas pelas companhias, passaram a ser apontadas como parcialmente ou não adotadas. Portanto, espera-se que a CVM fiscalize a consistência e a veracidade das

[55] Grupo de Trabalho Interagentes. **Código Brasileiro de Governança Corporativa: Companhias Abertas.** São Paulo: IBGC, 2016. Disponível em: <https://conhecimento.ibgc.org.br/Lists/Publicacoes/Attachments/21148/Codigo_Brasileiro_de_Governanca_Corporativa_Companhias_Abertas.pdf>. Acesso em: 22 mai. 2019. p. 14.

informações divulgadas pelas companhias para evitar que os investidores e demais *stakeholders* sejam induzidos a erro.

Conclusão

Conforme demonstrado ao longo deste trabalho, o método "aplique ou explique" tem como principal propósito aprimorar a governança corporativa das companhias, ao mesmo tempo em que proporciona flexibilidade na aplicação de boas práticas de governança, possibilitando às companhias decidirem quais as melhores práticas que a elas são aplicáveis em razão de suas características individuais, como tamanho, indústria que está inserida e circunstâncias históricas. Entretanto, a decisão de cada companhia de aplicar práticas alternativas às práticas recomendadas por determinado código de governança deve ser devidamente justificada, pressupondo, portanto, uma profunda reflexão pela companhia sobre sua própria governança corporativa.

A reflexão sobre os princípios e práticas previstos no respectivo código de governança corporativa deve, assim, produzir uma maior conscientização sobre a importância da governança corporativa e, conseguintemente, um aprimoramento da cultura de governança de cada companhia.

Não obstante, conforme expusemos, em mercados em que o método "aplique ou explique" foi amplamente experimentado, há uma recente preocupação para incentivar as companhias a fornecerem melhores justificativas, uma vez que, durante as últimas décadas, identificou-se uma tendência de adoção irrefletida das práticas recomendadas aliada a justificativas inadequadas aos propósitos do método. As medidas adotadas por esses mercados incluem, no Reino Unido, a obrigatoriedade de as companhias indicarem em suas justificativas como aplicam os princípios subjacentes às práticas recomendadas e, na África do Sul, a alteração do método para "aplique e explique", devendo as companhias explicar a aplicação de todos os princípios estabelecidos no código.

Essa preocupação decorre do fato de serem as justificativas o ponto central do método "aplique ou explique" e produto da reflexão da companhia sobre sua própria governança corporativa, haja vista que a aplicação irrefletida das práticas recomendadas igualaria referido método ao sistema "*one size fits all*", enquanto a não aplicação das práticas recomendadas sem justificativas adequadas implicaria descumprimento do método e, em última instância, resultaria na sua falência.

Em outras palavras, o método "aplique ou explique" pressupõe uma reflexão da companhia sobre sua própria governança e sobre a pertinência para a companhia de cada prática recomendada à luz do princípio subjacente, sendo a explicação para não se aplicar determinada prática um dos alicerces do método, que se manifesta na forma de justificativa. Portanto, a inexistência de justificativas adequadas ou a adoção irrefletida de todas as práticas, materializada na ausência generalizada de justificativas, derrui um dos alicerces do método "aplique ou explique" e, consequentemente, pode conduzir a seu fracasso.

Destarte, considerando a importância das justificativas para a perenidade e o sucesso do método "aplique ou explique", bem como a qualidade dos Informes divulgados sob a vigência da ICVM 586, conforme as análises já realizadas, é essencial que o mercado de capitais e, sobremaneira, os *stakeholders* das companhias brasileiras tenham atenção especial às justificativas apresentadas para antecipar e evitar os problemas identificados em outros países.

A chave para o sucesso desse método reside nas justificativas, de forma que análises puramente quantitativas não serão suficientes para impulsionar o desenvolvimento de uma cultura de boa governança nas companhias brasileiras. Em verdade, essas análises podem produzir um efeito perverso e induzir as companhias a adotarem irrefletidamente as práticas recomendadas pelo CBGC.

Ademais, notamos que as justificativas apresentadas nos Informes já divulgados, em sua maioria, não cumprem as determinações do CBGC, tampouco atendem aos propósitos do método "aplique ou explique", uma vez que, quando muito, se limitam a divulgar as práticas efetivamente adotadas pelas companhias, sem estabelecer qualquer relação com os princípios, fundamentos e orientações presentes no CBGC.

Por ser novidade para a maioria das companhias, o método "aplique ou explique" pode ser ainda pouco compreendido pelas companhias brasileiras e, portanto, será necessário, para uma análise mais apropriada sobre os resultados desse método, aguardar a estabilização da curva de aprendizagem das companhias.

Em nosso entendimento, é fundamental que haja uma alteração na percepção sobre o CBGC e o método "aplique ou explique". Embora a flexibilidade seja essencial para o método, as práticas recomendadas pelo código não devem ser compreendidas como uma mera "sugestão" de conduta. Com efeito, a prática recomendada só deve deixar de ser adotada mediante uma decisão refletida da companhia, cujas razões deverão ser divulgadas em justificativa apresentada no Informe, baseada em circunstâncias específicas relativas à companhia, fundamentando a adoção de práticas alternativas que conduziriam a companhia ao atendimento do princípio subjacente.

Para tanto, as companhias brasileiras devem compreender que o Informe não é apenas mais um meio para divulgação das suas práticas, mas deve ser utilizado para responder primordialmente a seguinte pergunta: "Por que a companhia decidiu não aplicar a prática recomendada pelo código?".

Referências

ÁLVARES, Elismar; GIACOMETTI, Celso; GUSSO, Eduardo. **Governança corporativa: um modelo brasileiro.** Rio de Janeiro: Elsevier, 2008

ANDRES, Christian; THEISSEN, Erik. **Setting a fox to keep the gees – Does the comply-explain principle work?.** Elsevier, 2008. Disponível em: <https://www.sciencedirect.com/science/article/pii/S0929119908000266>. Acesso em: 18 ago. 2018.

ARCOT, Sridhar R.; BRUNO, Valentina G. **One size does not fit all, after all: Evidence from Corporate Governance**. World Bank Group, 2006. Disponível em: <http://siteresources.worldbank.org/INTFR/Resources/Valentina_Bruno_Feb_8.pdf>. Acesso em: 4 mai. 2019.

ARCOT, Sridhar R.; BRUNO, Valentina G.; FAURE-GRIMAUD, Antoine. **Corporate Governance in the UK: Is the comply or explain approach working?**. International Review of Law and Economics, 2010. Disponível em: <https://www.sciencedirect.com/science/article/abs/pii/S0144818810000050#!>. Acesso em: 15 jun. 2019.

ARCOT, Sridhar; BRUNO, Valentina. **In letter but not in spirit: An analysis of corporate governance in UK.** Londres: Financial Markets Group, 2007. Disponível em: <https://ssrn.com/abstract=819784>. Acesso em: 23 mar. 2019.

Associação Brasileira das Companhias Abertas. **Código Abrasca de Autorregulação e Boas Práticas das Companhias Abertas**. Disponível em: <http://www.abrasca.org.br/Uploads/autoregulacao/codigo_Abrasca_de_Autorregulacao_e_Boas_Praticas_das_Companhias_Abertas.pdf>. Acesso em: 22 mai. 2019.

BLACK, Bernard S.; CARVALHO, Antonio Gledson de; GORGA, Érica. **Corporate Governance in Brazil.** Elsevier, 2009. Disponível em: <https://www.sciencedirect.com/science/article/pii/S1566014109000429>. Acesso em: 23 mar. 2019.

Comissão de Valores Mobiliários. **Recomendações da CVM sobre Governança Corporativa.** Rio de Janeiro, 2002. Disponível em: <http://www.cvm.gov.br/export/sites/cvm/decisoes/anexos/0001/3935.pdf >. Acesso em: 27 abr. 2019.

Equipe de Autorregulação da Abrasca. Código Abrasca de Autorregulação e Boas Práticas. **RI – Relações com Investidores**, Brasil, n. 191, mar. 2015. Disponível em: <https://www.revistari.com.br/191/951>. Acesso em: 22 mai. 2019.

FAURE-GRIMAUD, Antoine; ARCOT, Sridhar; BRUNO, Valentina. **Corporate Governance in the UK: is the Comply-or-Explain Approach**

Working?. Londres: discussion paper no 581, corporate governance at LSE. Disponível em: <https://eprints.lse.ac.uk/24673/1/dp581_Corporate_Governance_at_LSE_001.pdf>. Acesso em: 18 ago. 2018.

Financial Reporting Council. **The UK Corporate Governance Code.** Reino Unido, 2018. Disponível em: <https://www.frc.org.uk/getattachment/88bd8c45-50ea-4841-95b0-d2f4f48069a2/2018-UK-Corporate-Governance-Code-FINAL.pdf>. Acesso em: 02 mar. 2019.

Financial Reporting Council. **What constitutes an explanation under 'Comply or Explain'?.** Reino Unido, 2012. Disponível em: <https://www.frc.org.uk/getattachment/a39aa822-ae3c-4ddf-b869-db8f2ffe1b61/what-constitutes-an-explanation-under-comply-or-exlpain.pdf>. Acesso em: 15 jun. 2019.

Financial Reporting Council. **Proposed Revisions to the UK Corporate Governance Code.** Reino Unido, 2017. Disponível em: <https://www.frc.org.uk/getattachment/f7366d6f-aa57-4134-a409-1362d220445b/;.aspx>. Acesso em: 13 mai. 2019.

Grupo de Trabalho Interagentes. **Código Brasileiro de Governança Corporativa: Companhias Abertas.** São Paulo: IBGC, 2016. Disponível em: <https://conhecimento.ibgc.org.br/Lists/Publicacoes/Attachments/21148/Codigo_Brasileiro_de_Governanca_Corporativa_Companhias_Abertas.pdf>. Acesso em: 22 mai. 2019.

Institute of Directors in Southern Africa. **King Report on Governance for South Africa 2009.** África do Sul, 2009. Disponível em: <https://cdn.ymaws.com/www.iodsa.co.za/resource/resmgr/king_iii/King_Report_on_Governance_fo.pdf>. Acesso em: 24 mar. 2019.

Institute of Directors in Southern Africa. **King IV Report on Corporate Governance for South Africa, 2016.** África do Sul, 2016. Disponível em: <https://c.ymcdn.com/sites/iodsa.site-ym.com/resource/collection/684B68A7-B768-465C-8214-E3A007F15A5A/IoDSA_King_IV_Report_-_WebVersion.pdf>. Acesso em: 24 mar. 2019.

Instituto Brasileiro de Governança Corporativa. **Código das melhores práticas de governança corporativa.** 5. Ed. São Paulo: IBGC, 2015.

Instituto Brasileiro de Governança Corporativa. **Pratique ou explique: análise quantitativa dos informes das companhias abertas brasileiras (2018).** São Paulo: IBGC, 2018.

Instituto Brasileiro de Governança Corporativa. **Pratique ou explique: análise qualitativa dos informes de governança corporativa (2018).** São Paulo: IBGC, 2019.

Instituto Brasileiro de Governança Corporativa. **Uma década de governança: história do IBGC, marcos da governança e lições da experiência.** São Paulo: Saint Paul Editora: Saraiva, 2016.

Junior Silva, Altamiro. Abrasca: código de autorregulação atraiu 30 cias abertas. **Exame**, Brasil, 11 jul. 2011. Mercados. Disponível em: <https://exame.abril.com.br/mercados/abrasca-codigo-de-autorregulacao-atraiu-30-cias-abertas/>. Acesso em: 22 mai. 2019.

Lehman, Cheryl R.; Tinker, Tony; Merino, Barbara; Neimark, Marilyn; **Corporate governance: does any size fit?.** Amsterdam: Elsevier, 2005.

Leite, Pedro Ladislau. Estudo aponta que empresas respeitam 59% dos códigos de governança. **O Estado de São Paulo**, Brasil, 13 nov. 2018. Economia & Negócios. Disponível em: <https://economia.estadao.com.br/noticias/governanca,estudo-aponta-que-empresas-respeitam-59-dos-codigos-de-governanca,70002595585>. Acesso em: 3 jun. 2019.

Luz, Henrique. Balanço do Primeiro Ano da Entrega do Informe de Governança. **Capital Aberto**, Brasil, 18 jan. 2019. Governança Corporativa/Colunistas. Disponível em: <https://capitalaberto.com.br/temas/governanca-corporativa/balanco-do-primeiro-ano-da-entrega-do-informe-de-governanca/>. Acesso em: 3 jun. 2019.

Mulé, Gustavo dos Santos. **Informe sobre o Código Brasileiro de Governança Corporativa – Companhias Abertas.** [mensagem pessoal]. Mensagem recebida por: <fernando.xavier@cesconbarrieu.com.br>. Em 12 set. 2018.

Muswaka, Linda. **Corporate Governance under the South African Companies Act: A Critique.** Proceedings of World Business and Economics Research Conference 2012. Disponível em: <https://ssrn.com/abstract=2184678>. Acesso em: 24 mar. 2019.

Organisation for Economic Co-operation and Development. **G20/OECD Principles of Corporate Governance**. Paris, 2015. Disponível em: <http://dx.doi.org/10.1787/9789264236882-en>. Acesso em: 13 mai. 2019.

PricewaterhouseCoopersBrasil. **Código Brasileiro de Governança Corporativa "pratique ou explique" – ICVM 586/2007: Primeiros Informes entregues**. Brasil, 2018. Disponível em: <http://www.ibri.com.br/Upload/Arquivos/novidades/4066_ICVM_586_18_PwC.pdf>. Acesso em: 23 mar. 2019.

Rosseti, Maristela Abla; Pitta, Andre Grunspun (Coords.). **Direito Empresarial Estudos Contemporâneos.** São Paulo: Quartier Latin, 2017.

SILVEIRA, Alexandre di Miceli da. **Governança corporativa no Brasil e no mundo: teoria e prática.** Rio de Janeiro: Elsevier, 2010.

SILVEIRA, Alexandre di Miceli da. **Governança corporativa no Brasil e no mundo: teoria e prática.** 2. Ed. Rio de Janeiro: Elsevier, 2015.

The Committee on the Financial Aspects of Corporate Governance. **Cadbury Report**. Reino Unido, 1992. Disponível em: <https://www.icaew.com/-/media/corporate/files/library/subjects/corporate-governance/financial-aspects-of-corporate-governance.ashx?la=en>. Acesso em: 15 jun. 2019.

WYMEERSCH, Eddy O. **Enforcement of Corporate Governance Codes**. European Corporate Governance Institute – Law Working Paper No. 46/2005. Disponível em: <http://ssrn.com/abstract=759364>. Acesso em: 13 mai. 2019.

Jurisprudência

BRASIL. Comissão de Valores Mobiliários. Rio de Janeiro, RJ. Disponível em: <http://www.cvm.gov.br/noticias/arquivos/2018/20180314-1.html>. Acesso em: 23 mar. 2019.

BRASIL. Comissão de Valores Mobiliários. Rio de Janeiro, RJ. Disponível em: <http://www.cvm.gov.br/decisoes/2018/20181030_R1/20181030_D1209.html>. Acesso em: 29 mar. 2019.

BRASIL. Comissão de Valores Mobiliários. Rio de Janeiro, RJ. Disponível em: <http://www.cvm.gov.br/legislacao/oficios-circulares/sep/oc-sep-0319.html>. Acesso em: 25 mai. 2019.

BRASIL. Comissão de Valores Mobiliários. Rio de Janeiro, RJ. Disponível em: <http://www.cvm.gov.br/decisoes/2002/20020529_R1/20020529_D07.html>. Acesso em: 22 mai. 2019.

BRASIL. Comissão de Valores Mobiliários. Rio de Janeiro, RJ. Disponível em: <http://www.cvm.gov.br/decisoes/2010/20100209_R2/20100209_D24.html>. Acesso em: 22 mai. 2019.

Legislação

Estados Unidos da América. Public Law 107–204 – July 30, 2002 (Sarbanes-Oxley Act). **Congress of United States of America**, Washington, DC, 30 jul. 2002. Disponível em: <https://www.congress.gov/107/plaws/publ204/PLAW-107publ204.pdf>. Acesso em: 02 mar. 2019.

Brasil. Lei nº 6.404, de 15 de dezembro de 1976. Dispõe sobre as Sociedades por Ações. **Palácio do Planalto da Presidência da República**, Brasília,

DF, 15 dez. 1976. Disponível em: <http://www.planalto.gov.br/ccivil_03/leis/l6404compilada.htm>. Acesso em: 23 mar. 2019.

Brasil. Lei nº 6.385, de 7 de dezembro de 1976. Dispõe sobre o mercado de valores mobiliários e cria a Comissão de Valores Mobiliários. **Palácio do Planalto da Presidência da República**, Brasília, DF, 7 dez. 1976. Disponível em: <http://www.planalto.gov.br/ccivil_03/LEIS/L6385compilada.htm>. Acesso em: 23 mar. 2019.

Brasil. Instrução nº 480, de 7 de dezembro de 2009. Dispõe sobre o registro de emissores de valores mobiliários admitidos à negociação em mercados regulamentados de valores mobiliários. **Comissão de Valores Mobiliários**, Rio de Janeiro, RJ, 7 dez. 2009. Disponível em: <http://www.cvm.gov.br/export/sites/cvm/legislacao/instrucoes/anexos/400/inst480consolid.pdf>. Acesso em: 22 mar. 2019.

Brasil. Instrução nº 586, de 8 de junho de 2017. Altera e acrescenta dispositivos à Instrução CVM nº 480, de 7 de dezembro de 2009. **Comissão de Valores Mobiliários**, Rio de Janeiro, RJ, 8 jun. 2017. Disponível em: <http://www.cvm.gov.br/export/sites/cvm/legislacao/instrucoes/anexos/500/inst586.pdf>. Acesso em: 24 mar. 2019.

Diversidade de Gênero nos Conselhos de Administração e Melhoria nos Resultados Financeiros das Companhias de Capital Aberto

Júnia Fontes Vieira Cidade

Introdução

Em 08 de junho de 2017, a Comissão de Valores Mobiliários (CVM) alterou e acrescentou dispositivos à Instrução CVM n° 480, de 07 de dezembro de 2009 ("ICVM 480"), por meio da publicação da Instrução CVM n° 586[1]. Dentre os dispositivos acrescentados, foram criadas obrigações específicas de envio e divulgações de informações conforme disposto pelo Código Brasileiro de Governança Corporativa ("CBGC").

O CBGC é composto por princípios, os quais "estabelecem condutas que traduzem a essência dos valores de governança corporativa refletidos no código"[2]. Acompanhando tais princípios, o código é composto também por: (i) fundamentos, que embasam e explicam os princípios; (ii) práticas recomendadas, que funcionam como formas de regra de conduta, as quais deri-

[1] BRASIL. Instrução CVM n° 586, de 08 de junho de 2017. Altera e acrescenta dispositivos à Instrução CVM nº 480, de 7 de dezembro de 2009. Rio de Janeiro: Comissão de Valores Mobiliários. Disponível em: <http://www.cvm.gov.br/legislacao/instrucoes/inst586.html>. Acesso em: 15 abr. 2019.

[2] Ibidem.

vam dos princípios apresentados; e (iii) orientações, que são exemplos daquilo que é esperado que as companhias apresentem, caso não sigam a conduta indicada.

Entre os princípios apresentados pelo CBGC, destaca-se um referente à composição do conselho de administração, o qual estabelece que os conselhos devem buscar membros de perfil diversificado para que o conselho, como um todo, alcance "o debate efetivo de ideias e a tomada de decisões técnicas, isentas e fundamentadas"[3]. Para o cumprimento de tal princípio, segue também uma recomendação à administração para que sejam considerados fatores como a diversidade de conhecimentos, experiências, comportamentos, aspectos culturais, faixa etária e gênero nessa composição.

Em vista disso, entende-se que a diversidade é importante para a concretização de procedimentos decisórios inteligentes. É certo que, quando há muita coesão social entre os membros do conselho, essa coesão induz à conformidade de pensamento, o que inibe o surgimento de opiniões e informações diversas, as vezes opostas, mas que poderiam ser úteis ao processo decisório do qual o conselho obrigatoriamente faz parte[4]. Isso ficou conhecido como *groupthinking*, definido por Irving Janis como a maneira de pensar adotada por pessoas que estão "profundamente envolvidas em um grupo coeso e seus esforços para atingir unanimidade ultrapassam a motivação para avaliar cursos de ação alternativos"[5]. Sendo assim, o desejado seria que houvesse coesão suficiente entre os membros de um conselho para que eles desejassem continuar a fazer parte do grupo, mas que não fosse em grande quantidade a ponto de levar as discussões a perder sua qualidade e, por conseguinte, afetasse a tomada de

[3] Ibidem.

[4] Guerra, Sandra. **A Caixa-Preta da Governança**. 2 ed., Rio de Janeiro: Best Business, 2017. p. 97.

[5] Ibidem.

decisões[6]. Por isso, a diversidade, em todos os níveis, é matéria indispensável na estruturação da governança corporativa das corporações.

Diante dessa indispensabilidade e também da atualidade do tema, não só no âmbito brasileiro diante da divulgação do CBGC, mas também em todo o mundo corporativo, este artigo propõe-se a explorar uma dessas formas de diversidade: a de gênero. O intuito é analisar a efetiva participação da mulher nos conselhos de administração, participação essa importante para que se alcance, como disposto pelo CBGC, o debate efetivo de ideias e a tomada de decisões técnicas, isentas e fundamentadas, mas possivelmente também a melhoria dos resultados financeiros das companhias.

É inquestionável o longo caminho percorrido e conquistado pela mulher no mercado de trabalho. Por outro lado, apesar de tantas conquistas históricas, veremos que muito ainda precisa ser revisto no ambiente corporativo, dominado majoritariamente pelo gênero masculino, principalmente quando verificamos os cargos de maior destaque das grandes corporações.

Este fato é comprovado no cenário brasileiro ao analisarmos, por exemplo, uma das companhias indicadas como a que mais investe nas melhores práticas e modelos de gestão empresarial de acordo com o índice Estadão Empresas Mais de Governança Corporativa[7], em 2018. A Petrobrás Distribuidora S.A. ganhou destaque na modalidade "Conselho de Administração" desse índice, mesmo não tendo nenhuma mulher em sua composição. Outra companhia que é reconhecida de maneira recorrente por seus amplos investimentos e esforços relacionados à

6 Ibidem.

7 GOVERNANÇA NO CENTRO DAS ESTRATÉGIAS. **Estadão Empresas Mais de Governança Corporativa**, 2018. O Estado de S. Paulo. Disponível em: <http://publicacoes.estadao.com.br/empresasmais2018/governanca-corporativa> Acesso em: 02 jun. 2019.

melhores práticas e gestão empresarial, o Itaú Unibanco S.A., no momento de nossa pesquisa, tinha na composição de seu conselho de administração apenas uma mulher de um total de onze membros.

Não faltam evidências comprovatórias de que a falta ou ausência de mulheres em companhias como as duas citadas acima é reflexo de questões tão somente sociais, o que acaba por ser espelhado para dentro do ambiente corporativo, e de modo algum referem-se a questões biológicas atinentes aos gêneros masculino *versus* feminino. Homens e mulheres têm as mesmas capacidades intelectuais.

O que ocorre desde muito cedo na educação de meninos e meninas, no entanto, é a propagação de estereótipos comuns que associam altas habilidades intelectuais e genialidade muito mais ao gênero masculino do que ao gênero feminino[8]. Consequentemente, existe um efeito imediato nos interesses das crianças. Quanto mais cedo as crianças adquirem essa falsa noção de que genialidade e alta habilidade intelectual são qualidades masculinas, mais forte isso influenciará nas suas futuras aspirações[9]. Resultante disso, alguns campos de estudo são dominados pelo gênero masculino como a matemática, a física e até mesmo a filosofia.

Todavia, ainda que de forma lenta, existe uma grande mudança de pensamento e comportamento social em percurso. E em face dessas mudanças, enxerga-se uma crescente participação da mulher no mercado de trabalho como um todo, mas a sua paralisação antes dos cargos de maior destaque das compa-

[8] Bian, Lin; Leslie, Sarah-Jane; Cimpian, Andrei. Gender stereotypes about intellectual ability emerge early and influence children's interests. **Science**, v. 355, n. 6323, p. 389-391, jan. 2017. Disponível em: <https://science.sciencemag.org/content/355/6323/389>. Acesso em: 02 jun. 2019.

[9] Ibidem.

nhias. Isso vem demonstrar o quanto é necessário que as relações corporativas mudem a fim de refletir essa nova realidade social.

A discussão aqui proposta torna-se ainda mais relevante quando tomamos conhecimento de que o número de homens e mulheres em cursos superiores e mestrados é bastante próximo, estando as mulheres, inclusive, um pouco à frente dos homens[10]. Diante disso, a evolução lógica seria que o número de mulheres em posições de *senior management* gradativamente se equiparasse ao número de homens nestas posições, mas por algum motivo ao longo da escada corporativa, essas mulheres se perdem e não chegam a essas funções.[11]

Figura 1 – A perda das mulheres nas corporações

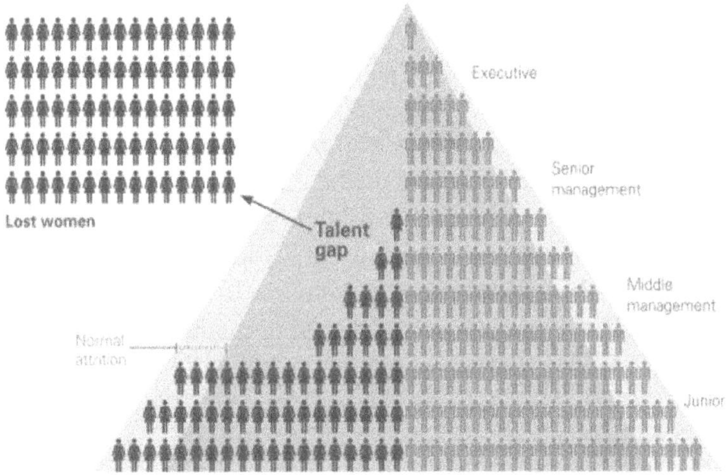

Fonte: IOANNIDIS e WALTHER 2010 citado por DONAGGIO, Angela, 2014, p. 5.

[10] DONAGGIO, Angela Rita Franco et al. **Women's Participation in Senior Management Positions: Gender Social Relations, Law and Corporate Governance**. out. 2014. Disponível em: <http://ssrn.com/abstract=2508929>. Acesso em: 02 jun. 2019.

[11] Ibidem.

Este tema, além de sua atualidade, carrega grande peso social, o qual não pode ser desconsiderado, pois discute não só o status quo, mas também esbarra em percepções intrínsecas às pessoas, até mesmo correlacionadas a questões morais e religiosas sobre o papel e função que a mulher deve desempenhar dentro da sociedade e dentro do seu próprio lar. Independentemente desses aspectos, este artigo será pautado em pesquisas com métodos científicos, além de revisões bibliográficas de autores que já visitaram este assunto.

O propósito com o uso desta metodologia é que alcancemos uma única conclusão, qual seja, responder à seguinte pergunta: é possível traçar uma correlação direta entre a participação da mulher no conselho de administração das empresas e o melhor rendimento financeiro destas? Para atingirmos a conclusão a que nos propusemos, também revisaremos pesquisas já elaboradas no Brasil e em outros países e analisaremos seus resultados.

Primeiramente, nos debruçaremos, por meio de revisões bibliográficas, sobre a aparente estagnação da mulher abaixo da chamada *C-suite*, fato que foi denominado pelos estudiosos como teto de vidro. Neste mesmo tópico apresentaremos a definição do termo de acordo com estudiosos da área, possíveis causas que levam à manifestação deste efeito e formas de combate-lo dentro das corporações.

Depois disso, olharemos para o cenário brasileiro frente a outros países para que seja possível enxergar o patamar de desenvolvimento, ou falta dele, do país diante de questões importantes como essa que nos dispomos a discutir. Seguindo esta linha, apresentaremos o caso da Noruega, primeira nação a impor um sistema de cotas para mulheres dentro dos conselhos de administração das empresas de capital aberto, e apresentaremos o projeto de lei que tramita atualmente no Brasil cuja natureza é semelhante. Quanto à imposição das cotas de gênero, falaremos também de eventuais benefícios e desvantagens em adotar este sistema.

Por fim, apresentaremos os resultados de pesquisas já feitas e que procuraram a resposta desta mesma pergunta que nos fazemos. O objetivo com isso é discutir se as pesquisas e estudos já produzidos dentro deste tema são suficientes para afirmarmos a existência dessa relação positiva entre mulheres no conselho e melhor *performance* financeira de suas companhias. Não só isso, averiguar também se a presença das mulheres seria suficiente para essa melhoria nos resultados ou existem outras variantes atreladas a esse eventual resultado. Não é nossa intenção realizar uma nova pesquisa empírica, mas tão somente analisar aquelas já publicadas e, com a ajuda de revisões bibliográficas, possivelmente alcançar uma resposta à pergunta principal que nos propusemos responder.

Sabemos que discussões, mesmo aquelas já ultrapassadas, envolvendo o papel da mulher dentro de um determinado ambiente carregam grande peso social. Nossa proposta não é dissecar, dentro do espectro social, as causas e consequências da participação ou ausência de participação das mulheres em ditos ambientes corporativos, mas sim entender como isso se reflete no âmbito organizacional das empresas e se isso possui reflexos financeiros ou não. Sabemos também da cautela que deve ser necessariamente despendida sobre o tema a fim de evitar preconceitos atrelados à dita distinções entre os gêneros tais como "o gênero feminino é mais sensível, emotivo", "o masculino é mais racional", entre outros.

Diante de todo o exposto, passemos para o primeiro ponto do nosso estudo.

1. O Teto de Vidro – Definição, Possíveis Causas e Práticas para Combatê-lo

Apesar do crescimento da participação ativa da mulher no mundo corporativo durante as últimas décadas, notou-se ao longo do tempo que poucas alcançavam valorização profissional, obtinham progressão em suas carreiras ou conseguiam ingressar em cargos superiores e de alto escalão. Elas permaneceram confinadas a um conjunto estreito de posições, com menos responsabilidades, menores salários e sem alcançar as posições de destaque e de tomada de decisão das empresas.

Também já comentamos que, apesar dessa situação ser explicada pela percepção histórica do papel social da mulher e do homem, ambos papéis têm atravessado grandes reestruturações. Porém essa mudança social de pensamento tem refletido pouco quando o assunto são as posições de destaque e administração das empresas.

Foi então que surgiu o termo "teto de vidro", inicialmente utilizado nos Estados Unidos na década de 1970 para definir as barreiras invisíveis e artificiais criadas por preconceitos organizacionais e de atitude que bloquearam as mulheres de conquistar posições do alto escalão dentro do contexto corporativo e que são resultado da desigualdade de gênero existente tanto no quesito econômico como social[12]. O uso do termo resultou, inclusive, na criação da Iniciativa do Teto de Vidro (*the Glass Ceiling Initiative*) pelo Departamento de Trabalho dos Estados Unidos e também da Comissão do Teto de Vidro, incorporada ao Ato de Direitos Civis de 1991 (*Civil Rights Act of 1991*)[13].

O objetivo do termo é indicar uma questão intrínseca e invisível do mundo corporativo relativa aos critérios de avaliação interna dos empregados, sejam eles homens ou mulheres. Regina Madalozzo expõe o ponto:

[12] WIRTH, Linda. Breaking through the glass ceiling: Women in management. International Labour Office, Genebra, 2001. p. 01. Disponível em: <https://www.ilo.org/public/libdoc/ilo/2001/101B09_102_engl.pdf>. Acesso em: 04 mar. 2019.

[13] MORRISON, Ann M. et al. **Breaking the Glass Ceiling**: can women reach the top of America's largest corporations? Edição atualizada. Estados Unidos: Addison-Wesley, 1987, p. 11.

A denominação de "teto de vidro" se deve ao fato de que a promoção interna é responsabilidade dos gestores da empresa e os critérios para tal não são necessariamente públicos nem mesmo para os membros internos da empresa, representando uma barreira intransponível, mas invisível na análise de progressão na carreira[14].

Como dito pela autora, a questão principal é que, na maioria das vezes, os critérios internos utilizados pelas companhias quando da avaliação de seus empregados é confidencial, o que, ao longo dos anos, mostrou perpetuar ideias sociais de inferioridade intelectual feminina e desfavoreceu a entrada de mulheres nos níveis mais altos de administração e é aqui que as companhias continuam "perdendo" as mulheres. Logo, é evidente que a má-gestão deste aspecto interno das companhias extrapola a falta de padrões justos e claros de avaliação que justifiquem a escolha ou não de determinado empregado aos cargos de alto escalão e esbarra numa discriminação velada da mulher a tais cargos.

Outro fator importante que afeta a trajetória das mulheres até as posições de maior prestígio é a questão de equilíbrio entre a vida pessoal e a carreira e este depende de muitas outras variantes como, por exemplo, a forma de divisão de tarefas domésticas e sua condição socioeconômica. O mais comum é que, diante de um desequilíbrio nessas duas áreas, a mulher escolha o ambiente familiar e abra mão de sua carreira. A falta de apoio pode vir tanto do parceiro, no momento da divisão das tarefas domésticas, como da sociedade por não proporcionar meios alternativos para que a mulher alcance equilíbrio através

14 MADALOZZO, Regina. **Teto de vidro e Identificação: uma análise do perfil de CEOs no Brasil.** Insper Working Paper. WPE: 206/2010. São Paulo. 2010. Disponível em: <https://www.insper.edu.br/wp-content/uploads/2018/09/2010_wpe216.pdf>. Acesso em: 03 mar. 2019.

de meios como a disponibilização de creches ou até de horários mais flexíveis de trabalho.

Ilustrando exatamente este cenário, o *M-shape* (Figura 2), representação amplamente conhecida nesse campo de estudo, demonstra a título ilustrativo e simples a forma que um gráfico "percentual versus idade" teria ao apresentar a trajetória das mulheres de maneira geral dentro do mercado de trabalho, independente do seu campo de atividade:

Figura 2 – M-shape

Fonte: WIRTH, Linda (2001).

Como visto na figura, a primeira subida indicada refere-se à entrada no mercado de trabalho. Em seguida, o gráfico demonstraria numa descida rápida a saída, ainda que temporária, da mulher do mercado de trabalho para constituir uma família ou buscar o equilíbrio que discutimos anteriormente. Depois disso, o gráfico apresentaria uma nova subida representando seu regresso, dessa vez de forma mais lenta do que a primeira ingressão. Por último, a descida abrupta representa a chegada da aposentadoria[15].

Em contrapartida, um gráfico representando os mesmos dados, desta vez dos trabalhadores masculinos, teria o formato de um "U" invertido. Representando primeiramente, assim como no gráfico feminino, a entrada no mercado de trabalho, sua ascensão dentro das respectivas carreiras e por fim, a chegada da aposentadoria, sem passar por um abandono, mesmo que temporário, de suas atividades e posterior regresso como ainda fazem as mulheres.

Vale mencionar como a falta de apoio e engajamento dos próprios homens executivos é circunstância proteladora do fenômeno teto de vidro. Conforme pesquisa feita em 2013 pela empresa de consultoria empresarial americana McKinsey & Company, apesar da maioria dos homens concordar que tanto homens e mulheres podem liderar as companhias de forma eficaz, a grande maioria dos homens tende a discordar que mulheres enfrentam mais dificuldades para alcançar a *C-suite* e também são contra iniciativas de diversidade cujo o objetivo é incentivar que mulheres cheguem lá[16]. Como consequência dessa resistência, o teto de vidro permanece.

Outra pesquisa interessante nesse sentido conduzida por Regina Madalozzo, autora já citada anteriormente, revelou que em empresas cujo conselho de administração é responsável pela

15 WIRTH, op. cit.

16 DEVILLARD, Sandrine; SANCIER-SULTAN, Sandra; WERNER, Charlotte. **Why gender diversity at the top remains a challenge**. Paris: McKinsey & Company, 2013. Disponível em: <https://www.mckinsey.com/business-functions/organization/our-insights/why-gender-diversity-at-the-top-remains-a-challenge>. Acesso em: 03 mar. 2019.

escolha dos executivos do *C-level*, quando o próprio conselho de administração é majoritariamente composto por homens, a possibilidade de uma mulher ser escolhida como CEO cai em 12% se comparada com os conselhos de administração cuja composição é mais diversificada[17].

Em contrapartida, uma pesquisa feita em 2010 na Espanha detectou um "efeito contagiante" apresentado por alguns conselhos de administração[18]. De acordo com essa pesquisa, conselhos com uma mulher em sua composição são mais prováveis de indicar outras mulheres às posições de administração. Os autores da pesquisa interpretaram isso como evidência de que existe uma discriminação e preconceito em relação às habilidades das mulheres em ocupar essas posições, o que tende a ser desfeito na presença de uma mulher que prova o descabimento desta discriminação e preconceito.

Torna-se incontestável a necessidade das corporações em acelerar e apoiar o movimento vertical das mulheres em direção ao topo, o que requer que os métodos de promoção e recrutamento sejam claros, objetivos e justos[19] e que haja adesão daqueles que já se encontram no topo. Portanto, conciliado ao movimento social que já tem sido visto, deve haver conscientização da alta administração quanto aos benefícios gerados para a companhia nesse movimento, sejam eles do ponto de vista da governança corporativa ou do ponto de vista financeiro, o que veremos mais à frente.

Em outro estudo liderado pela McKinsey & Company, foram indicadas algumas medidas que as companhias podem ado-

[17] MADALOZZO, op. cit.

[18] MATEOS DE CABO, Ruth, GIMENO, Ricardo, ESCOT, Lorenzo. Disentangling Discrimination on Spanish Boards of Directors. **Corporate Governance: An International Review**, v. 19, n. 1, p. 77-95, dez. 2010. Disponível em: <http://ssrn.com/abstract=1733315>. Acesso em: 03 mar. 2019.

[19] WIRTH, op. cit.

tar a fim de obter diversidade em seus conselhos[20]. A primeira delas seria a criação de transparência por meio da implementação de ferramentas que monitorem o nível de diversidade de gênero em diferentes níveis da corporação. O monitoramento de tais níveis ajudaria na conscientização da organização como um todo sobre a magnitude das lacunas que devem ser preenchidas e na definição e direcionamento de ações prioritárias.

Outra maneira de auxiliar o fim do teto de vidro, conforme o estudo mencionado, seria a implementação de medidas que objetivam um melhor equilíbrio entre trabalho e vida pessoal tais como horários de trabalho mais flexíveis, políticas de bem-estar que incluam benefícios como *home-office*, além de acompanhamento e maior apoio durante licenças (não só de maternidade). Essas mudanças, todavia, devem ser combinadas com medidas também de restruturação dos procedimentos de recrutamento, avaliação e gestão de carreira para assegurar que mulheres não sejam impedidas em seu desenvolvimento profissional.

Por último, outra medida apontada é a organização de eventos internos como sessões de *coaching* e programas de consultoria que promovam conscientização entre as próprias mulheres empregadas sobre as limitações impostas por elas mesmas e que as guiem na gestão de suas carreiras dentro de ambientes majoritariamente dominado por homens, pois "ao motivar mulheres e facilitar seu desenvolvimento, essas iniciativas são frequentemente bem sucedidas na retenção e na expansão do *pool* de talentos femininos dentro das companhias"[21].

[20] DESVAUX, Georges; DEVILLARD-HOELLINGER, Sandrine; BAUMGARTEN, Pascal. **Women Matter: Gender diversity, a corporate performance driver.** Paris, p. 19-21, out. 2007. Disponível em: <https://www.mckinsey.com/business-functions/organization/our-insights/gender-diversity-a-corporate-performance-driver>. Acesso em: 03 mar. 2019.

[21] Ibidem.

Fora do ambiente corporativo, muitas medidas também podem ser tomadas, inclusive no âmbito do Estado, com o objetivo de incentivar a diversidade dentro das empresas. Podemos citar algumas, a saber: discussões políticas sobre como e porque aumentar o número de mulheres, formas de financiamento às companhias com natureza de incentivo, disseminação de pesquisas dentro do assunto, criação de cursos e sessões educativas para mulheres em geral, além da criação de canais de comunicação para facilitar a conexão entre mulheres e grandes corporações.

2. A Imposição por Lei de Cotas para Mulheres nos Conselhos de Administração

Em março de 2019, a Organização Internacional do Trabalho ("OIT") publicou uma ampla pesquisa feita com representantes de 12.940 empresas de todos os tamanhos presentes em mais de 70 países[22]. De acordo com essa pesquisa, no ano de 2017, o Brasil tinha um percentual de somente 6% de mulheres compondo os conselhos de administração de todas as companhias listadas na B3 (antiga BM&FBovespa)[23]. Este percentual é menor do que o de países como Argentina (7,8% em 2017), Panamá (14% em 2018) e África do Sul (19,1% em 2017) e ainda menor se compararmos com França (42,3% e 42,6% em 2019[24]), Espanha (19% e 24% em 2018[25]) e Estados Unidos (21,2% em

[22] BUREAU FOR EMPLOYERS' ACTIVITIES, op. cit.

[23] BUREAU FOR EMPLOYERS' ACTIVITIES. **Women in business and management: the business case for change**. International Labour Office, Geneva, p. 123, mai. 2019. Disponível em: <https://www.ilo.org/global/publications/books/WCMS_700953/lang--en/index.htm>. Acesso em: 03 mar. 2019.

[24] Companhias listadas no segmento CAX40 e SBF120, respectivamente.

[25] Companhias listadas na bolsa e listadas no segmento IBEX 2015, respectivamente.

2018). Ao compararmos o Brasil com os demais países da América Latina, o Brasil encontra-se na 10ª posição quanto à participação de mulheres em conselhos corporativos[26].

Ainda sobre o percentual nos conselhos brasileiros, Sandra Guerra faz uma ressalva que é indispensável ao nosso estudo:

> Os números sobre a participação feminina nos conselhos brasileiros devem ser vistos com reserva. E a explicação é simples: frequentemente, a indicação de mulheres como conselheiras é de direito familiar e não uma conquista. Especialmente em empresas familiares, não é raro que os controladores deem assentos para suas esposas, irmãs e filhas, que se tornam conselheiras formalmente, mas que nem sempre comparecem às reuniões[27].

Essa informação revela a realidade atrasada dos conselhos brasileiros e que muitas são as variáveis relacionadas, o que, em hipótese alguma, deve ser desconsiderado ou analisado apenas superficialmente, visto que isso induziria ao erro e um retrato irreal da conjuntura brasileira.

A questão das mulheres que compõem o conselho de empresas familiares é uma dessas variáveis. Muitas são indicadas para representar uma parte da família dentro do órgão decisório, mas em alguns casos não há interesse por parte da própria herdeira em participar ativamente, o que torna sua nomeação meramente formal, sem que a própria conselheira traga de fato a diversidade e o efetivo debate de ideias.

Diante do contexto de atraso do panorama brasileiro, muito se discute nos dias de hoje a possibilidade de imposição por lei

[26] Pires, Breiller. 58% das empresas da Bovespa não têm nenhuma mulher no conselho de administração. **Jornal El País**, Belo Horizonte, mar. 2019. Disponível em: <https://brasil.elpais.com/brasil/2019/03/07/economia/1551992548_346845.html>. Acesso em: 03 mar. 2019.

[27] Guerra, op. sit. p. 63.

de cotas para mulheres tanto no corpo diretivo como nos conselhos das empresas assim como já é feito em outros países, o que teria como objetivo auxiliar e acelerar o fim do teto de vidro de uma vez por todas.

Em 2002, a Noruega, por exemplo, instituiu que os conselhos de todas as empresas estatais e/ou com ações comercializadas em bolsa deveriam ser compostos por, pelo menos, 40% de mulheres até o ano de 2008 depois que inúmeras tentativas falharam ao tentar elevar esse percentual de forma voluntária dentro das empresas. Dentre os anos de 1990 e 2002, foi constatado que a participação das mulheres norueguesas estagnou mesmo diante de esforços para isso. Com a implementação da lei, a participação feminina finalmente saiu dos 6%[28]. Caso a empresa não alcançasse o percentual esperado, possíveis sanções poderiam incluir a perda do registo de companhia aberta ou ainda a dissolução da empresa por decisão judicial, além de multas[29].

Um artigo publicado no Wall Street Journal no fim de 2007 relata os últimos dias que antecederam o fim do prazo da lei norueguesa e como a procura por mulheres para compor os conselhos se intensificou[30]. Ter cidadania norueguesa não era requerimento da lei e quase todos os projetos dos dois anos anteriores ao fim do prazo tinham alguma relação à procura de mulheres para preencher o percentual requerido.

Algumas mulheres já conhecidas no mercado passaram a compor o conselho de até 5 companhias de capital aberto ao mesmo tempo. Foi o caso da ex-ministra de óleo e energia da

[28] HUSE, op. cit.

[29] BUREAU FOR EMPLOYERS' ACTIVITIES, op. cit.

[30] LUBLIN, Joann S. Behind the Rush to Add Women to Norway's Boards. **The Wall Street Jornal**. Noruega, dez. 2007. European Business News. Managing. Disponível em: <https://www.wsj.com/articles/SB119724568401518785>. Acesso em: 15 jun. 2019.

Noruega. Thorhild Widvey chegou a rejeitar cerca de 40 ofertas de posição no conselho de outras companhias[31]. Foi neste contexto que surgiu o termo *golden skirts* para definir mulheres que, como Thorhild Widvey, acumularam posições em diversos conselhos de companhias diferentes[32].

De acordo com artigo publicado em março deste ano no jornal El País, as companhias de capital aberto no Brasil apresentam cenário parecido com o das *golden skirts* da Noruega, ainda que não tenhamos uma legislação que imponha as cotas. Atualmente os conselhos de administração brasileiros "contam com 308 conselheiras (incluído um número notável de herdeiras) e 2.487 conselheiros homens"[33]. Dessas 308, 27 delas se sentam em mais de um conselho e duas se sentam em nada menos que seis conselhos de administração[34]. Essa realidade era pior em 2009 quando tínhamos uma conselheira que participava de 14 conselhos de diferentes companhias listadas e outra em 9 conselhos ao mesmo tempo[35].

Ainda no tocante ao sistema de cotas da Noruega, é importante notar algumas inconveniências que surgiram como consequência da imposição desse percentual mínimo. A primeira delas foi que, diante da dificuldade em cumprir com o percentual instituído pela lei, mais de 30 companhias decidiram seguir o procedimento de *delisting* e se tornaram companhias

31 Ibidem.

32 FARBROT, Audun. Golden skirts fill the board rooms. **Science Nordic.** Noruega, out. 2012. Business. Equal Rights. Disponível em: <http://sciencenordic.com/golden-skirts-fill-board-rooms>. Acesso em: Acesso em: 15 jun. 2019.

33 PIRES, op. cit.

34 Ibidem.

35 IBGC – INSTITUTO BRASILEIRO DE GOVERNANÇA CORPORATIVA. **Mulheres no Conselho de Administração**. 2009. Disponível em: <https://conhecimento.ibgc.org.br/Lists/Publicacoes/Attachments/23494/Pesquisa%20Mulheres%20no%20CA_ago2009.pdf>. Acesso em: Acesso em: 03 mar. 2019.

de capital fechado[36]. A segunda diz respeito ao percentual de mulheres na diretoria das empresas depois da promulgação das cotas. Na verdade, como a lei abrangia apenas os conselhos, o percentual de mulheres que alcançou a diretoria das grandes companhias de capital aberto permaneceu baixo, por volta de 7%[37]. Algumas mulheres da área sugerem que a lei acabou por levá-las para uma carreira não-executiva visando os conselhos, o que lhes colocou de costas para as oportunidades relacionadas à gestão das empresas e possivelmente as levariam até os cargos de diretoria[38].

A Espanha seguiu o exemplo da Noruega e, em 2007, instituiu que as companhias de capital aberto com mais de 250 empregados deveriam igualmente observar a cota mínima de 40% de mulheres na composição dos seus conselhos até 2016. Na Itália o percentual foi um pouco menor, chegando a 33%, mas multas também seriam aplicadas em caso de descumprimento. Já na França, o percentual de 40% se manteve e alcançou não só os conselhos, mas de igual modo a diretoria das companhias e a data limite era o ano de 2016[39].

Atualmente no Brasil, temos uma iniciativa de natureza semelhante em tramitação. Em 2017, a senadora brasileira Maria do Carmo Alves apresentou o projeto de lei nº 7.179 que dispõe sobre a imposição da diversidade de gênero "nos conselhos de administração das empresas públicas e sociedades de economia mista, suas subsidiárias e controladas e demais empresas em que a União, direta ou indiretamente, detenha a maioria do capital social com

36 Lublin, op. cit.

37 Milne, Richard. Enlightened Norway's gender paradox at the top of business. **Financial Times**, set. 2018. Women in Business. Disponível em: < https://www.ft.com/content/6f6bc5a2-7b70-11e8-af48-190d103e32a4>. Acesso em: 15 jun. 2019.

38 Ibidem.

39 BUREAU FOR EMPLOYERS' ACTIVITIES, op. cit.

direito a votos"[40]. De acordo com o texto do projeto de lei, o proposto foi que até o ano de 2022, tais empresas tivessem 30% dos seus conselhos de administração compostos por mulheres.

A deputada Dâmina Pereira, em nome da Comissão de Defesa dos Direitos da Mulher, apresentou parecer no mesmo ano e afirmou que a proposição homenageia o princípio da igualdade e contribui para um cenário de igualdade entre homens e mulheres. Ainda de acordo com a deputada, embora o projeto não abranja companhias privadas de capital aberto, mas tão somente os conselhos de administração de empresas estatais federais, "isso já constitui um grande avanço, cabendo, de fato, à Administração Pública Federal dar o primeiro passo para a diminuição das desigualdades que persistem, no mercado de trabalho, entre homens e mulheres"[41].

Em outro parecer, desta vez da deputada Erika Kokay, apresentado em 2018 em nome da Comissão de Trabalho, de Administração e Serviço Público, ela sugere, inclusive, que a exigência de cota mínima de mulheres seja estendida para os conselhos e órgãos colegiados da administração pública federal direta, autárquica e fundacional[42]. O projeto de lei aguarda agora o parecer da Comissão de Constituição e Justiça e de Cidadania.

[40] BRASIL. Projeto de Lei nº 7.179, de 21 de março de 2017. Dispõe sobre a participação de mulheres nos conselhos de administração das empresas públicas e sociedades de economia mista, suas subsidiárias e controladas e demais empresas em que a União, direta ou indiretamente, detenha a maioria do capital social com direito a voto. Senado Federal, Brasília, Distrito Federal, 21 mar. 2017. Disponível em: <https://www.camara.leg.br/proposicoesWeb/fichadetramitacao?idProposicao=2126313>. Acesso em: 15 jun. 2019.

[41] BRASIL. Parecer da relatora, Deputada Dâmina Pereira, pela aprovação do Projeto de Lei nº 7.179/2017. **Comissão de Defesa dos Direitos da Mulher**, Brasília, Distrito Federal, 21 ago. 2017. Disponível em: <https://www.camara.leg.br/proposicoesWeb/prop_mostrarintegra?codteor=1582147&filename=PRL+2+CMULHER+%3D%3E+PL+7179/2017>. Acesso em: 15 jun. 2019.

[42] BRASIL. Parecer da relatora, Deputada Erika Kokay, pela aprovação do Projeto de Lei nº 7.179/2017. **Comissão de Trabalho, de Administração e**

Diante de casos bem-sucedidos mas também de constante resistência, é válida a discussão da eficácia dessa imposição tendo em mente possíveis pontos positivos e negativos na sua adoção. Dentre os pontos favoráveis, podemos destacar que a adoção das cotas é, sem sombra de dúvida, a maneira mais rápida e eficaz de reparar a falta de presença das mulheres no centro das decisões das companhias[43]. Outro ponto positivo é que a presença da diversidade de gênero, como já discutimos, aperfeiçoa os processos de tomada de decisão interna[44]. Entretanto, o ponto mais favorável e de maior aceitação entre executivos e investidores no que cerne o estabelecimento de cotas ainda é a possibilidade de melhor performance financeira, o que discutiremos em item posterior com base em pesquisas já realizadas neste sentido.

Em compensação, os possíveis efeitos negativos dessa determinação merecem igual consideração. O IBGC elencou três deles em carta aberta divulgada em 2013:

> (i) Concentração excessiva das mesmas mulheres como conselheiras de várias empresas, sobrecarregando-as e comprometendo seu desempenho.
>
> (ii) Nomeação de profissionais sem as experiências desejáveis na alta administração ou na alta gestão.
>
> (iii) Possível desvalorização das profissionais do sexo feminino nomeadas pelo sistema de cotas, em termos de inclusão no pro-

Serviço Público, Brasília, Distrito Federal, 18 dez. 2018. Disponível em: < https://www.camara.leg.br/proposicoesWeb/prop_mostrarintegra?codteor=1701893&filename=PRL+2+CTASP+%3D%3E+PL+7179/2017>. Acesso em: 15 jun. 2019.

43 GUERRA, op. cit. p. 68.

44 SMITH, Nina. Gender quotas on boards of directors. **IZA World of Labor**, v. 2, dez. 2018. Disponível em: <http://womensboardaward.dk/wp-content/uploads/2019/02/2018-12-06-Nina-Smith-Gender-quotas-on-boards-of-directors.pdf>. Acesso em: 03 mar. 2019.

cesso de tomada de decisão e mesmo em sua remuneração, em relação a seus colegas homens[45].

O primeiro destes pontos é válido, visto que essa é comprovadamente a realidade brasileira e também a norueguesa, como vimos anteriormente com a ascensão das *golden skirts* aos conselhos. Entendemos, todavia, que isso pode ser evitado pelas próprias companhias no momento do recrutamento das conselheiras, certificando-se que qualquer candidato, seja ele homem ou mulher, tenha tempo hábil suficiente para dedicar-se às tarefas atreladas ao conselho. O segundo ponto elencado nos parece ser facilmente reversível se as companhias promoverem sessões de treinamento direcionadas àqueles que encontram-se nos níveis de decisão e apresentem pontos a serem desenvolvidos. Outra forma de reverter este quadro seria dando à homens e mulheres as mesmas condições de desenvolvimento de suas carreiras desde o início delas, além de padrões justos e claros de avaliação que justifiquem a escolha ou não de determinado candidato à posição na alta gestão.

O último ponto levantado, semelhantemente, é frágil diante da implementação correta do sistema de cotas. Este seria facilmente combatido com o uso adequado de ferramentas que conscientizem, como já dissemos, os demais membros do conselho sobre os benefícios dessa conduta. Ademais, pesquisas mostram a ocorrência de um efeito interessante chamado "efeito contagiante", que mencionamos anteriormente, após a entrada da primeira mulher ao conselho. Esse acontecimento agrega mais valor ainda ao primeiro passo dado em direção à diversidade visto que após a entrada da primeira mulher ao conselho, são

45 IBGC – INSTITUTO BRASILEIRO DE GOVERNANÇA CORPORATIVA. **Cotas para mulheres em conselhos de administração**. 2013. Disponível em: < https://www.ibgc.org.br/download/manifestacao/IBGC_Pesquisa_CotasMulheres.pdf>. Acesso em: Acesso em: 03 mar. 2019.

dissipados os preconceitos e estereótipos que cerceiam a participação da mulher. Esse efeito também enfraqueceria a ocorrência do último ponto indicado pelo IBGC.

Após esta breve análise, nos parece que os pontos positivos referentes à adoção de um sistema de cotas para a ingressão das mulheres ao conselho, desde que por um tempo determinado, superam eventuais consequências negativas. Além disso, temos comprovações históricas suficientes que, apesar de igualdade nos níveis mais baixos das corporações, as mulheres continuam sendo impedidas de chegar aos demais níveis e as próprias corporações, até então, não se mostraram dispostas ou preparadas o suficiente para reverter este cenário. A partir do momento em que as companhias deixem de "perder" as mulheres na subida às posições da alta administração, como ilustrado por Christina Ioannidis e Nicola Walther[46], as cotas se tornarão recurso desnecessário. Até lá, nos parece uma ferramenta útil para atingir a justiça social necessária e devida às mulheres.

3. Afinal, é Possível Relacionar a Diversidade de Gênero nos Conselhos com a Melhoria da Performance Financeira das Companhias?

No início de 2016, o Peterson Institute for International Economics, dos Estados Unidos, divulgou uma pesquisa global[47] feita com 21.980 companhias de diferentes setores da economia em mais de 90 países que revelou, como esperado, a escassez de mulheres em cargos de alta liderança. Quase 60% dessas empresas não tinham participação feminina no conselho. A pesquisa concluiu também que uma mudança na composição

[46] DONAGGIO, op. cit.

[47] NOLAND, Marcus; MORAN, Tyler; KOTSCHWAR, Barbara. Is gender diversity profitable? Evidence from a global survey. **Working Paper Series**, EUA, v. 13, n. 3, fev. 2016. Disponível em: <https://piie.com/system/files/documents/wp16-3.pdf>. Acesso em: 04 mar. 2019.

da liderança de companhias onde não havia nenhuma mulher para uma representação de 30% de mulheres em seu *C-level* está associada a um aumento de 15% na margem de receita líquida.

Há mais de 10 anos, a McKinsey & Company, em estudo previamente mencionado[48], já havia concluído a existência de fortes indícios entre a relação da proporção de mulheres nos órgãos de administração e uma melhor *performance* financeira nas companhias. Os critérios utilizados para a seleção e análise das quase 90 companhias de capital aberto da Europa foram (i) uma capitalização no mercado de ações superior à € 150 milhões; (ii) o número e proporção de mulheres nos órgãos de administração e suas funções; e (iii) a presença de mais de duas mulheres no conselho de administração ou, ainda, a presença de informações quanto à diversidade de gênero nos relatórios anuais.

Depois de separadas tais instituições, a *performance* financeira delas foi analisada dentro de um intervalo de dois anos e comparada com outras companhias do mesmo setor, neste mesmo intervalo de tempo, mas que não se encaixavam nos critérios escolhidos. Como resultado, as empresas analisadas superaram as demais nos índices de retorno de capital (ROE médio), resultados operacionais (EBIT médio) e aumento do preço das ações.

Em mais uma pesquisa interessante, esta publicada no *Journal of Management and Governance* em 2015, foi possível concluir com base em dados de 3.876 companhias abertas de 47 países diferentes que, de fato, companhias com mulheres na composição de seus conselhos tem melhor *performance* financeira[49]. Não só isso, a pesquisa complementou ainda que a melhora

48 DESVAUX, op. cit.

49 TERJESEN, Siri; COUTO, Eduardo Barbosa; FRANCISCO, Paulo Morais. Does the presence of independent and female directors impact firm performance? A multi-country study of board diversity. **Journal of Management and Governance**, EUA, v. 20, n. 3, p. 447-483, jan. 2015. Disponível em: <https://

na *performance* financeira de empresas com conselheiros independentes só é realmente positiva se o conselho contar não só com estes em sua composição, mas também com a presença de mulheres. Por último, terminou por concluir que a questão de independência dos membros torna-se secundária quando a diversidade de gênero na composição do conselho não é devidamente abordada.

Em março de 2018, a MSCI Inc., companhia americana fornecedora global de índices de ações e outras ferramentas de análise de portfólio de ativos múltiplos, publicou uma pesquisa onde analisou a relação entre um conselho de administração diversificado combinado com práticas líderes de gestão de talentos no crescimento de produtividade dos empregados (taxa de crescimento anualizada composta – CAGR – de receita por empregado) entre os anos de 2012 e 2016[50]. Para tal análise, considerou como conselho de administração diversificado aqueles com mais de três mulheres por um período de pelo menos três anos. Considerou ainda como práticas líderes de gestão de talentos aquelas que fazem uso de melhores práticas como, por exemplo, a execução de pesquisas anuais de engajamento, planejamento sucessório abrangente e programas de desenvolvimento em vários níveis, metas quantitativas de diversidade no processo de recrutamento, relatórios anuais de horas de treinamento por empregados e/ou apoio a programas de graduação e certificações para empregados[51].

No caso de companhias que se encaixavam nos dois requisitos, quais sejam: (i) conselho diversificado, e (ii) práticas líderes

www.deepdyve.com/lp/springer-journals/does-the-presence-of-independent-and-female-directors-impact-firm-qRXu0LvD3r>. Acesso em: 03 jun. 2019.

[50] EASTMAN, Meggin Thwing; SERETIS, Panos. **Women on Boards and the Human Capital Connection**. MSCI, mar. 2018. Disponível em: <http://equileap.org/wp-content/uploads/2018/03/MSCI-Women-in-boards.pdf>. Acesso em: 03 jun. 2019.

[51] Ibidem.

de gestão de talentos, o índice CAGR ficou em média 1,2 pontos percentuais acima das medianas do setor. Em contrapartida, companhias com conselhos compostos praticamente por homens e sem práticas líderes de gestão de talentos mostraram-se diametralmente inversos, com 1,2 pontos percentuais abaixo das medianas do setor. Mais importante, a pesquisa revelou que o pagamento médio de dividendos e o retorno sobre o capital próprio foram consistentemente mais elevados em três anos para as companhias com três ou mais mulheres no seu conselho e práticas de gestão de talentos líderes do que para as empresas com conselhos de administração majoritariamente masculinos e práticas de gestão de talentos obsoletas.

Estudos feitos também no âmbito das companhias de capital aberto espanholas atingiram resultados semelhantes. Ao analisarem 125 companhias listadas na Bolsa de Valores de Madrid durante um período de 4 anos, entre 2005 e 2009, a recomendação final de pesquisa feita em 2015 foi pelo aumento da diversidade de gênero diante da relação positiva entre esse fator e a melhora nos resultados econômicos[52]. Ponto importante, contudo, foi que essa mudança deveria surgir de dentro para fora, ou seja, não por meio de medidas coercitivas como leis, mas porque as próprias companhias objetivam justiça social e trabalhista, por priorizar questões de habilidades profissionais e alcançar benefícios relacionados a visibilidade social e atrações de talentos, o que beneficiaria na cristalização dos resultados financeiros encontrados[53].

[52] REGUERA-ALVARADO, Nuria; FUENTES, Pilar de; LAFFARGA, Joaquina. **Does Board Gender Diversity Influence Financial Performance? Evidence from Spain.** Espanha, jun. 2015. Disponível em: <https://idus.us.es/xmlui/bitstream/handle/11441/78319/Does%20Board%20Gender%20Diversity%20In%20uence%20Financial%20Performance%20Evidence%20from%20Spain_Reguera%20et%20al.%202017.pdf?sequence=1>. Acesso em: 15 jun. 2019.

[53] Ibidem.

Apesar de aparente maioria, nem todos são unânimes quanto a melhora dos índices financeiros frente o aumento de diversidade de gênero dos conselhos. Encontramos alguns autores que enxergam, na verdade, a dificuldade de se projetar pesquisas que reflitam todas as variáveis relevantes dentro deste contexto:

> Muitos estudos mostram uma correlação positiva entre a proporção de mulheres no conselho de administração e na companhia, mas a correlação não prova o nexo de causalidade nem fornece provas da sua orientação. Pode não ser a presença de mulheres que melhora o desempenho, mas sim o fato de as companhias com melhor desempenho optarem por nomear mais mulheres[54].

Outra pesquisa feita sobre o assunto em pauta, publicada em 2009, analisou todas as companhias de capital aberto listadas na Bolsa de Valores de Londres e pertencentes ao índice FTSE 100 no período do ano de 2001 ao ano de 2005[55]. A análise centrou-se na possível relação entre a presença de mulheres nos conselhos das empresas e os índices de desempenho contábeis e aqueles relacionados ao preço das ações. Diante dos dados analisados, essa pesquisa também concluiu que não haveria evidência suficiente para a afirmação da existência de uma relação entre a presença das mulheres nos conselhos de administração e o índice de retorno de ativo ou ainda o índice de retorno de capital.

[54] SMITH, op. cit.

[55] HASLAM, S. Alexander et al. Investing with Prejudice: the relationship between women's presence on company boards and objective and subjective measures of company performance. **British Journal of Management**, Inglaterra, v. 21, p. 484–497, jun. 2010. Disponível em: <https://www.academia.edu/292498/Investing_With_Prejudice_the_Relationship_Between_Womens_Presence_on_Company_Boards_and_Objective_and_Subjective_Measures_of_Company_Performance> Acesso em: 03 jun. 2019.

Essa pesquisa vale destaque, no entanto, por outra informação trazida que enriquece a nossa discussão. Os autores encontraram uma relação negativa entre a nomeação de mulheres para cargos de CEO e o desempenho das ações da companhia no momento subsequente à essa nomeação[56]. Este padrão foi interpretado como um reflexo das crenças estereotipadas e preconceituosas dos próprios investidores sobre a falta de competência e inadequação das mulheres para a liderança, o que reforça nosso ponto inicial sobre a existência do teto de vidro, o que não se limita às estruturas internas das empresas, mas extrapola as barreiras da corporação e atinge o mercado como um todo.

O mesmo impacto negativo no valor das ações com a presença de uma mulher na alta administração também foi indicado por uma pesquisa que analisou, desta vez, somente conselhos de administração de instituições financeiras dos Estados Unidos[57]. Baixos níveis de diversidade tiveram impacto negativo nos preços das ações e em índices como retorno sobre ativo (ROA), receita *vs* despesa e o *sharpe ratio*[58]. Os resultados negativos foram amplamente revertidos ao analisar os mesmos índices de instituições financeiras que tinham maiores níveis de diversidade, ou seja, mais de uma mulher na composição dos conselhos. Essa conclusão de certo modo confirma a ideia do "efeito contagiante" que mencionamos anteriormente. Já é inegavel-

56 Ibidem.

57 OWEN, Ann; TEMESVARY, Judit. **Gender diversity on Bank Board of Directors and performance**. EUA, 2018. Disponível em: <https://bankunderground.co.uk/2018/08/16/gender-diversity-on-bank-board-of-directors-and-performance/>. Acesso em: 03 jun. 2019.

58 Desenvolvido por William F. Sharpe, este índice é utilizado para ajudar investidores a entenderem o retorno de um investimento comparado ao seu risco. O índice é o retorno médio obtido acima da taxa livre de risco por unidade de volatilidade ou risco total.

mente confirmada a existência de preconceito nas estruturas corporativas que recebem pela primeira vez uma mulher no seu alto escalão, o que afeta negativamente seus índices financeiros. Contudo, isso tende a ser alterado positivamente com o passar do tempo e com a entrada de outras mulheres ao mesmo nível hierárquico.

Assim como a pesquisa apresentada pela MSCI Inc., a análise dos conselhos das instituições financeiras americanas extraiu ainda outra conclusão relevante: de nada vale um alto nível de diversidade de gênero no conselho se a companhia não contar igualmente com boas práticas de gestão[59].

Em 2008 o Instituto Europeu de Governança Corporativa publicou uma análise feita em quase duas mil empresas cujos resultados também foram além da *performance* financeira das empresas[60]. Ficou constatado que os conselhos onde foram encontradas mais mulheres em sua composição se caracterizam pelo potencial de maior participação dos conselheiros como um todo na tomada de decisões, pelo maior monitoramento da diretoria e pelo maior alinhamento com os interesses dos acionistas. Esses três pontos são ótimos exemplos de práticas de governança corporativa regularmente sugeridas às grandes corporações para que adotem em seu dia-a-dia e que, conforme resultado do estudo mencionado, são reforçados na presença de mulheres compondo os conselhos.

De acordo com pesquisa da OIT, já mencionada por este artigo, e conforme figura exposta a seguir, das 12.940 empresas que foram analisadas, 57,4% concordaram que iniciativas para alcançar diversidade de gênero melhoram os resultados dos

59 Owen, op. cit.

60 Adams, Renée; Ferreira, Daniel. Women in the boardroom and their impact on governance and performance. **ECGI Working Paper Series in Finance**, Inglaterra, n. 57/2004, out. 2008. Disponível em: <https://papers.ssrn.com/sol3/papers.cfm?abstract_id=1107721&download=yes>. Acesso em: 03 jun. 2019.

seus negócios[61]. As companhias da Ásia e da região do Pacífico foram as que mais perceberam tal melhora.

Figura 3 – Diagrama de empresas que relataram se iniciativas em diversidade de gênero e igualdade ajudaram a realçar os resultados dos negócios, resultados divididos em mundo e região.

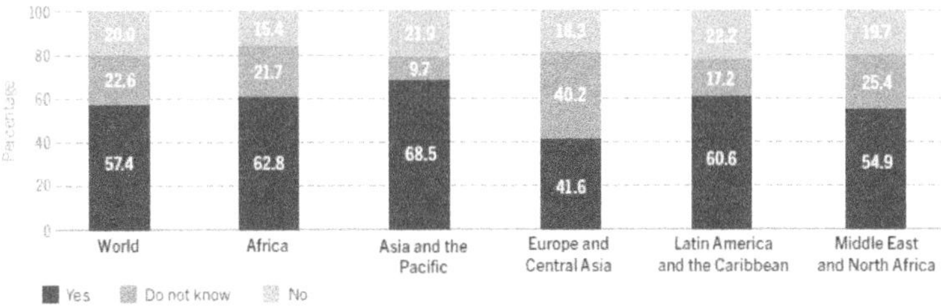

Fonte: BUREAU FOR EMPLOYERS' ACTIVITIES (2019)

Além disso, mais de 60% das empresas entrevistadas informou aumento nos lucros e na produtividade e, dentro destes 60%, quase um terço quantificou esse aumento entre 10 e 15%. Nos quesitos produtividade e rentabilidade, a probabilidade de crescimento é 62,6% maior para empresas que possuem culturas e políticas de inclusão de gênero. Ainda por cima, quando as companhias escolhem enveredar pelo caminho da inclusão do outro gênero, existe uma melhora de 57,8% na sua reputação[62].

Outros aspectos expressivos da pesquisa da OIT relacionam-se diretamente com o tema deste artigo. Mais da metade das companhias admitem que a diversidade na composição de seus conselhos de administração é baixa. Aliás, 13,1% ainda tem conselho composto inteiramente por homens.

Em concordância com as demais análises, a OIT constatou que quando os conselhos são compostos de 30 a 39% por mulhe-

61 BUREAU FOR EMPLOYERS' ACTIVITIES, op. cit.

62 Ibidem.

res, a probabilidade de atingir melhores resultados comerciais é 18,5% maior do que conselhos com percentual menor. E quando estes são compostos equilibradamente por homens e mulheres, o percentual sobe ainda mais, chegando a 20%.

A presença das mulheres, incontestavelmente, enriquece o debate de ideias, assim como a presença de outras diversidades trarão o mesmo benefício ao conselho. Aumenta também a probabilidade de indicação de mulheres a outras posições do alto escalão da companhia como a diretoria. Isso fortifica e distribui ainda mais o melhor debate das ideias em outros níveis hierárquicos. Tendo como exemplo os níveis superiores, teremos a criação de um efeito cascata e os resultados serão colhidos também nos demais níveis da estrutura corporativa. Ademais, encontramos demonstrações de melhorias em outros aspectos de governança corporativa do dia-a-dia das grandes empresas, o que também agrega grande valor às companhias aos olhos de seus investidores.

A interpretação que alcançamos diante das pesquisas analisadas é que são muito os indícios que nos levam a crer na existência, de fato, de uma correlação entre a presença das mulheres no conselho de administração das grandes empresas e sua melhor *performance* financeira. Entendemos que isso não se dá com a simples presença das mulheres, tendo em vista que o resultado financeiro das grandes empresas é assunto altamente complexo e estranho seria se fosse influenciável por uma única variável. Não só isso, encarar as mulheres como um grupo inteiramente homogêneo em si é fator limitante de qualquer pesquisa pois desconsidera as diferenças que elas podem ter entre si assim como entre elas e homens no geral. Portanto, a presença da mulher nos conselhos tem o poder de, direta e indiretamente, levantar outras discussões dentro da estrutura corporativa e a revisão de outros aspectos internos, os quais, em conjunto, cooperam, sem dúvida, para a almejada melhoria dos resultados financeiros.

Conclusão

O objetivo do presente estudo foi analisar a possível existência de uma correlação direta entre a presença das mulheres nos conselhos e a melhora da performance financeira da companhia. Através das revisões bibliográficas feitas, encontramos a definição do fenômeno teto de vidro, que bloqueia as mulheres de conquistar posições do alto escalão dentro do contexto corporativo. Isso é fortalecido pela falta de critérios internos de avaliação que sejam claros e justos e que ao longo do tempo recompensam os homens em detrimento das mulheres. Como visto, a conjuntura social histórica e a perpetuação dessa visão pelos próprios homens que estão à frente das empresas também teve papel fundamental na perpetuação desse fenômeno.

Foram discutidos também os fortes indícios da presença de um "efeito contagiante" nas relações atinentes ao conselho de administração. Isso porque, desfeito o estereótipo inicial criado quanto à capacidade feminina em ocupar os cargos do conselho, o que se vê é um aumento nos níveis de diversidade de gênero depois que o primeiro passo é dado. Esse primeiro passo encontra grande resistência em ambientes corporativos despreparados e desacostumados.

A fim de evitar aqueles que se posicionam de forma reacionária, foram elencadas medidas que devem ser adotadas pelas empresas que almejam direcionar esforços no sentido da diversidade de gênero, quais sejam: (i) a criação de transparência e monitoramento dos níveis de diversidade de gênero na corporação; (ii) a implementação de medidas que objetivam um melhor equilíbrio entre trabalho e vida pessoal; e (iii) a organização de eventos internos com o objetivo de conscientizar as próprias mulheres sobre as limitações impostas por elas mesmas e de servir como guia na gestão de suas carreiras dentro de ambientes majoritariamente dominado por homens.

Através da pesquisa da OIT foi possível comparar o atraso brasileiro diante de outras nações do mundo, o que nos deu espaço para discutir brevemente a questão das mulheres que compõem o conselho de administração em empresas familiares. Apresentamos também o caso da Noruega, primeiro país a impor cotas de diversidade de gênero nos conselhos de administração das companhias de capital aberto. Diante dessa imposição, ocorreu o surgimento das conselheiras que compunham vários conselhos distintos ao mesmo tempo e que ficaram conhecidas como *golden skirts*. Além disso, dois fatos negativos também surgiram no âmbito corporativo norueguês após a promulgação das cotas. O primeiro deles foi a escolha de fechar capital de cerca de 30 companhias. O segundo fato negativo foi o congelamento do baixo percentual de mulheres na diretoria das empresas, visto que a maioria se voltou à carreira oferecida pelos conselhos de administração.

Seguindo, ainda que de forma tímida, o exemplo de países como a Noruega, apresentamos o projeto de lei brasileiro nº 7.179, de autoria da senadora Maria do Carmo Alves que objetiva a imposição de cotas de 30% para os conselhos de administração das empresas públicas e sociedades de economia mista, suas subsidiárias e controladas e demais empresas em que a União, direta ou indiretamente, detenha a maioria do capital social com direito a votos até o ano de 2022, o qual atualmente ainda está em tramitação, mas já conta com pareceres favoráveis das duas comissões onde foi apresentado.

Em face disso, foram introduzidos à discussão benefícios da adoção do sistema de cotas para os conselhos de administração das grandes empresas. Destacamos entre eles a possiblidade de reparação social e trabalhista às mulheres, além do aperfeiçoamento dos processos de tomada de decisão interna. Apresentamos também eventuais desvantagens das cotas, de acordo com o IBGC. A primeira delas seria a concentração excessiva das mesmas mulheres compondo o conselho de administração de várias companhias diferentes, o que verdadeiramente nos parece uma desvantagem e que já comprovadamente ocorre tanto no Brasil como em outros países como a Noruega, conforme discutido. As outras duas desvantagens apresentadas pelo IBGC, quais sejam, a nomeação de profissionais sem as experiências desejáveis na alta administração ou na alta gestão e a possível desvalorização das profissionais do sexo feminino nomeadas pelo sistema de cotas, são facilmente revertidas e por isso não são suficientes para deslegitimar os benefícios advindos desta ferramenta.

Por fim, recolhemos diversas pesquisas que tiveram como objetivo responder a mesma pergunta a qual nos propusemos responder no início desse artigo. Buscamos pesquisas de anos distintos com o objetivo de enxergar se o resultado delas iria variar ao longo do tempo, o que não aconteceu. Separamos pesquisas de países diferentes entre si a fim de analisar se os resultados seriam igualmente diferentes devido aos contextos singulares de cada país, o que também não ocorreu. Por último, priorizamos pesquisas que analisaram setores específicos, como o setor bancário, assim como vários setores ao mesmo tempo e notamos que, em sua maioria, o resultado também se manteve contínuo.

Algumas destas pesquisas apresentaram resultados proveitosos e que muito auxiliaram na conclusão deste estudo. Destacamos aqui o resultado de uma das pesquisas que apresentou queda no valor das ações quando houve a indicação da primeira mulher ao alto escalão das companhias e o resultado de outra revelou o efeito exatamente contrário, ou seja, um aumento no valor das ações quando o conselho era composto por mais do que uma mulher. Outra pesquisa analisada concluiu que a decisão de buscar a diversidade nos conselhos deveria ser preferencialmente de dentro para fora das corporações e não por meio de medidas coercitivas como leis visto que, quando isso ocorre, a melhoria encontrada nos resultados financeiros é melhor sedimentada.

À vista de todas as informações colhidas, cremos na existência, de fato, de uma correlação entre a presença das mulheres no conselho de administração das grandes empresas e sua melhor *performance* financeira, mas que isso não se dá somente pela presença de mulheres na composição do conselho e eis aqui os motivos para tal conclusão. Primeiramente, porque o resultado financeiro das grandes empresas é assunto altamente complexo e estranho seria se fosse influenciável por uma única variável, qual seja, a presença de mulheres no conselho de administração.

Em segundo lugar porque as mulheres não formam um grupo inteiramente homogêneo entre si e as diferenças inerentes a esse grupo não podem ser descartadas com o simples objetivo de generalizá-las. E por último, porque se a diversidade de gênero for apenas formal e não suscitar novas discussões, novas opiniões e novos posicionamentos, o processo decisório não sofrerá alterações e, portanto, não se beneficiará dessa dita diversidade de gênero. Neste caso, teríamos a mesma estrutura de coesão do tipo *groupthinking* mencionado ainda no início deste estudo.

Por fim, é válido pontuar que a prática da diversidade de gênero é mais do que a simples garantia de políticas de recursos humanos que estejam adequadamente alinhadas para atingir esse objetivo. Trata-se também de criar, manter e monitorar uma cultura inclusiva e respeitosa que não seja dominada por apenas um gênero e que proporciona a diversidade de pensamentos e opiniões que mulheres e homens trazem para as discussões.

Em última análise, as empresas são as principais agentes capazes de influenciar e moldar um local de trabalho que inspire mudanças não só em outras empresas, mas também na sociedade como um todo, trazendo igualdade de condições e oportunidades de trabalho entre os gêneros, aperfeiçoando seus mecanismos de tomadas de decisão e, ainda por cima, melhorando seus resultados financeiros.

Referências

ADAMS, Renée; Ferreira, Daniel. Women in the boardroom and their impact on governance and performance. **ECGI Working Paper Series in Finance**, Inglaterra, n. 57/2004, out. 2008. Disponível em: <https://papers.ssrn.com/sol3/papers.cfm?abstract_id=1107721&download=yes>. Acesso em: 03 jun. 2019.

BIAN, Lin; LESLIE, Sarah-Jane; CIMPIAN, Andrei. Gender stereotypes about intellectual ability emerge early and influence children's interests. **Science**, v. 355, n. 6323, p. 389-391, jan. 2017. Disponível em: <https://science.sciencemag.org/content/355/6323/389>. Acesso em: 02 jun. 2019.

BRASIL. Instrução CVM n° 586, de 08 de junho de 2017. Altera e acrescenta dispositivos à Instrução CVM nº 480, de 7 de dezembro de 2009. Rio de Janeiro: **Comissão de Valores Mobiliários**. Disponível em: <http://www.cvm.gov.br/legislacao/instrucoes/inst586.html>. Acesso em: 15 abr. 2019.

BRASIL. Projeto de Lei nº 7.179, de 21 de março de 2017. Dispõe sobre a participação de mulheres nos conselhos de administração das empresas públicas e sociedades de economia mista, suas subsidiárias e controladas e demais empresas em que a União, direta ou indiretamente, detenha a maioria do capital social com direito a voto. **Senado Federal**, Brasília, Distrito Federal, 21 mar. 2017. Disponível em: <https://www.camara.leg.br/proposicoesWeb/fichadetramitacao?idProposicao=2126313>. Acesso em: 15 jun. 2019.

BRASIL. Parecer da relatora, Deputada Dâmina Pereira, pela aprovação do Projeto de Lei nº 7.179/2017. **Comissão de Defesa dos Direitos da Mulher**, Brasília, Distrito Federal, 21 ago. 2017. Disponível em: <https://www.camara.leg.br/proposicoesWeb/prop_mostrarintegra?codteor=1582147&filename=PRL+2+CMULHER+%3D%3E+PL+7179/2017>. Acesso em: 15 jun. 2019.

BRASIL. Parecer da relatora, Deputada Erika Kokay, pela aprovação do Projeto de Lei nº 7.179/2017. **Comissão de Trabalho, de Administração e Serviço Público**, Brasília, Distrito Federal, 18 dez. 2018. Disponível em: < https://www.camara.leg.br/proposicoesWeb/prop_mostrarintegra?codteor=1701893&filename=PRL+2+CTASP+%3D%3E+PL+7179/2017>. Acesso em: 15 jun. 2019.

BUREAU FOR EMPLOYERS' ACTIVITIES. **Women in business and management: the business case for change**. International Labour Office, Geneva, p. 123, mai. 2019. Disponível em: <https://www.ilo.org/global/publications/books/WCMS_700953/lang--en/index.htm>. Acesso em: 03 mar. 2019.

Desvaux, Georges; Devillard-Hoellinger, Sandrine; Baumgarten, Pascal. **Women Matter: Gender diversity, a corporate performance driver**. Paris, p. 19-21, out. 2007. Disponível em: <https://www.mckinsey.com/business-functions/organization/our-insights/gender-diversity-a-corporate-performance-driver>. Acesso em: 03 mar. 2019.

Devillard, Sandrine; Sancier-Sultan, Sandra; Werner, Charlotte. **Why gender diversity at the top remains a challenge**. Paris: McKinsey & Company, 2013. Disponível em: <https://www.mckinsey.com/business-functions/organization/our-insights/why-gender-diversity-at-the-top-remains-a-challenge>. Acesso em: 03 mar. 2019.

Donaggio, Angela Rita Franco et al. **Women's Participation in Senior Management Positions: Gender Social Relations, Law and Corporate Governance**. out. 2014. Disponível em: <http://ssrn.com/abstract=2508929>. Acesso em: 02 jun. 2019.

Eastman, Meggin Thwing; Seretis, Panos. **Women on Boards and the Human Capital Connection**. MSCI, mar. 2018. Disponível em: <http://equileap.org/wp-content/uploads/2018/03/MSCI-Women-in-boards.pdf>. Acesso em: 03 jun. 2019.

Farbrot, Audun. Golden skirts fill the board rooms. **Science Nordic**. Noruega, out. 2012. Business. Equal Rights. Disponível em: <http://sciencenordic.com/golden-skirts-fill-board-rooms>. Acesso em: Acesso em: 15 jun. 2019.

GOVERNANÇA NO CENTRO DAS ESTRATÉGIAS. **Estadão Empresas Mais de Governança Corporativa, 2018**. O Estado de S. Paulo. Disponível em: <http://publicacoes.estadao.com.br/empresasmais2018/governanca-corporativa> Acesso em: 02 jun. 2019.

Guerra, Sandra. **A Caixa-Preta da Governança**. 2 ed., Rio de Janeiro: Best Business, 2017. 378p.

Haslam, S. Alexander et al. Investing with Prejudice: the relationship between women's presence on company boards and objective and subjective measures of company performance. **British Journal of Management**, Inglaterra, v. 21, p. 484–497, jun. 2010. Disponível em: <https://www.academia.edu/292498/Investing_With_Prejudice_the_Relationship_Between_Womens_Presence_on_Company_Boards_and_

Objective_and_Subjective_Measures_of_Company_Performance> Acesso em: 03 jun. 2019.

IBGC – INSTITUTO BRASILEIRO DE GOVERNANÇA CORPORATIVA. **Cotas para mulheres em conselhos de administração**. 2013. Disponível em: <https://www.ibgc.org.br/download/manifestacao/IBGC_Pesquisa_CotasMulheres.pdf>. Acesso em: Acesso em: 03 mar. 2019.

IBGC – INSTITUTO BRASILEIRO DE GOVERNANÇA CORPORATIVA. **Mulheres no Conselho de Administração**. 2009. Disponível em: <https://conhecimento.ibgc.org.br/Lists/Publicacoes/Attachments/23494/Pesquisa%20Mulheres%20no%20CA_ago2009.pdf>. Acesso em: 03 mar. 2019.

LUBLIN, Joann S. Behind the Rush to Add Women to Norway's Boards. **The Wall Street Jornal**. Noruega, dez. 2007. European Business News. Managing. Disponível em: <https://www.wsj.com/articles/SB119724568401518785>. Acesso em: 15 jun. 2019.

MADALOZZO, Regina. **Teto de vidro e Identificação: uma análise do perfil de CEOs no Brasil**. Insper Working Paper. WPE: 206/2010. São Paulo. 2010. Disponível em: <https://www.insper.edu.br/wp-content/uploads/2018/09/2010_wpe216.pdf>. Acesso em: 03 mar. 2019.

MATEOS DE CABO, Ruth, GIMENO, Ricardo, ESCOT, Lorenzo. Disentangling Discrimination on Spanish Boards of Directors. **Corporate Governance: An International Review**, v. 19, n. 1, p. 77-95, dez. 2010. Disponível em: <http://ssrn.com/abstract=1733315>. Acesso em: 03 mar. 2019.

MILNE, Richard. Enlightened Norway's gender paradox at the top of business. **Financial Times**, set. 2018. Women in Business. Disponível em: < https://www.ft.com/content/6f6bc5a2-7b70-11e8-af48-190d103e32a4>. Acesso em: 15 jun. 2019.

MORRISON, Ann M. et al. **Breaking the Glass Ceiling: can women reach the top of America's largest corporations?** Edição atualizada. Estados Unidos: Addison-Wesley, 1987, p. 11.

NOLAND, Marcus; MORAN, Tyler; KOTSCHWAR, Barbara. Is gender diversity profitable? Evidence from a global survey. **Working Paper Series**, EUA, v. 13, n. 3, fev. 2016. Disponível em: <https://piie.com/system/files/documents/wp16-3.pdf>. Acesso em: 04 mar. 2019.

OWEN, Ann; TEMESVARY, Judit. **Gender diversity on Bank Board of Directors and performance**. EUA, 2018. Disponível em: <https://bankunderground.co.uk/2018/08/16/gender-diversity-on-bank-board-of-directors-and-performance/>. Acesso em: 03 jun. 2019.

PIRES, Breiller. 58% das empresas da Bovespa não têm nenhuma mulher no conselho de administração. **Jornal El País**, Belo Horizonte, mar. 2019. Disponível em: <https://brasil.elpais.com/brasil/2019/03/07/economia/1551992548_346845.html>. Acesso em: 03 mar. 2019.

REGUERA-ALVARADO, Nuria; FUENTES, Pilar de; LAFFARGA, Joaquina. **Does Board Gender Diversity Influence Financial Performance? Evidence from Spain**. Espanha, jun. 2015. Disponível em: <https://idus.us.es/xmlui/bitstream/handle/11441/78319/Does%20Board%20Gender%20Diversity%20In%20uence%20Financial%20Performance%20Evidence%20from%20Spain_Reguera%20et%20al.%202017.pdf?sequence=1>. Acesso em: 15 jun. 2019.

SMITH, Nina. Gender quotas on boards of directors. **IZA World of Labor**, v. 2, dez. 2018. Disponível em: <http://womensboardaward.dk/wp-content/uploads/2019/02/2018-12-06-Nina-Smith-Gender-quotas-on-boards-of-directors.pdf>. Acesso em: 03 mar. 2019.

TERJESEN, Siri; COUTO, Eduardo Barbosa; FRANCISCO, Paulo Morais. Does the presence of independent and female directors impact firm performance? A multi-country study of board diversity. **Journal of Management and Governance**, EUA, v. 20, n. 3, p. 447-483, jan. 2015. Disponível em: <https://www.deepdyve.com/lp/springer-journals/does-the-presence-of-independent-and-female-directors-impact-firm-qRXu0LvD3r>. Acesso em: 03 jun. 2019.

WIRTH, Linda. **Breaking through the glass ceiling: Women in management**. International Labour Office, Genebra, 2001. p. 01. Disponível em: <https://www.ilo.org/public/libdoc/ilo/2001/101B09_102_engl.pdf>. Acesso em: 04 mar. 2019.

A Transferência Internacional de Dados na Lei nº 13.709/18 e a Administração de Recursos de Terceiros no Brasil

Rafael Viana de Figueiredo Costa

Introdução

O presente trabalho tem por tema a nova Lei nº 13.709/18, de 14 de agosto de 2018, publicada no Diário Oficial da União em 18 de agosto de 2018 ("Lei Geral de Proteção de Dados" ou "LGPD") e a sua relação com o mercado de administração de recursos de terceiros, em especial no que concerne às transferências internacionais de dados.

Apesar de despertar interesse por diversos motivos, é, sobretudo, pelo aspecto global da administração de recursos de terceiros, notadamente por meio dos fundos de investimento no cenário econômico atual, que o tema possui grande relevância. É bastante usual observarmos estruturas de fundos de *private equity*, ou mesmo fundos líquidos, que captam investidores de todo o planeta através de veículos de investimento globais, constituídos em países que não necessariamente possuem rígidas leis sobre proteção de dados pessoais. Nessas estruturas, há intensa troca de informações e coleta de dados pessoais dos investidores, para os mais diversos fins, sendo a principal, em especial, para o atendimento a normas de *compliance* e PLD.

Destarte, o mercado de *asset management* pode ser classificado como um mercado global, de múltiplas partes reguladas envolvidas e prestadores de serviços – não necessariamente locais. Por possuir tais características, inúmeras transferências internacionais de dados pessoais ocorrem nesse tipo de ambiente. O tratamento de dados pessoais, no geral, é cada vez mais importante para qualquer atividade econômica. Para que se tenha uma ideia da expressividade do tratamento de dados pessoais na economia global, não custa lembrar que, ainda em 2014, um relatório da agência governamental norte-americana FTC estimou que apenas um controlador de informações havia coletado e armazenado informações de 1,4 bilhões de transações e mais de 700 bilhões de elementos informacionais agregados[1].

Especificamente no Brasil, a Lei 13.709/18 adotou uma ampla definição de "dado pessoal", resultando em um potencial de influenciar o funcionamento de uma série de mercados bastante distintos entre si, obrigando-os a realizar muitas alterações em seus *modi operandi,* de modo a estar em conformidade com a nova lei. Com efeito, desde as atividades mais simples, como as de um pequeno estabelecimento de bairro – que coleta dados de seus clientes para oferecer novos produtos e enviar cartões de aniversário – até um grande *site* de venda de eletrodomésticos – o qual coleta dados por *cookies* sofisticados e possui um grande time interno de análise de dados pessoais – vários negócios serão impactados, em alguma medida, pela nova legislação.

Portanto, desperta a lei um interesse genuíno por conta do seu enorme potencial de regular relações jurídicas das mais diversas possíveis, dentre as quais certamente se incluem as

[1] Disponível em: https://www.ftc.gov/system/files/documents/reports/data-brokers-call-transparency-accountability-report-federal-trade-commission-may-2014/140527databrokerreport.pdf. Acesso em 23/03/2019.

relações jurídicas, atinentes ao mercado internacional de administração de recursos de terceiros.

A grandeza da indústria de administração de recursos de terceiros pode ser melhor considerada ao notarmos o fato de que apenas os fundos de investimento concentram, conjuntamente, um patrimônio líquido sob gestão estimada em R$ 4,6 trilhões[2]. Daí a relevância em se investigar os desdobramentos jurídicos da entrada, em vigor, de uma nova e abrangente legislação, em um mercado de relevância econômica inconteste.

E a LGPD não é uma legislação que surge repentinamente, é bem verdade. Além de podermos seguramente afirmar que se discute a existência de um direito à privacidade há séculos[3], é possível também verificar que a edição de leis que visam a regulação e a proteção dos dados pessoais não é um fenômeno tão recente, justamente por conta do crescente interesse econômico – e social – nessa matéria, conforme explicado um pouco antes. Não é de hoje que a sociedade global vive uma verdadeira revolução de dados, em que os indivíduos, mais do que meramente consumidores, tornaram-se fornecedores de informações preciosas.

A título de exemplo da maturidade da discussão, observamos que a Suécia possui uma lei de proteção de dados datada de 11 de maio de 1973[4]. Na América Latina, vale notar que o Chile, por exemplo, já possuía uma lei geral de dados desde 1999[5]. Apesar

[2] Disponível em: http://www.anbima.com.br/pt_br/imprensa/fundos-de-investimento-atingem-patrimonio-de-r-4-6-trilhoes-em-2018.htm. Acesso em 8 de março de 2019.

[3] WARREN, Louis; BRANDEIS, Louis. **The right to privacy**: Harvard Law Review. Vol. IV, 1890, nº 5 Disponível em: http://groups.csail.mit.edu/mac/classes/6.805/articles/privacy/Privacy_brand_warr2.html. Acesso em 20 de dezembro de 2018.

[4] SUÉCIA. Data Protection Act, promulgada em 11/05/1973.

[5] CHILE. Ley 19.628, promulgada em 18/08/1999.

das críticas à legislação chilena[6], é inegável que se trata de uma lei com alguns conceitos avançados para a época. Isso se verifica, por exemplo, ao constatarmos que o significado de "dados pessoais" consubstanciado na legislação chilena é assaz similar ao previsto na nova lei brasileira, a ver: *"Art. 2, f): (...) los relativos a cualquier información concerniente a personas naturales, identificadas o identificables"*[7]. Na Europa, o marco legal hodierno é a paradigmática *General Data Protection Regulation* ("GDPR"), datada de 2017, a qual conta com uma definição de dado pessoal praticamente parelha: *"art. 4. personal data' means any information relating to an identified or identifiable natural person"*[8]. Sem prejuízo, a União Europeia antes mesmo da edição da GDPR já contava com um significativo arcabouço normativo de proteção aos dados pessoais de seus cidadãos desde 1995, com a *Directive*/95/46/EC.

Sobre a evolução das normas do direito comunitário europeu concernentes à proteção de dados pessoais, que tomou força a partir de 1995 com a edição da *Directive*/95/46/EC, Têmis Limberger ressalta o fato de que a proteção de dados pessoais foi ganhando autonomia em relação ao tradicional direito de privacidade:

> A proteção de dados pessoais é um direito autônomo com relação à intimidade ou privacidade, nos países europeus, veja-se o Tratado de Lisboa, artigo 16-B, que ratificou a Carta de Nice, contemplando o direito fundamental à proteção dos dados pessoais (artigo 8º), em caráter autônomo à intimidade (artigo 7º).[9]

[6] VIOLLIER, Pablo. **El Estado de La Proteccion de Datos Personales En Chile**, 2017. Disponível em: https://www.derechosdigitales.org/wp-content/uploads/PVB-datos-int.pdf. Acesso em 8 de janeiro de 2019.

[7] "(...) os relativos a qualquer informação concernente a pessoas naturais identificadas ou identificáveis" (tradução nossa).

[8] art. 4 – "dado pessoal significa qualquer informação a uma pessoa natural identificada ou identificável" (tradução nossa).

[9] LIMBERGER, Têmis. Informação em Rede: Uma comparação da Lei Brasileira de Proteção de Dados Pessoais e o Regulamento Geral de Proteção de Dados

Patrícia Peck Pinheiro explica esse movimento de surgimento de leis de proteção de dados pessoais, ocorrido, principalmente, no decorrer dos anos 1990:

> O motivo que inspirou o surgimento de regulamentações de proteção de dados pessoais de forma mais consistente e consolidada a partir dos anos 1990 está diretamente relacionado ao próprio desenvolvimento do modelo de negócios da economia digital, que passou a ter uma dependência muito maior dos fluxos internacionais de base de dados, especialmente os relacionados às pessoas, viabilizados pelos avanços tecnológicos e pela globalização.
>
> Desse modo, houve a necessidade de resgatar e repactuar o compromisso das instituições com os indivíduos, cidadãos desta atual sociedade digital, no tocante à proteção e à garantia dos direitos humanos fundamentais, como o da privacidade, já celebrados desde a Declaração Universal dos Direitos Humanos (DUDH) de 1948.[10]

O entendimento de muitos Estados nacionais, no sentido de que era imprescindível a instituição de um marco legal de proteção de dados pessoais, foi sendo consolidado em um contexto de desenvolvimento tecnológico intenso, ao passo que, entrementes, ocorria a proliferação de variados exemplos de uso heterodoxo de dados pessoais por companhias, com possível violações ao direito à privacidade.

Laura Schertel Mendes adverte que o comércio de dados pessoais se tornou questão de sobrevivência para muitos negócios, adquirindo relevância crucial em nossa economia:

Europeu. In: De Souza, Allan Rocha [et al.]. **Direito Digital, Direito Privado e Internet**; organizado por Guilherme Magalhães Martins, João Victor Rozatti Longhi. Indaiatuba, SP: Editora Foco, 2019, p. 259.

[10] Pinheiro, Patrícia Peck. **Proteção de dados pessoais: comentário à Lei 13.709/18**. São Paulo: Saraiva Educação, 2018, p. 17.

> Diante da importância que o conhecimento sobre os consumidores adquiriu na economia atual, os dados pessoais tornaram-se capital essencial para o sucesso de inúmeros negócios. Assim, no contexto da economia de produção flexível, emerge uma verdadeira "indústria de banco de dados", nos termos de Daniel Solove, cuja finalidade principal é a de propiciar aos setores interessados os dados pessoais de categorias de consumidores, por meio da comercialização ou cessão. O resultado é a ampla circulação das informações pessoais na sociedade, gerando benefício aos setores envolvidos, mas também riscos aos consumidores, cujos dados são coletados, processados e transferidos. (...)
>
> Como visto, numa economia da informação, o processamento de dados pessoais é realizado por quase todos os setores econômicos, como empresas de telefone, bancos, financeiras, associações de empregadores, sindicatos de trabalhadores, empresas de transporte, diversas empresas varejistas, armazéns, farmácias, empresas de marketing direto e telemarketing, serviços e proteção ao crédito, companhias de seguro, profissionais liberais, agências de viagem, organizações de caridade, hotéis, entre outros.[11]

Em suma, a Lei Geral de Proteção de Dados brasileira surge em um cenário de acalorada discussão global sobre o assunto, discussão essa que, apesar de antiga, é cada vez mais urgente, muito em função da crescente utilização – para os mais diversos fins – de dados pessoais na sociedade pós-moderna.

No âmbito do mercado de capitais, no qual a atividade da administração de recursos de terceiros está inserida, foi possível observar alguns esforços dos reguladores e autorreguladores

[11] MENDES, Laura Schertel. **Privacidade, proteção de dados e defesa do consumidor: linhas gerais de um novo direito fundamental.** São Paulo, 2014, p.117, 118.

para aumentar a proteção dos dados pessoais dos investidores nos últimos anos. Esse mercado, portanto, não ficou isolado de todo o desenvolvimento tecnológico da sociedade e do esforço das autoridades para acompanhar essas mudanças.

Nesse sentido, podemos citar o lançamento, pela ANBIMA, de um guia de segurança cibernética voltado aos seus associados dos mercados financeiro e de capitais, em 2017. Nesse material, a ANBIMA destaca que "com o aumento exponencial das ameaças cibernéticas nos últimos anos, tanto em volume quanto em sofisticação, reguladores e autorreguladores têm voltado maior atenção para esse assunto com o objetivo de orientar as instituições em seus respectivos mercados"[12].

Além de possuir um guia com melhores práticas de segurança cibernética, a ANBIMA, no âmbito do Novo Código ANBIMA ART – de cumprimento obrigatório por parte dos administradores fiduciários e gestores de recursos associados e/ou aderentes ao código ("instituições participantes") – determinou que as referidas instituições participantes devem: (a) propiciar o controle de informações confidenciais, reservadas ou privilegiadas a que tenham acesso os seus sócios, diretores, administradores, profissionais e terceiros contratados; (b) assegurar a existência de testes periódicos de segurança para os sistemas de informações, em especial para os mantidos em meio eletrônico; e (c) implantar e manter treinamento para os seus sócios, diretores, alta administração e profissionais que tenham acesso a informações confidenciais[13]. Outrossim, as instituições devem possuir política de segurança cibernética, inclusive com a indicação de responsável dentro da instituição para tratar e

[12] **Guia ANBIMA de Segurança Cibernética**, 2017, p. 4. Disponível em: http://www.anbima.com.br/data/files/F5/62/AB/91/FBC206101703E9F5A8A80AC2/Guia-de-Ciberseguranca-ANBIMA.pdf. Acesso em 10 de março de 2019.

[13] Código ANBIMA ART, art. 13.

responder questões de segurança cibernética[14]. Trata-se de uma disposição comparável com o art. 41 da LGPD, que ordena a indicação de um "encarregado" pelo tratamento de dados pessoais no controlador, com a ressalva de que o encarregado e o responsável por responder questões de segurança cibernética não precisariam ser necessariamente a mesma pessoa, apesar de que, na prática, é possível que este seja o caminho mais lógico para as empresas, dada as conexões entre os assuntos.

A CVM, por sua vez, no Relatório da Audiência Pública nº 05/18 – em que se concentraram as manifestações de mercado recebidas na Audiência Pública SDM nº 05/18, a qual se destinava a promover alterações na Instrução CVM nº 505/11 – deixou evidente a preocupação da autarquia em refutar a ideia de que estivesse regulamentando a Lei Geral de Proteção de Dados para os intermediários do mercado de capitais.

Adicionalmente, a CVM demonstrou preocupação com a existência de políticas e controles internos das instituições intermediárias referentes aos dados pessoais dos seus clientes. Pode-se afirmar que a proposta de alteração possuía três pilares principais, quais sejam: (a) tratamento e controle de dados; (b) segurança cibernética; e (c) contratação de serviços prestados por terceiros.

Nesse sentido, a referida autarquia destacou o seguinte no edital da supramencionada audiência pública:

> A Minuta traz os princípios gerais que devem nortear a atuação dos intermediários nesse campo, privilegiando a busca por garantir a confidencialidade, a autenticidade, a integridade e a disponibilidade dos dados e informações sensíveis.
>
> O intermediário deve adotar regras, procedimentos e controles com vistas a reduzir o risco de acesso não autorizado e de

[14] Código ANBIMA ART, art. 16.

> modificação ou mau uso das informações, garantindo o registro da autoria e a rastreabilidade das modificações realizadas nos sistemas, por meio da concessão e administração de acessos individualizados e da segregação de funções.[15]

Mesmo que a Instrução CVM nº 505/11, conforme alterada pela Instrução CVM nº 612/19, regule somente os intermediários do mercado de capitais, a intenção da CVM em modernizar esta norma é sintomática do que está por vir, que certamente será uma modernização da regulamentação sobre dados pessoais para todos os entes regulados do mercado de capitais, por mais que não se trate de uma "regulamentação" da LGPD, no sentido técnico do termo.

Na esfera do Sistema Financeiro Nacional, instituído pela Lei nº 4.595/64, o Conselho Monetário Nacional, editou, em 2018, a nova Resolução nº 4.568/18, exigindo que as instituições financeiras mantenham política de segurança cibernética que vise "assegurar a confidencialidade, a integridade e a disponibilidade dos dados e dos sistemas de informação utilizados"[16]. Esta Resolução estabelece em seu artigo 12, por exemplo, a diligência necessária para uma instituição financeira quando da contratação de um serviço de processamento e armazenamento de dados em nuvem. A regulamentação exige ainda que as instituições mantenham plano de continuidade de negócios que disponha sobre: (a) o tratamento previsto em caso de interrupção nos sistemas de armazenamento e processamento de dados

[15] BRASIL. Comissão de Valores Mobiliários. Edital de Audiência Pública SDM nº 05/2018. Disponível em: http://www.cvm.gov.br/audiencias_publicas/ap_sdm/2018/sdm0518.html. Acesso em: 11 de março de 2019.

[16] BRASIL. Conselho Monetário Nacional. Resolução nº 4.568/2018, art. 2º. Disponível em https://www.bcb.gov.br/pre/normativos/busca/downloadNormativo.asp?arquivo=/Lists/Normativos/Attachments/50581/Res_4658_v1_O.pdf. Acesso em: 11 de março de 2018.

em nuvem; (b) o prazo estipulado para seu reinício destas atividades; e (c) a comunicação tempestiva ao Banco Central dos incidentes relevantes.

Portanto, a julgar por uma massiva discussão do tema da proteção de dados pessoais em âmbito global, pelo uso de novas tecnologias digitais nos mercados financeiro e de capitais, e pela recente – e ainda incipiente – explosão da normatização dos controles de segurança de dados (pessoais ou não) e de segurança cibernética na seara dos mercados financeiro e de capitais nacional (inclusive no mercado de administração de recursos de terceiros), revela-se claramente a importância do tema que trataremos no presente estudo.

Nessa toada, algumas perguntas surgem até de modo intuitivo a respeito do assunto. Por exemplo: (a) Em que medida as políticas de proteção de dados e cibersegurança, que os administradores fiduciários e gestores de recursos possuem, devem ser atualizadas com base nas regras da LGPD?; (b) a CVM e/ou a ANBIMA podem punir os seus regulados por eventuais violações à LGPD?; (c) o art. 33 da LGPD se aplica a que situações de estruturas *offshore* ou qualquer outra que envolva parte estrangeira?[17]; (d) Um veículo de investimento estrangeiro, investido por um fundo brasileiro, e que por conseguinte tem acesso a dados de investidores brasileiros para fins de KYC e PLD, precisaria seguir os requisitos da LGPD para tratamento de dados pessoais?

A despeito das muitas possibilidades de aprofundamento, limitar-nos-emos, nesta pesquisa, a averiguar o feixe de situações que diz respeito à transferência internacional de dados no mercado de administração de recursos de terceiros. Para tanto, organizamos o trabalho do seguinte modo. Além desta intro-

[17] BRASIL. Lei 13.709/2018, art. 33: "A transferência internacional de dados pessoais somente é permitida nos seguintes casos: I – para países ou organismos internacionais que proporcionem grau de proteção de dados pessoais adequado ao previsto nesta Lei; (...)".

dução, iremos apresentar alguns conceitos importantes para o desenvolvimento do presente estudo, como a acepção da expressão "administração de recursos de terceiros" e do agente de tratamento de dados pessoais. Feito isso, iremos nos debruçar sobre algumas estruturas internacionais comuns praticadas pelo mercado de administração de recursos de terceiros, para então concatenar com a parte final do estudo, que apresentará a conclusão sobre o impacto da LGPD sobre tais estruturas; em que ocorre a transferência internacional de dados pessoais dos investidores.

Delimitação do Objeto de Pesquisa

Em nosso esforço de delimitação do objeto de pesquisa e problemática a ser estudada, entendemos ser razoável partirmos de algumas premissas, principalmente conceituais.

Neste diapasão, é importante definir o significado de "gestão/administração de recursos de terceiros". De acordo com o disposto no Código ANBIMA ART, a administração de recursos de terceiros consiste na "gestão profissional dos ativos financeiros integrantes das carteiras dos Veículos de Investimento, nos termos estabelecidos nos Documentos dos Veículos de Investimento, neste Código e na Regulação vigente"[18].

Os "veículos de investimento", por sua vez, são os fundos e clubes de investimento ou as carteiras administradas. Constituem o meio pelo qual a administração dos recursos de terceiros é levada a cabo[19].

Apesar de os fundos de investimento serem classificados como "comunhão de recursos em forma de condomínio", pela Instrução CVM nº 555/14[20], parte da doutrina ensina que os

[18] Código ANBIMA ART, art. 31.

[19] Ibid., p. 11.

[20] Além da Instrução CVM nº 555/14, a Medida Provisória nº 881/19 ("MP 881"), dentre outros efeitos, incluiu no Código Civil brasileiro uma disposição que determina a natureza jurídica de "comunhão de recursos constituída sob a forma

fundos não possuem as características típicas do condomínio voluntário do Código Civil, como a da transitoriedade, por exemplo. Com efeito, leciona Eduardo Cherez Pavia:

> Dito isso, concluímos que o fundo de investimento não se assemelha, nem ao longe ao instituto acima descrito. Nenhuma das características atribuídas ao condomínio pelo nosso Código Civil e pelos nossos doutrinadores acima transcritas, encontra-se no fundo de investimento. A essência do condomínio não condiz com a essência do fundo de investimento. E as regras constantes no Código Civil acerca do condomínio, se aplicadas de forma supletiva aos fundos, nos casos de conflito, não parecem se adequar minimamente.[21]

Sobre as divergentes opiniões na doutrina acerca da natureza jurídica dos fundos de investimento, Mário Tavernard Martins de Carvalho destaca cinco teorias: a da copropriedade (condominial), comunidade de bens não condominial, propriedade em mão comum, propriedade fiduciária e societária[22].

Apesar da teoria societária ter aceitação considerável na doutrina[23], após a edição da Medida Provisória nº 881/19, a natureza

de condomínio" ao fundo de investimento, trazendo para o direito positivo definição praticamente idêntica a da Comissão de Valores Mobiliários. O texto da MP 881 foi modificado e aprovado no Congresso Nacional, sendo submetido à sanção presidencial, que deve ocorrer no mês de setembro de 2019. Pela versão atual do texto, o fundo de investimento consistiria em um condomínio sui generis, ao qual não se aplicam as disposições do condomínio voluntário do Código Civil por disposição expressa do texto normativo.

21 PAVIA, Eduardo Cherez. **Fundos de Investimento: Estrutura Jurídica e Agentes de Mercado como Proteção do Investimento.** São Paulo: Quartier Latin, 2016, p. 50.

22 CARVALHO, Mário Tavernard Martins de. **Regime Jurídico dos Fundos de Investimento.** São Paulo: Quartier Latin, 2012, p. 183.

23 Vide, por exemplo, o disposto nas obras já mencionadas aqui dos seguintes autores: PAVIA, Eduardo Cherez, CARVALHO, Mário Tavernard Martins de.

condominial dos fundos de investimento passou a ter previsão expressa no Código Civil[24], de modo que fica difícil escaparmos por completo da classificação do fundo como um condomínio *sui generis*, consubstanciada em uma "comunhão de recursos". Será importante observar os próximos capítulos após a aprovação do Projeto de Lei Conversão nº 21/2019, oriundo da MP 881, no Congresso Nacional; mas o fato é que, no momento em que este trabalho é finalizado, a natureza condominial dos fundos de investimento conta com previsão expressa legal no Código Civil, sendo expressamente excluídas as regras do condomínio voluntário por disposição que consta do projeto de conversão da MP em lei.

Prosseguindo, as carteiras administradas, a seu turno, podem ser sucintamente definidas como um arranjo contratual em que um gestor de recursos devidamente autorizado pela Comissão de Valores Mobiliários irá gerir discricionariamente uma carteira de investimentos pertencente a um investidor, pessoa natural ou jurídica[25]. Não é obrigatória a contratação de administrador fiduciário para o funcionamento de uma carteira administrada e, na prática de mercado, isso de fato normalmente não ocorre.

Fixados esses pressupostos, importante destacar que o presente estudo possui a intenção de trabalhar com um escopo relativamente amplo, uma vez que a atividade de gestão de recursos de terceiros demanda a estrutura de um clube/fundo de investimento ou da gestão profissional por meio de uma carteira

[24] O novo art. 1.368-C da Lei 10.406/02 dispõe: "O fundo de investimento é uma comunhão de recursos, constituído sob a forma de condomínio, destinado à aplicação em ativos financeiros".

[25] Malgrado não seja possível encontrar material consistente na doutrina sobre as carteiras administradas, a esta conceituação se extrai do Código ANBIMA ART, Anexo V – Carteiras Administradas.

administrada, em que também é imperativa a atuação de uma empresa regulada pelo mercado de capitais[26].

Ainda no que concerne às nossas premissas, entendemos ter sido plausível supor que o mercado de administração de recursos de terceiros, assim como praticamente todos os mercados – conforme vimos na introdução geral – não ficarão incólumes após a entrada em vigor da nova lei. Não obstante, o presente estudo analisará somente estruturas de investimentos geridos por terceiros que envolvam partes brasileiras e estrangeiras, concomitantemente, vez que o nosso objetivo é analisar o impacto das disposições da LGPD na transferência internacional de dados no mercado alvo.

Haja vista o tema macro com o qual trabalharemos, é necessário irmos adiante para explicarmos algumas dificuldades encaradas no processo de definição do nosso problema de pesquisa.

A nosso ver, um trabalho acadêmico relevante deve ter utilidade prática. Para isso, procuramos envidar esforços para conceber ao menos algumas práticas que devem ser adotadas pelas instituições envolvidas com a administração de recursos de terceiros, de modo a se conformarem às novas exigências da LGPD. Por tal razão, optamos por (i) apresentar algumas estruturas *offshore*[27] e de investimento no exterior típicas; (ii) apresentar como ocorrem as transferências internacionais de dados em cada uma destas estruturas; (iii) concluir como a LGPD impactará estas estruturas. Esse é o cerne do presente estudo.

[26] Conforme artigo 23 da Lei nº 6.385, a atividade de administração de carteiras de valores mobiliários está sujeita à autorização da Comissão de Valores Mobiliários. De acordo com o §2º do mesmo artigo, compete à Comissão estabelecer as normas a serem observadas pelos administradores na gestão de carteiras e sua remuneração.

[27] Adotamos o conceito da ANBIMA quando nos referimos a estruturas *offshore*. De acordo com a referida entidade autorreguladora, fundos *offshore* são fundos constituídos fora do Brasil, cujo gestor é brasileiro.

Indo adiante, uma objeção pertinente que poderia surgir refere-se ao uso do termo "administração de recursos de terceiros", que engloba tanto a administração de terceiros realizada através de um fundo de investimento, ou clube de investimentos, como a relação entre investidor e gestor de uma carteira administrada. Por que não simplesmente tratar da carteira administrada ou somente dos fundos de investimento?

Pois bem, a opção por tratar da administração de recursos de terceiros em geral – englobando todas as espécies de veículos de administração de recursos de terceiros admitidas pela regulamentação vigente – se dá, em resumo, porque a incidência da LGPD ao gênero "veículos de investimentos" é similar em todas as espécies, com pequenas distinções que não serão, por óbvio, ignoradas. No final das contas, os fundos de investimento, os clubes de investimento e mesmo as carteiras administradas fazem parte de uma mesma indústria, é dizer, um mesmo mercado: o da administração de recursos de terceiros[28].

Feita a introdução do trabalho e a delimitação do objeto de pesquisa, no próximo capítulo trataremos do histórico da edição da Lei 13.709/18 e seus principais conceitos. Seria difícil compreender a aplicabilidade e o impacto da referida norma sobre o mercado de administração de recursos sem que se apresentassem os pontos a seguir.

1. A Lei Geral de Proteção de Dados – Histórico e Principais Conceitos

O presente capítulo visa tratar abreviadamente do histórico predecessor da Lei 13.709 de 14 de agosto de 2018 ("LGPD"), abordando as discussões que foram travadas em projetos de lei que tramitavam há bastante tempo no Congresso Nacio-

[28] Isso fica evidente ao analisarmos os termos do próprio Código ANBIMA ART. A atividade, independentemente do veículo escolhido, é a mesma.

nal, bem como apontar alguns dos principais conceitos da nova legislação.

Consoante ao aventado no princípio deste trabalho, a discussão global acerca da existência e regulação de um direito autônomo à proteção dos dados pessoais é, de certa forma, envelhecida. A proteção dos dados pessoais, com o passar dos anos e a medida em que o mundo se via cada vez mais involucrado na era da *sociedade da informação*, foi se consolidando em um patamar cada vez mais elevado na dogmática jurídica, até chegar à categoria de um direito fundamental da personalidade em diferentes jurisdições. Conforme explica Danilo Doneda, citando Viktor Mayer Schonberger.

> O amadurecimento desse direito observa-se no decorrer das cerca de quatro décadas que a disciplina de proteção de dados pessoais ostenta. A mudança do enfoque dado à proteção de dados nesse período pode ser brevemente entrevisto na classificação evolutiva das leis de proteção de dados pessoais realizada por Viktor Mayer-Schonberger, que vislumbra quatro diferentes gerações de leis que partem desde uma primeira geração, cujo enfoque era mais técnico e restrito aos grandes computadores da época, até a abertura mais recente a técnicas mais amplas e condizentes com a capilaridade e sofisticação das tecnologias adotadas para o tratamento de dados. Essa evolução reflete tanto a busca de uma tutela mais eficaz como a constatação de que a proteção da pessoa na Sociedade da Informação passava, cada vez mais, a depender diretamente do controle destas sobre seus próprios dados pessoais, o que acabou vinculando a matéria aos direitos fundamentais.[29]

[29] Doneda, Danilo. O Direito Fundamental à Proteção de Dados Pessoais. In: De Souza, Allan Rocha [et al.]. **Direito Digital, Direito Privado e Internet**; organizado por Guilherme Magalhães Martins, João Victor Rozatti Longhi. Indaiatuba, SP: Editora Foco, 2019, p. 40.

O Brasil, a despeito de não haver promulgado, até meados do ano passado, uma lei geral de proteção de dados regulando satisfatoriamente a matéria, possuía um certo nível de proteção aos dados pessoais, consubstanciado em disposições esparsas no ordenamento jurídico – como (i) o art. 31 da Lei 12.527/11 ("Lei de Acesso à Informação"), que estabelece regras de proteção de dados pessoais, (ii) o art. 3º do Marco Civil da Internet, que prevê a proteção da privacidade e a proteção dos dados pessoais como princípios do uso da internet no país, (iii) o Código de Defesa do Consumidor, o qual garantiria, para alguns, o reconhecimento de um direito básico de proteção aos dados pessoais[30].

Apesar dessas considerações iniciais, não pretendemos neste capítulo adentrarmos na acirrada contenda doutrinária sobre se o direito a proteção dos dados pessoais está no patamar de direito fundamental autônomo no ordenamento pátrio ou não[31]. A ideia, na verdade, é apresentar um histórico da discussão legislativa acerca de uma lei específica para a proteção de dados pessoais no Brasil.

Vejamos, antes da promulgação da LGPD, os principais projetos de lei os quais tinham por objetivo tutelar o uso de dados pessoais no país eram os seguintes: (a) PL nº 5.276/2016 (de iniciativa do Poder Executivo); (b) os Projetos de Lei nº 330/2013, nº 13/014, e nº 181/2014 (do Senado Federal); (c) o Projeto de Lei nº 4060/2012 (da Câmara dos Deputados).

O projeto de lei que culminou na edição da LGPD foi o de nº 4060/2012 ("PLPD/CAM"). Esse mesmo projeto depois tramitou no Senado (PLC nº 53/2018), sendo finalmente aprovado no ano de 2018.

[30] MENDES, Laura Schertel. **Privacidade, proteção de dados e defesa do consumidor: linhas gerais d eum novo direito fundamental.** São Paulo. Saraiva, 2014, p. 202.

[31] DONEDA, Danilo, Op. cit., p. 50.

1.1. Discussões sobre o Conceito de Consentimento

Apesar do PL nº 4060/2012 ter sido a proposta aprovada e transformada na Lei Geral de Proteção de Dados atual, é interessante observar que, no nascedouro das discussões legislativas, não se tratava do projeto mais bem alinhado com as paradigmáticas regulações europeias. A propósito, o referido projeto, inicialmente, não adotava sequer o consentimento como estratégia regulatória central, como bem elucida Bruno Ricardo Bioni:

> PLPDP/CAM: sequer adota o consentimento como estratégia regulatória central, na medida em que só se cogita a vontade do titular dos dados pessoais após o início da atividade de tratamento de dados pessoais (opt-out). Ou, seletivamente, para um grupo restrito (menores de idade) e, ainda, sem que haja qualquer tipo de qualificação em torno do consentimento[32].

O projeto, sem prejuízo, acabou sofrendo diversas modificações em seu conteúdo, com o passar dos anos, que o aproximaram mais da regulação europeia, pois terminou por atribuir um papel central ao consentimento, mesmo porque este conceito é matéria imprescindível em qualquer legislação que vise tratar da proteção de dados no mundo.

Seja como for, há diversas formas de regular o papel do consentimento em uma legislação que regule o uso de dados pessoais. A esse respeito, o supracitado Bruno Ricardo Bioni organiza uma escala regulatória das espécies de consentimento que podem ser demandadas pela técnica legislativa para o tratamento de dados pessoais. Assim, existe o *consentimento informado*, em que o cidadão é informado acerca dos tratamentos de seus dados pessoais. O *consentimento livre*, em que o titular, uma vez informado, pode racionalizar o uso de seus próprios dados

[32] Bioni, Bruno Ricardo. **Xeque Mate: o tripé da proteção de dados pessoais no jogo de xadrez das iniciativas legislativas no Brasil**. São Paulo, 2015, p. 46.

pessoais. Pode ser que haja a exigência de uma *finalidade determinada*, em que o cidadão sabe minimamente para qual motivo os seus dados serão utilizados, em oposição a um cheque em branco para o tratamento para "quaisquer fins". Pode, por fim, o consentimento ser *tácito*, quando necessário e intrínseco à própria relação, ou específico e expresso, que constituiria o grau máximo de proteção ao indivíduo titular de dados pessoais.[33]

Mesmo antes da promulgação da LGPD, a Lei 12.965/14 ("Marco Civil da Internet") já exigia o consentimento *expresso* dos titulares para coleta, uso e tratamento dos dados pessoais. Tal disposição constituiu certamente um avanço no que concerne à regulação de dados pessoais no Brasil, mas possui escopo limitado às relações que envolvem o uso da internet.

Na Lei Geral de Proteção de Dados, o *consentimento* ficou definido como a "manifestação livre, informada e inequívoca pela qual o titular concorda com o tratamento de seus dados pessoais para uma finalidade determinada"[34]. Cuida-se de conceito que se aproxima bastante com aquele já sugerido nos outros projetos de leis que tramitavam no Congresso Nacional há tempos, como o PL nº 5.276/2016, e os Projetos de Lei nº 330/2013, nº 13/014, e nº 181/2014[35].

1.2. Conceito de Dado Pessoal

Outro conceito chave da Lei de Proteção de Dados – e exaustivamente debatido durante as discussões no Congresso Nacional – é o de "dado pessoal". Deveria esse ser considerado somente aquele referente a uma pessoa identificada ou também a pessoas *identificáveis*?

Trata-se do embate entre a acepção expansionista e reducionista de "dado pessoal". Os adeptos da teoria reducionista

[33] Idem, p. 44 e 45.

[34] Lei nº 13.709/18, art. 5º, XII.

[35] Bioni, Bruno Ricardo. Op. Cit, p. 46 e 47.

advogam que somente pode ser classificado como "dado pessoal" aquele que corresponde a uma pessoa específica. Digamos, um documento de identidade, um dado biológico único, etc[36]. A acepção expansionista, em contraste, não demanda uma relação direta e perfeita entre uma pessoa e um dado para que tal dado possa ser caracterizado como um dado pessoal.

A LGPD acabou por abraçar o significado expansionista de "dado pessoal", conceituando-o como a informação relacionada a uma pessoa identificada ou *identificável.* Como corolário, a doutrina entende que os dados pessoais não se limitam, nos termos da LGPD, ao nome, sobrenome, documentos de uma pessoa, mas podem incluir também: *"(...) dados de localização, placas de automóvel, perfis de compras, número do Internet Protocol (IP), dados acadêmicos, histórico de compras, entre outros. Sempre relacionados a pessoa natural viva".* [37]

Esse ponto será particularmente explorado mais adiante, pois existem algumas informações concernentes a pessoas naturais – por exemplo, os dados cadastrais ou o questionário *suitability* – as quais são coletadas pelos prestadores de serviços do mercado alvo de nosso estudo, e que poderiam se enquadrar no conceito expansionista de "dados pessoais" adotado pela LGPD.

1.3. Controlador e Operador dos Dados Pessoais

As acepções de "controlador" e "operador" são centrais na Lei 13.709/18, que dispõe o seguinte:

> Art. 5º Para os fins desta Lei, considera-se:
>
> (...)
>
> VI – controlador: pessoa natural ou jurídica, de direito público ou privado, a quem competem as decisões referentes ao tratamento de dados pessoais;

[36] Idem, p. 20 e 21.

[37] PINHEIRO, Patrícia Peck. Op. Cit., p. 26.

VII – operador: pessoa natural ou jurídica, de direito público ou privado, que realiza o tratamento de dados pessoais em nome do controlador[38];

O controlador e o operador são ambos considerados "agentes de tratamento". Tratamento, vale lembrar, é "toda operação realizada com dados pessoais, com as que se referem a coleta, produção, recepção, classificação, utilização, acesso, reprodução, transmissão, distribuição, processamento, arquivamento, armazenamento, eliminação, avaliação ou controle da informação, modificação, comunicação, transferência, difusão ou extração"[39]. Esses conceitos são importados, praticamente, sem modificações da regulamentação europeia sobre proteção de dados pessoais, a GPDR. A referida regulamentação possui um capítulo inteiramente dedicado ao papel e às obrigações dos *responsáveis pelo tratamento* e *subcontratantes* de dados pessoais. Ademais, a definição de ambos os conceitos é praticamente idêntica àquela adotada pela legislação brasileira.

O "responsável pelo tratamento", na GDPR, é a "pessoa singular ou coletiva, a autoridade pública, a agência ou outro organismo que, individualmente ou em conjunto com outras determina as finalidades e os meios de tratamento de dados pessoais (...)"[40], ao passo que o "subcontratante" é "uma pessoa singular ou coletiva, a autoridade pública, agencia ou outro organismo que trate os dados pessoais por conta do responsável pelo tratamento destes"[41].

Esses conceitos não serão alheios ao mercado de administração de recursos de terceiros, malgrado tenha sido pouco discutido como eles entrarão para o cotidiano deste ramo da

[38] BRASIL. Lei 13.709/18, artigo 5º.

[39] Idem, artigo 5º, X.

[40] EUROPA. GDPR, artigo 4º (7) (8).

[41] Idem.

economia no Brasil. Na Europa, o panorama é consideravelmente mais avançado, sendo que em interessante guia elaborado recentemente, a firma de consultoria Ernst & Young demonstrava aos seus clientes alguns pontos de atenção que deveriam ser abordados pela alta administração dos gestores de recursos. Em determinado trecho, afirma-se que:

> Asset managers themselves are likely to be considered data controllers under GDPR, as they are determining the purposes and means of the processing of personal data. This means they are subject to wider legal obligations under GDPR due to their status as controllers[42].

No Brasil, conforme já expusemos anteriormente, os administradores de recursos registrados junto à CVM na categoria *administrador fiduciário* e os *escrituradores* são responsáveis primários pelo cadastro dos clientes como cotistas no âmbito dos fundos de investimento[43]. Entretanto, essa responsabilidade, ainda no universo dos fundos, pode recair (i) com os gestores em caso de distribuição das cotas dos próprios fundos, hipótese prevista no art. 30 da Instrução CVM nº 558/15, e (ii) com os distribuidores por conta e ordem, na forma do art. 31 da Instrução CVM nº 555/14. Outrossim, é bastante usual que administradores fiduciários compartilhem com os gestores – mesmo

[42] **What does the GPDR means for the asset management industry.** Disponível em: https://www.ey.com/Publication/vwLUAssets/EY-what-the-gdpr-means-for-the-asset-management-industry/$FILE/EY-what-the-gdpr-means-for-the-asset-management-industry.pdf. Acesso em 23/03/2019. A passagem destacada acima significa: "os próprios gestores de recursos são passíveis de serem considerados controladores nos termos da GDPR, pois estão determinando as finalidades e meios para o tratamento de dados pessoais. Isso significa que eles estarão sujeitos a mais obrigações legais nos termos da GDPR por conta de seu status de controlador". (tradução nossa)

[43] BRASIL. Comissão de Valores Mobiliários. Instrução CVM nº 555/14, art. 12 c/c art. 33, *caput*.

aqueles que não distribuam as cotas dos fundos geridos – os dados cadastrais dos cotistas. Os gestores, quando agem dessa forma costumam o fazer para fins de compliance, em especial prevenção à lavagem de dinheiro. Nesta última situação, os gestores poderiam estar sujeitos ao regime da LGPD na qualidade de controladores de dados pessoais.

No que se refere às carteiras administradas, o gestor (que pode ser inclusive "gestor de patrimônio"), possui um relacionamento mais próximo com o cliente, consubstanciado em um contrato específico entre as duas partes, em que aquele terá seguramente acesso a informações pessoais do investidor final.

1.4. Requisitos para o Tratamento de Dados Pessoais

A Lei Geral de Proteção de Dados brasileira, novamente espelhando disposições da GDPR europeia, traz em seu bojo uma série de requisitos para que a realização do tratamento de dados pessoais se dê em conformidade com a lei, *in verbis*:

> Art. 7º O tratamento de dados pessoais somente poderá ser realizado nas seguintes hipóteses:
>
> I – mediante o fornecimento de consentimento pelo titular;
>
> II – para o cumprimento de obrigação legal ou regulatória pelo controlador;
>
> III – pela administração pública, para o tratamento e uso compartilhado de dados necessários à execução de políticas públicas previstas em leis e regulamentos ou respaldadas em contratos, convênios ou instrumentos congêneres, observadas as disposições do Capítulo IV desta Lei;
>
> IV – para a realização de estudos por órgão de pesquisa, garantida, sempre que possível, a anonimização dos dados pessoais;
>
> V – quando necessário para a execução de contrato ou de procedimentos preliminares relacionados a contrato do qual seja parte o titular, a pedido do titular dos dados;

> VI – para o exercício regular de direitos em processo judicial, administrativo ou arbitral, esse último nos termos da Lei nº 9.307, de 23 de setembro de 1996 (Lei de Arbitragem);
>
> VII – para a proteção da vida ou da incolumidade física do titular ou de terceiro;
>
> VIII – para a tutela da saúde, em procedimento realizado por profissionais da área da saúde ou por entidades sanitárias;
>
> **IX – quando necessário para atender aos interesses legítimos do controlador ou de terceiro**, exceto no caso de prevalecerem direitos e liberdades fundamentais do titular que exijam a proteção dos dados pessoais; ou
>
> X – para a proteção do crédito, inclusive quanto ao disposto na legislação pertinente (...)[44] (grifo nosso)

O artigo acima é equivalente ao que o direito comunitário europeu denomina *lawful basis for processing*[45]. Certamente, o item que pode provocar mais confusão é a licitude do tratamento de dados quando "necessário para atender aos interesses legítimos do controlador ou de terceiros". O ponto controvertido aí está em se determinar o que significa "interesses legítimos".

Antes da GPDR, o conceito de legítimo interesse já era previsto na Directive/95/46/EC do Parlamento Europeu. Tanto a Diretiva, quanto a GDPR atual mencionam que o legítimo interesse só pode ser uma base lícita a justificar o tratamento caso não prevaleçam direitos e liberdades fundamentais do titular que exijam a proteção dos dados pessoais. Este artigo pode ser

[44] BRASIL. Lei nº 13.709/18, art. 7º.

[45] Sob a égide da LGPD, art. 6º (1) (f), o tratamento pode ser lícito se necessário aos interesses legítimos prosseguidos pelo responsável pelo tratamento ou por terceiros, exceto se prevalecerem os interesses ou direitos e liberdades fundamentais do titular que exijam a proteção dos dados pessoais, em especial se o titular for uma criança.

de hermenêutica desafiadora por conta de diversos fatores. O primeiro deles é a dificuldade em se separar o que seriam interesses legítimos dos interesses *ilegítimos* do controlador. Seria prevenção a fraudes e à lavagem de dinheiro um interesse legítimo? E a coleta de dados no site por meio de *cookies* em um site de um gestor, administrador ou distribuidor que tenha interesse em saber o perfil dos visitantes dos seus websites?

Preliminarmente, entendemos que estes tipos de atividades, listadas acima, estão de fato abarcadas pela acepção da expressão "legítimo interesse" prevista na LGPD. Sem prejuízo, será de fundamental relevância uma definição da autoridade nacional de proteção de dados sobre o tema, de modo a melhor delimitar o conceito.

1.5. Dados Pessoais Sensíveis

De acordo com o art. 5º, II da Lei 13.709/18, "dado pessoal sensível" é todo aquele que diz respeito a origem racial ou étnica, convicção religiosa, opinião política, filiação a sindicato ou a organização de caráter religioso, filosófico ou político, dado referente à saúde ou à vida sexual, dado genético ou biométrico, quando vinculado a uma pessoa natural.

De início, não parece haver qualquer relevância desta matéria para o universo da administração de recursos de terceiros, mas é possível pensar em alguns cenários que poderiam contradizer esta premissa. A título de exemplo, podemos citar os *shariah compliant funds*[46], que, grosso modo, são fundos de investimento geridos de acordo com os princípios da religião islâmica. Ora, para participar destes fundos é necessário ser fiel aos preceitos do islã, o que torna o simples fato da condição de cotista uma informação sensível, na medida em que revela a reli-

[46] Para mais informações sobre o assunto: https://www.investopedia.com/terms/s/shariah-compliant-funds.asp, acesso em 14/04/2019.

gião do investidor. Em um cenário hipotético em que houvesse o vazamento para a imprensa de dados pessoais dos cotistas de um *shariah compliant fund* em que um dos investidores fosse cidadão residente no Brasil, poderiam sim incidir as disposições da Lei Geral de Proteção de Dados, e a punição ser agravada por conta deste fator[47].

Salvo em hipóteses muito restritas, a Lei 13.709/18 exige o consentimento específico e destacado do titular dos dados sensíveis para que o tratamento seja realizado em uma *lawfull basis*[48]. *Portanto, quando um fundo ou gestor estrangeiro procurar um investidor brasileiro para ser cotista em um shariah compliant fund* – ou em qualquer outro caso – em que haja a coleta de informação sensível, é fundamental que o investidor se declare ciente e expresse o seu consentimento com o tratamento de tais dados pelas partes envolvidas.

1.6. Transferência Internacional de Dados Pessoais

A LGPD define a transferência internacional de dados pessoais como sendo aquela em que ocorre a transferência de tais dados para país estrangeiro ou organismo internacional do qual o país seja membro[49].

A transferência internacional de dados, após a entrada em vigor da LGPD, só poderá se dar nos termos desta lei[50], sendo que somente é permitida em algumas hipóteses, dentre as quais

[47] Não é possível prever com exatidão como a futura Autoridade Nacional de Proteção de Dados poderia lidar com este assunto, mas entendemos ser razoável supor que o vazamento de dados pessoais sensíveis seja mais grave do que o vazamento de dados pessoais que não se enquadram nesta categoria.

[48] BRASIL. Lei 13.709/18, art. 11, I.

[49] BRASIL. Lei nº 13.709/18, art. 5, inciso XV.

[50] BRASIL. Lei nº 13.709/18, art. 33. A transferência internacional de dados pessoais somente é permitida nos seguintes casos:
I – para países ou organismos internacionais que proporcionem grau de proteção de dados pessoais adequado ao previsto nesta Lei;

algumas das mais importantes são: (i) quando os países ou organismos destinatários proporcionem grau de proteção de dados pessoais adequado ao previsto nesta Lei; (ii) quando o controlador ofereça e comprove garantias do cumprimento dos princípios, dos direitos do titular e do regime de proteção de dados previstos na LGPD; (iii) quando o titular tiver fornecido o seu consentimento específico e em destaque para a transferência, com informação prévia sobre o caráter internacional da operação, distinguindo esta de outras finalidades; ou (iv) quando necessária para atender obrigação legal ou regulatória pelo controlador.

II – quando o controlador oferecer e comprovar garantias de cumprimento dos princípios, dos direitos do titular e do regime de proteção de dados previstos nesta Lei, na forma de:
a) cláusulas contratuais específicas para determinada transferência;
b) cláusulas-padrão contratuais;
c) normas corporativas globais;
d) selos, certificados e códigos de conduta regularmente emitidos;
III – quando a transferência for necessária para a cooperação jurídica internacional entre órgãos públicos de inteligência, de investigação e de persecução, de acordo com os instrumentos de direito internacional;
IV – quando a transferência for necessária para a proteção da vida ou da incolumidade física do titular ou de terceiro;
V – quando a autoridade nacional autorizar a transferência;
VI – quando a transferência resultar em compromisso assumido em acordo de cooperação internacional;
VII – quando a transferência for necessária para a execução de política pública ou atribuição legal do serviço público, sendo dada publicidade nos termos do inciso I do caput do art. 23 desta Lei;
VIII – quando o titular tiver fornecido o seu consentimento específico e em destaque para a transferência, com informação prévia sobre o caráter internacional da operação, distinguindo claramente esta de outras finalidades; ou
IX – quando necessário para atender as hipóteses previstas nos incisos II, V e VI do art. 7º desta Lei.
(...)

Sobre o assunto, escrevem Ricardo Sichel e José Carlos Vaz e Dias[51]:

> Last but not the least, Law no. 13.709/2018 innovated in dealing with the transfer of international data. Besides determining the need of prior consent from the individual, the transfer of information to an international database or controller demand the fulfilment of specific requirements, such as the evidence that the data will be only transferred to countries or international entities that can secure similar adequate degree of protection to personal data.

A estrutura da normatização que trata da transferência internacional de dados é distinta na legislação brasileira e na GDPR. Uma das principais diferenças é que o legislador brasileiro optou por permitir a transferência internacional de dados para cumprimento de obrigação legal ou regulatória pelo controlador, uma hipótese que não permite per se a transferência internacional de dados pessoais no regramento da GDPR.

Some-se a isso o fato de que a exceção disposta no item (iv) acima, somada a derrogação do §1º do art. 7º promovida pela Lei nº 13.853/19[52], faz com que o titular do dado pessoal não tenha o direito de saber das hipóteses em que é admitido o tratamento de seus dados pessoais pela exceção de cumprimento de obrigação legal ou regulatória pelo controlador[53].

[51] DIAS, José Carlos Vaz e SICHEL, Ricardo. "Personal Data Protection in Brazil: How far have we been and how far can we go?". Quaestio Iuris. Vol. 11, nº. 04, Rio de Janeiro, 2018. pp. 2876-2915 DOI: 10.12957/rqi.2018.37426.

[52] Os dispositivos suprimidos determinavam a necessidade de que o titular dos dados fosse informado das situações de tratamento dos dados pessoais para casos de cumprimento de obrigação legal ou regulatória do controlador, por exemplo.

[53] Alguns autores, como Fernando Büscher von Teschenhausen Eberlin criticaram a alteração promovida pela MP. EBERLIN, Fernando Buscher von

Sem prejuízo das diferenças, conforme bem preconiza Patrícia Peck Pinheiro, a preocupação da LGPD com a transferência internacional de recursos seguiu tendência da GDPR europeia:

> Seguindo os parâmetros lançados pelo GDPR, a adoção da lei brasileira traz a previsão – inevitável – dos fluxos transfronteiriços de dados pessoais de maneira que os países passíveis desse tipo de transação devem oferecer a garantia da proteção dos dados pessoais em mesmo grau que a LGPD prevê. Isso significa que o Brasil segue o movimento europeu de padronização internacional do fluxo de dado, assim como de proteção dessas informações, de maneira a garantir que o desenvolvimento tecnológico e econômico possa continuar seu acelerado e complexo processo, sem que com misso direitos e garantias fundamentais sejam relativizados ou violados[54].

Na medida em que podem ocorrer o envio de dados pessoais dos investidores brasileiros para o exterior em algumas estruturas de investimento internacionais, conforme detalharemos em capítulo subsequente, é possível que o custodiante ou escriturador de um veículo estrangeiro (além do próprio veículo em si) tenha acesso a dados pessoais dos cotistas brasileiros, o que, caso ocorresse sob égide da LGPD, teria de observar os requisitos do art. 33.

2. A LGPD Aplicada à Administração de Recursos de Terceiros

Conforme visto em capítulo anterior, a Lei Geral de Proteção de Dados define o controlador como a pessoa natural, ou jurí-

Teschenhausen. **As alterações na LGPD e a criação da Autoridade Nacional de Proteção de Dados**, 05.01.2019, Disponível em: https://www.conjur.com.br/2019-jan-05/fernando-eberlin-lgpd-criacao-entidade-protecao-dados. Acesso em 28/05/2019.

[54] PINHEIRO, Patrícia Peck. Op. Cit., p. 92.

dica, de direito público ou privado, a quem compete as decisões referentes ao tratamento de dados pessoais; operador, a seu turno, é a pessoa natural ou jurídica, de direito público ou privado, que realiza o tratamento de dados pessoais em nome do controlador. Conforme dispõe o art. 5º, IX da LGPD, ambos são considerados "agentes de tratamento" e possuem algumas obrigações em comum na esfera desta legislação.

Mas como estes conceitos são utilizados para o universo dos fundos de investimento e das carteiras administradas? Quem são os agentes de tratamento dos dados pessoais dos investidores de fundos de investimento e carteiras administradas?

Em jurisdições estrangeiras, é bastante corriqueiro que o fundo de investimento seja constituído sob forma de sociedade (seja *limited partnership*, *limited liability partnership*, etc), com personalidade jurídica e, portanto, passível de ser titular de direito e contrair obrigações em nome próprio. Por isto, parece-nos bastante plausível depreender que o controlador das informações pode ser considerado o fundo de investimento estrangeiro, a depender das circunstâncias e do regime jurídico atinente.

No Brasil, no entanto, o fundo de investimento é constituído sob a forma de condomínio. Ou, pelo menos, é o que diz o direito positivo, em especial a Instrução CVM 555 e a Medida Provisória nº 881/19[55]. De tal modo, se o fundo não tem personalidade jurídica, seria um contrassenso considerá-lo controlador[56]. Ademais, os dados pessoais dos cotistas normalmente

[55] Sobre o tema, no momento em que este trabalho é finalizado, o Projeto de Lei de Conversão nº 21, de 2019, aprovado no Senado Federal, prevê que o fundo de investimento responde diretamente pelas obrigações legais e contratuais por ele assumidas e os prestadores de serviço não respondem por essas obrigações, mas pelos prejuízos que causarem quando procederem com dolo ou má-fé. O PL aguarda sanção presidencial atualmente.

[56] Esta parte do argumento pode ser alterada a depender de como (e se) o Projeto de Lei de Conversão nº 21/2019, que tramita no Senado Federal será sancionado.

ficam sob tutela do administrador fiduciário, com uso de toda a sua estrutura lógica e informacional para salvaguardar tais informações.

No Brasil, sem prejuízo do papel central do administrador fiduciário no registro de cotistas[57], acreditamos que alguns outros prestadores de serviço do fundo possam ser caracterizados como controlador, tais como o custodiante, o gestor, o distribuidor, ou até mesmo o depositário central, no caso de fundos listados na B3. A depender do caso, algumas outras partes envolvidas na administração de recursos de terceiros, direta ou indiretamente, poderão se encaixar no conceito de operador, mas, seja como for, fato é que muitos *players* podem ser agentes de tratamento de dados, conforme detalharemos a seguir.

Outras questões interessantes serão abordadas neste capítulo, como a necessidade (ou não) de apontamento de um encarregado dos dados pessoais dos clientes/cotistas, o possível conflito de competências entre CVM, Banco Central e ANPD para regular a matéria, bem como a obrigação de notificação à Autoridade Nacional de Proteção de Dados em caso de vazamento ou incidente de segurança para os prestadores de serviços ligados à administração de recursos de terceiros.

Em caso positivo, é possível que esta premissa tenha de ser revisitada, uma vez que o fundo de investimento passaria a ter uma personalidade jurídica *sui generis* estabelecida em lei, e, logo, poderia, *a priori*, ser considerado controlador de dados pessoais.

57 Vide art. 12 e art. 90, I, "a", da Instrução CVM nº 555/14. De todo modo, o papel central atribuído ao administrador e aos outros prestadores de serviços na regulamentação aplicável também deve afastar o entendimento de que o fundo é o "controlador" dos dados pessoais dos cotistas. Ademais, em caso de algum incidente, caso o fundo seja eventualmente punido mais severamente como controlador dos dados pessoais, o prejuízo seria "socializado" junto aos cotistas do fundo, o que pode não ser uma solução inteligente sob ponto de vista econômico, uma vez que o agente que deve implementar esforços para evitar incidentes não será o fundo em si.

2.1. Controlador e Operador no Universo da Administração de Recursos de Terceiros

Tanto no Brasil, quanto no exterior, o fundo pode contratar terceiros devidamente habilitados para a prestação de serviços como controladoria de ativos e passivos, escrituração, gestão, distribuição, avaliador independente, etc. A parte que estiver prestando esses serviços pode ter acesso a informações pessoais dos cotistas em alguns casos. O escriturador, por exemplo, tem acesso à informação de quantas cotas cada cotista possui em seu nome, bem como dados pessoais como nome completo e CPF. O administrador, de regra, atua como controlador dos dados pessoais dos cotistas, na medida em que é o responsável pelo cadastramento e identificação dos cotistas, exceto no caso de distribuição por conta e ordem (art. 33, Instrução CVM nº 555/14). O gestor de recursos que distribua as cotas dos próprios fundos (art. 30, Instrução CVM nº 558/15) terá acesso primário aos dados cadastrais dos cotistas, e, portanto, também deverá resguardá-los na qualidade de controlador.

Indo adiante, é possível que estes prestadores de serviços sejam obrigados pelas normas da CVM a coletar e guardar dados pessoais dos cotistas e tenham de contratar terceiros para a consecução de serviços mais diversos. Por exemplo, não é incomum que o prestador responsável pela controladoria de passivo do fundo contrate uma solução (*software*) de terceiro para ajudá-lo a efetuar tais controles com a devida presteza. O art. 30 do Código ANBIMA de Serviços Qualificados determina que o participante responsável pela controladoria de passivos deve "atualizar as posições em nome de cada cotista pelo valor da cota", "no caso de cotas de fundos abertos, calcular, apurar e reter os tributos pertinentes a cada cotista", "no caso de cotas de fundos fechados e para as posições sem negociação no mercado secundário, calcular, apurar e reter os tributos pertinentes a cada cotista, desde que da posse das devidas informações". Ou seja, o controlador de passivos lida com informações pessoais dos cotistas, e, sendo assim, é possível que em algum cenário essas informações pessoais dos cotistas possam vir a ser acessadas por um prestador de serviços responsável pelo fornecimento do sistema, da tecnologia, de modo que este último poderá ser considerado como "operador", nos termos do art. 39 da LGPD.

A consequência em se enxergar os prestadores de serviços dos fundos de investimento e das carteiras administradas como controladores ou operadores de dados pessoais não é banal. Na verdade, muito pelo contrário. Algumas das obrigações que os agentes de tratamento passariam a ter de cumprir são: (i) manter o registro das operações de tratamento de dados pessoais que realizarem[58]; (ii) no caso do controlador, indicar encarregado para tratamento de dados pessoais[59]; (iii) reparar danos causados em razão do exercício da atividade de tratamento de dados pessoais[60]; (iv) adotar medidas de segurança, técnicas e administrativas aptas a proteger os dados pessoais de acessos não autorizados e de situações acidentais ou ilícitas de destruição, perda, alteração, comunicação ou qualquer forma de tratamento inadequado ou ilícito[61]; (v) no caso do controlador, comunicar à autoridade nacional e ao titular a ocorrência de incidente de segurança que possa acarretar risco ou dano relevante aos titulares; (vi) no caso do operador, comunicar ao controlador a ocorrência de incidente de segurança que possa acarretar risco ou dano relevante aos titulares.

2.2. Necessidade da Indicação de um Encarregado

A necessidade de indicação de um encarregado por parte do controlador é mais uma exigência da Lei 13.709/18 que possui

[58] BRASIL. Lei 13.709/18, art. 37.

[59] BRASIL. Lei 13.709/18, art. 41.

[60] BRASIL. Lei 13.709/18, art. 42.

[61] BRASIL. Lei 13.709/18, art. 46.

raízes da legislação comunitária europeia (GDPR), conforme explica Patrícia Peck Pinheiro, a exigência pela indicação de um encarregado pelo controlador em face das atividades relativa ao tratamento de dados busca garantir que as informações fiquem centralizadas e que o controlador irá se certificar de que a aplicação das normas receberá a efetiva validação[62].

Dentre as responsabilidades do encarregado, encontram-se: (i) aceitar reclamações e comunicações dos titulares, prestar esclarecimentos e adotar providências; (ii) receber comunicações da autoridade nacional e adotar providências; (iii) orientar os funcionários e os contratados da entidade a respeito das práticas a serem tomadas em relação à proteção de dados pessoais; e (iv) executar as demais atribuições determinadas pelo controlador ou estabelecidas em normas complementares[63].

As instituições aderentes ao Código ANBIMA ART já precisam indicar um responsável, dentro da instituição, pela segurança cibernética – o que inclui as ações tomadas pela instituição para proteger dados, obviamente. Assim, não seria desarrazoado imaginar que o caminho natural é que os profissionais indicados como responsável pela segurança cibernética sejam também apontados como "encarregado" ou *data protection officer*, para usar a terminologia da GDPR.

Neste tópico, vale rememorar que as instituições financeiras que atuam como administrador fiduciário, custodiante ou gestor de recursos de terceiros, já estão obrigadas a seguir as disposições da Resolução CMN 4.658/18, a qual exige que a instituição mantenha uma política de cibersegurança – formulada com base em princípios e diretrizes que busquem assegurar a confidencialidade, a integridade e a disponibilidade dos dados

[62] PINHEIRO, Patrícia Peck. Op. Cit., p. 26.

[63] BRASIL. Lei 13.709/18, art. 41.

– e indique um diretor responsável por segurança cibernética, pelo plano de ação e resposta a incidentes[64].

Aliás, não só para esse assunto, mas como para outros temas tratados na LGPD, é discussão interessante saber se a CVM ou o Banco Central teriam competência para punir os seus regulados caso uma conduta desrespeite à LGPD e, ao mesmo tempo, alguma disposição de resoluções ou instruções normativas das referidas entidades. Isto porque o art. 55-K da Lei 13.709/18 estabelece, de modo cristalino, que "a aplicação das sanções previstas nesta Lei compete exclusivamente à ANPD, cujas demais competências prevalecerão, no que se refere à proteção de dados pessoais, sobre as competências correlatas de outras entidades ou órgãos da administração pública". Em nossa opinião, qualquer penalidade que diga respeito a falhas na proteção de dados pessoais somente pode ser aplicada pela Autoridade Nacional de Proteção de Dados, ou caso houvesse algum acordo de cooperação entre a ANPD e eventual outro órgão da Administração Pública, quando haja eventual intersecção na atividade regulatória[65].

2.3. *Non bis in Idem* e a Competência da Autoridade Nacional de Proteção de Dados

O princípio do *non bis in idem* possui origem no direito penal e pode ser sintetizado da seguinte forma: "ninguém deve ser processado e punido duas vezes pela prática da mesma infração penal"[66].

Por não possuir disposição expressa na legislação, disputa-se como o preceito do *non bis in idem* deve ser entendido para

[64] BRASIL. Resolução CMN 4.658/18, art. 2º c/c art. 7º.

[65] BRASIL. Lei 13.709/18, art. 55-K, § único.

[66] NUCCI, Guilherme de Souza. **Manual de Direito Penal.** São Paulo: Revista dos Tribunais, 2008, p. 84.

o direito administrativo sancionador[67]. Isso é particularmente importante para entidades da administração pública que possuem competências que podem eventualmente ser similares, tais como o Banco Central do Brasil e a Comissão de Valores Mobiliários.

Apesar da falta da tal previsão expressa, a própria Comissão de Valores Mobiliários já reconheceu o aproveitamento do *non bis in idem* na esfera administrativa, justificada pelo princípio da segurança jurídica[68]-[69]. Ainda de acordo com o histórico de decisões da própria CVM, são três os requisitos básicos para a aplicação do princípio:(i) a identidade de sujeitos; (ii) a identidade de fatos; e (iii) a identidade de fundamentos entre acusações feitas em momentos distintos.

Bom, no caso da aplicação da Lei Geral de Proteção de Dados aos administradores, gestores, custodiantes, enfim, todos os *players* envolvidos com a administração de recursos de terceiros, de um jeito ou de outro, imaginamos que essa situação possa causar algumas controvérsias. Por exemplo, caso o administrador falhe na segurança da guarda dos dados pessoais dos cotistas de um fundo de investimento, que leve a um vazamento na *web* sobre os valores aplicados por determinada pessoa pública neste determinado veículo de investimento, qual seria a autoridade competente para aplicar sanções ao administrador? Certamente a autoridade nacional de proteção de dados poderia sancionar o controlador responsável – em nosso exemplo o administrador

[67] Nesse sentido, ver Processo Administrativo Sancionador CVM nº 03/2016; Processo Administrativo Sancionador CVM nº RJ2014/12838, dentre outros.

[68] Nesse sentido, ver o voto do então Diretor-Relator Eli Loria, no PAS CVM nº 03/2006, em julgamento de 01/12/2010.

[69] A Instrução CVM nº 608/19 (art. 62, § único), editada em 17 de junho de 2019, passou a reconhecer expressamente a possibilidade do Colegiado da CVM considerar punições aplicadas por outros órgãos administrativos como causa atenuante na dosimetria da pena do acusado.

– por falha de segurança na proteção dos dados pessoais dos cotistas. Contudo, também a CVM poderia processar o administrador pelo mesmo fato, com base em outros fundamentos?

Segundo o entendimento do Colegiado da CVM, a identidade de fundamentos não se dá quando as atividades sancionadoras dos dois órgãos se fundamentam em normas editadas para tutelar bens jurídicos distintos e que foram simultaneamente violadas mediante a prática de uma mesma conduta[70]. Esse argumento é utilizado para afastar arguições de descumprimento do princípio do *ne bis idem* em punições a administrados que já foram sancionados, pelo mesmo fato, pelo Banco Central do Brasil.

Em suma, o entendimento da CVM é que, se o fundamento legal for diferente na essência, isto é, se as normas servirem a tutelar bens jurídicos distintos, não há que se falar em conflito de competência ou *bis in idem*.

No caso em tela, no entanto, seria incorreto afirmar que o objetivo das regras da CVM que exigem que o administrador de carteiras (seja na categoria gestor ou administrador fiduciário) atue com a devida diligência perante os clientes é distinto do objetivo das regras de proteção aos dados pessoais da Autoridade Nacional de Proteção de Dados. Considerar que o fato da CVM proteger o mercado de capitais, e a ANPD os dados pessoais, elimina o conflito de competência, e a possibilidade de *bis in idem* seria racional assaz simplista, porquanto aceitar tal afirmação significaria que nunca haveria, no fim das contas, qualquer cumulação indevida de penalidades entre ANPD e CVM.

Entendemos que, no caso, *a priori*, ambas as normas aplicadas ao caso concreto visariam punir o agente que não protegeu os dados pessoais do investidor.

[70] Vide PAS CVM 11/2002, PAS CVM RJ2013/6183.

Em adição, a Lei 13.709/18 é muito clara no sentido de que as competências da ANPD prevalecerão em relação às competências das demais entidades da administração pública em relação à proteção de dados pessoais (art. 55-K). Por essas razões é que entendemos que somente a ANPD teria competência para punir aos administradores, gestores, escrituradores ou custodiantes em caso de violação a regras de proteção de dados pessoais previstas na Lei 13.709/18.

Seja como for, uma saída viável para esclarecer a competência tanto da CVM quanto da Autoridade Nacional de Proteção de Dados seria a celebração de um memorando de entendimento e cooperação entre ambas as entidades governamentais. Isso ocorreu no Reino Unido recentemente, onde a *Information Comissioner* (ICO) – o equivalente a ANPD no Brasil – celebrou MoU com a *Financial Conduct Authority* (FCA), esta última responsável por regular o mercado financeiro e de capitais no Reino Unido[71]. Neste documento, foram estabelecidas as bases para o compartilhamento de informações entre as entidades, bem como a cooperação no *enforcement* de suas respectivas regras. As duas entidades partiram da premissa que ambas possuem competências complementares e devem trabalhar em conjunto em algumas situações, para unir forças na regulamentação da proteção de dados pessoais. De todo modo, o assunto é novidade mesmo no Reino Unido, onde a primeira multa relevante aplicada pela autoridade do mercado financeiro e de capitais por uma caso de falha em controles de cibersegurança ocorreu somente em outubro de 2018[72]. Ademais, é interessante notar que a empresa multada neste caso – a *Tesco Personal Finance PLC* (Tesco Bank) – foi acusada pela FCA de quebra do dever de dili-

[71] Disponível em https://ico.org.uk/media/2614342/financial-conduct-authority-ico-mou.pdf. Acesso em 15/04/2019.

[72] Disponível em https://www.fca.org.uk/news/press-releases/fca-fines-tesco-bank-failures-2016-cyber-attack. Acesso em 15/04/2019.

gência, cuidado e presteza, o que é bastante similar à disposição principiológica do art. 16, I da Instrução CVM nº 558/15.

Voltando ao cenário brasileiro, parece-nos interessante nos preocuparmos com o que ocorrerá caso a CVM interprete como quebra do dever de diligência uma falha de segurança de um, digamos, gestor de recursos de terceiros que acarrete no vazamento de milhares de dados pessoais dos cotistas. Não é nossa intenção nos arriscar demasiadamente em terreno desconhecido aqui, mas parece plausível especular que poderia haver um acordo de cooperação entre ANPD, CVM e/ou Banco Central, a fim de evitar *bis in idem* e somar esforços na investigação de condutas reprováveis sob o ponto de vista da proteção de dados.

Para concluir este tópico, cumpre frisar que a LGPD prevê, em caso de descumprimento das obrigações lá previstas, que as sanções aplicáveis são as seguintes: (i) advertência, com indicação de prazo para adoção de medidas corretivas; (ii) multa simples, de até 2% (dois por cento) do faturamento da pessoa jurídica de direito privado, grupo ou conglomerado no Brasil no seu último exercício, excluídos os tributos, limitada, no total, a R$ 50.000.000,00 (cinquenta milhões de reais) por infração; (iii) multa diária, observado o limite total a que se refere o inciso II; (iv) publicização da infração após devidamente apurada e confirmada a sua ocorrência; (v) bloqueio dos dados pessoais a que se refere a infração até a sua regularização; (vi) eliminação dos dados pessoais a que se refere a infração[73].

2.4. Necessidade da Comunicação de Ocorrências à ANPD

O artigo 48 da Lei 13.709/18 determina que o controlador deve comunicar à autoridade nacional e ao titular a ocorrência de incidente de segurança que possa acarretar risco ou dano relevante aos titulares. O parágrafo primeiro estipula ainda que

[73] BRASIL. Lei 13.709/18, art. 52.

a comunicação deve ser feita em prazo razoável e deve mencionar no mínimo (i) a natureza dos dados pessoais afetados; (ii) informações sobre os titulares envolvidos; (iii) a indicação das medidas técnicas e de segurança utilizada para a proteção dos dados, observados os segredos comercial e industrial; (iv) os riscos relacionados ao incidente; (v) os motivos da demora, caso a comunicação não tenha sido imediata; (vi) as medidas que foram ou serão tomadas para reverter ou mitigar os efeitos do prejuízo causado.

Trata-se de dispositivo também com inspiração na regulamentação do direito comunitário europeu, na medida em que a GDPR expressa no seu art. 33 a obrigação de comunicação à autoridade competente, em até 72 (setenta e duas) horas após ter conhecimento do ocorrido.

Como concluímos que os prestadores de serviço do fundo e das carteiras administradas podem ser considerados controladores para fins da Lei Geral de Proteção de Dados, é conjectura óbvia que passarão a ter de cumprir também com a disposição aqui tratada.

É interessante neste tópico abrir um parêntesis para mais um possível acúmulo desnecessário de competências que pode vir a ocorrer no âmbito dos fundos de investimento. Por exemplo, caso um distribuidor por conta e ordem (e que, como tal, possui obrigações de cadastro dos cotistas dos fundos que distribui[74]), o qual seja também regulado por Banco Central e CVM, venha a se envolver em um caso de falha de segurança cibernética que causou a perda de dados pessoais de seus clientes, estará sujeito (i) à obrigação de comunicar a autoridade nacional (art. 33, LGPD); (ii) à obrigação de comunicação ao Banco Central do Brasil (art. 20, III, Res. CMN nº 4.658); e, por último (iii) à obrigação de comunicar à CVM, já que esta autarquia possui a

[74] Vide art. 33 da Instrução CVM nº 555/14.

audiência pública 05/2018 em fase de análise, em que pretende reformar a Instrução CVM nº 505 para prever a necessidade de comunicação de incidentes de segurança cibernética à SMI em até 24 (vinte e quatro) horas, a contar do evento.

3. Partes Estrangeiras na Administração de Recursos de Terceiros no Brasil – Alguns Exemplos

O objetivo do presente capítulo é apresentar algumas possibilidades de estruturas de investimento geridos por terceiros profissionais em que partes estrangeiras estejam envolvidas, seja diretamente ou indiretamente.

3.1. Veículos de Investimento *Offshore*

O primeiro caso a ser tratado é do veículo de investimento no exterior, normalmente constituído em um paraíso fiscal, que é gerido por gestor de recursos brasileiro. Nesse cenário, a despeito de não se aplicarem as normas da Comissão de Valores Mobiliários por faltar-lhe competência territorial[75], pode suceder a transferência internacional de dados a que se refere o artigo 33 da Lei nº 13.709/18.

A primeira possibilidade que pode dar ensejo à incidência da LGPD ocorre se a legislação local – da jurisdição em que veículo de investimento estrangeiro foi constituído – exigir o envio de dados pessoais dos administradores, sócios ou funcionários

[75] Esta é uma conclusão nossa, por não haver disposição expressa sobre esse assunto na Instrução CVM nº 558/15. Entretanto, a CVM entende que tem competência para "reconhecer" agências de classificação de risco de crédito não domiciliadas no Brasil que classifiquem créditos no âmbito do mercado nacional de valores mobiliários (art. 2º c/c art. 6º, Instrução CVM nº 521/12). De modo similar, a autarquia pretende inserir na Instrução CVM nº 592/18 dispositivo que trate do reconhecimento, pela CVM, de consultores pessoas naturais ou jurídicas não domiciliados no Brasil e que prestem serviços referentes ao Brasil (ver Audiência Pública SDM nº 01/19).

da empresa que fará a gestão dos recursos de tal veículo. Nesse caso, é recomendável que o gestor brasileiro se certifique de que os seus administradores, sócios e/ou funcionários estejam cientes e tenham manifestado adesão expressa à esta possibilidade, por meio de termo de ciência ou qualquer instrumento análogo. Outra saída poderia ser a comprovação de que o país estrangeiro que demanda a informação possui grau de proteção equivalente ou mais elevado em relação àquele oferecido pela legislação brasileira.

Adicionalmente, é possível que o veículo *offshore* possua um ou outro investidor brasileiro dentre os seus cotistas. Apesar de não ser comum a realização de esforços ostensivos de venda no Brasil, para fugir da caracterização como oferta pública de valores mobiliários e consequente necessidade de prévio registro na CVM[76], pode ser que o veículo *offshore* colete dados de *leads* brasileiros e realize reuniões individuais ou reservadas com alguns poucos investidores. Nesse contexto, cumpre ressaltar que as disposições da LGPD se aplicam quando a atividade de tratamento tenha por objetivo a oferta ou o fornecimento de bens ou serviços, ou o tratamento de dados de indivíduos localizados no território nacional (art. 3º, II, Lei nº 13.709/18).

Cenário interessante é o do veículo *offshore* que não ofertou serviços a investidores residentes no Brasil, mas passados poucos anos, alguns de seus investidores/quotistas que residiam em outras jurisdições passaram a residir no território brasi-

[76] BRASIL. Lei nº 6.385/76, Art. 19. Nenhuma emissão pública de valores mobiliários será distribuída no mercado sem prévio registro na Comissão: (...) § 3º – Caracterizam a emissão pública: I – a utilização de listas ou boletins de venda ou subscrição, folhetos, prospectos ou anúncios destinados ao público; II – a procura de subscritores ou adquirentes para os títulos por meio de empregados, agentes ou corretores; III – a negociação feita em loja, escritório ou estabelecimento aberto ao público, ou com a utilização dos serviços públicos de comunicação.

leiro. Nesse caso, entendemos que as disposições da LGPD não se aplicariam, pois o serviço não foi ofertado ou "fornecido" a indivíduo localizado em território nacional. Esse "legado' do veículo estrangeiro não deveria estar sujeito à Lei nº 13.709/18, mas o assunto já se apresenta como controvertido, de fato.

A relevância do caso dos veículos *offshore* – sejam eles análogos aos fundos de investimento ou a uma carteira administrada – se dá muito por conta do valor do patrimônio líquido sob administração deste tipo de veículo, que chega a cerca de R$ 40.454.000.000,00 (quarenta bilhões, quatrocentos e cinquenta e quatro milhões de reais)[77]. É importante que as gestoras brasileiras estejam atentas a estas regras para evitar multas da Autoridade Nacional de Proteção de Dados ou punições judiciais em ações propostas por ex-sócios, administradores e/ou funcionários.

3.2. Investimentos no Exterior por Veículo de Investimento Brasileiro

O segundo caso consiste na transferência internacional de dados de investidores brasileiros para o agentes estrangeiros quando fundos locais investem em veículos de investimento no exterior, hipótese bastante ordinária, como mostraremos abaixo.

Consoante ao disposto no art. 98 da Instrução CVM 555, é lícito ao fundo de investimento realizar investimentos em ativos financeiros no exterior, desde que haja previsão para tal em seu regulamento. O art. 99 da mesma instrução normativa determina quais os requisitos para que possa ocorrer o investimento em fundos ou veículos de investimento constituídos no exterior, de sorte que não há qualquer ilegalidade nesse tipo de estrutura.

[77] Consolidado diário de fundos de investimento ANBIMA, 09/04/2019.

Outrossim, o art. 12 da Instrução CVM 578 – responsável por normatizar especificamente os fundos de investimento em participações – deixa claro que o referido fundo pode investir até 20% (vinte por cento) de seu capital subscrito em ativos financeiros emitidos no exterior.

Indo mais adiante, a Resolução CMN nº 4.661/18 admite que as entidades fechadas de previdência complementar – denominados vulgarmente de "fundos de pensão" – possam investir parte de seus ativos no exterior[78], inclusive em veículos de investimento, desde que respeitados alguns pré-requisitos, tal como, que os gestores de fundos de investimento no exterior estejam em funcionamento há mais de cinco anos e tenham patrimônio gerido superior a cinco bilhões de dólares. Esse investimento pelos fundos de pensão em veículos de investimento coletivo constituídos no exterior pode se dar tanto por meio de um fundo de investimento local, como também diretamente, sem intermediário.

Pois bem, tendo esses pressupostos em mente, imaginemos a seguinte estrutura:

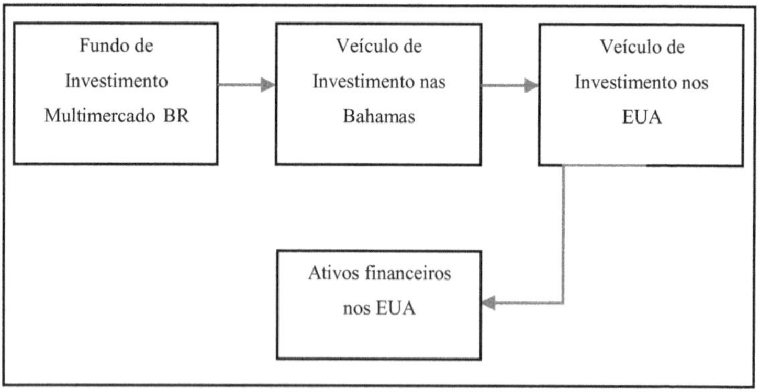

[78] De acordo com o art. 26 da Res. CMN 4.661, as EFPC podem investir até 10% (dez por cento) dos recursos garantidores de cada plano no exterior.

Nesse exemplo, relativamente corriqueiro na prática de mercado, pode ser que o veículo de investimento nas Bahamas precise obter informações dos cotistas do fundo multimercado, seja para finalidades de estratégia comercial, *compliance* ou de identificação do beneficiário final. Nessa hipótese, os advogados da estrutura local no Brasil podem ter de se preocupar se as leis das Bahamas proporcionam ou não grau adequado de proteção aos dados pessoais, o que será definido pela Autoridade Nacional de Proteção de Dados, como extraímos do artigo seguinte da LGPD (art. 34)[79]. Hipoteticamente, caso as Bahamas não figurassem nesta lista, seria necessário possuir outra base para a utilização da estrutura, na forma do art. 33 da Lei nº 13.709/18, que poderia ser: (i) o oferecimento pelo veículo de investimento das Bahamas (suponhamos uma *limited partnership*) de garantias de cumprimento dos direitos do titular e do regime de proteção de dados previstos na Lei nº 13.709/18; (ii) quando o titular (investidor) tiver fornecido o seu consentimento específico e em destaque para a transferência, com informação prévia sobre o caráter internacional da operação, distinguindo claramente esta de outras finalidades; (iii) quando necessária a transferência para cumprimento de obrigação legal do controlador.

Para o item (i) acima, vale rememorar que os veículos de investimento no exterior normalmente não possuem forma jurídica de condomínio[80], como ocorre no direito positivo brasileiro. Em outras palavras, o veículo estrangeiro, neste caso,

[79] BRASIL. Lei 13.709/18, art. 34. O nível de proteção de dados do país estrangeiro ou do organismo internacional mencionado no inciso I do caput do art. 33 desta Lei será avaliado pela autoridade nacional, que levará em consideração (...).

[80] Trata-se de uma generalização, é bem verdade. Por exemplo, as Bahamas recentemente criaram uma figura denominada *Bahamas investment condominium* (ICON), sem personalidade jurídica. Mas não é demais lembrar que tal figura

provavelmente possuiria capacidade jurídica para se comprometer a respeitar tais requisitos, seja por meio de uma *side letter* ou mesmo um contrato a ser celebrado com o administrador e o gestor do veículo local.

No que se refere a hipótese (ii), seria necessário que o investidor pessoa natural, quando da assinatura de termo de adesão ao regulamento do fundo e/ou boletim de subscrição, se declarasse plenamente ciente da possibilidade da transferência internacional de dados. No entanto, esta solução pode ser imperfeita e indesejada, não somente por criar um desgaste comercial desnecessário, mas também porque caso o subscritor do fundo local, nesse nosso exemplo, seja um outro fundo ou sociedade, a declaração de ciência da pessoa jurídica ou do fundo não seria suficiente para permitir o envio de dados pessoais do investidor/beneficiário final aos veículos ou prestadores de serviço estrangeiros. É dizer, pode ser que seja operacionalmente difícil obter o consentimento das pessoas naturais que teriam seus dados pessoais enviados para tratamento no exterior.

O item (iii) acima, por sua vez, pode ser uma interessante saída para quando o receptor das informações estiver demandando-a por conta da existência de obrigações legais perante os governos locais. Na incidência dessa situação, é possível que uma declaração do veículo estrangeiro confirmando que as informações são solicitadas para atendimento a mandamentos legais seja suficiente, já que o controlador de dados brasileiro (que seria o administrador fiduciário, o gestor, ou o custodiante, a depender de cada caso) poderia ter inclusive uma obrigação legal de cooperar com a parte estrangeira.

Na estrutura mencionada nesse tópico, também seria valioso incluir nos fatores de risco do fundo local a possibilidade de

fora criada justamente para acomodar investidores brasileiros acostumados com a forma condominial dos fundos de investimento nacionais.

multas pela autoridade brasileira de proteção de dados, em caso de descumprimento da LGPD pelo controlador local ou estrangeiro. Aqui vale reparar que mesmo que o subscritor seja pessoa jurídica, uma multa aplicada ao veículo estrangeiro (enquanto sociedade e sujeita de direitos) pode impactar na rentabilidade de todos os investidores, pessoas naturais ou não.

Multas aplicadas pela autoridade de proteção de dados não seriam impossíveis de se imaginar, por exemplo, caso uma falha de segurança permitisse que um *hacker* obtenha os dados pessoais dos beneficiários finais brasileiros que investem, por meio de um fundo local, em um veículo de investimento em um paraíso fiscal e divulgasse tais dados na *web*, por exemplo[81].

Ademais, seria importante que os subscritores do fundo local provessem algumas declarações de ciência a respeito da estrutura e uso de seus dados pessoais (se aplicável).

3.3. Carteiras Administradas de Investidores Brasileiros com Gestor Estrangeiro

Neste tópico, o problema será bastante similar ao apresentado no item 4.1. Isto porque o gestor estrangeiro irá certamente coletar dados pessoais do investidor brasileiro, seja para fins cadastrais, de *suitability*, prevenção à lavagem de dinheiro, e daí em diante.

Conforme já mencionamos, a LGPD é uma lei de eficácia extraterritorial, na medida em que se aplica a qualquer operação de tratamento realizada por pessoa natural ou por pessoa jurídica de direito público ou privado, independentemente do meio, do país de sua sede ou do país onde estejam localizados os dados, desde que: (i) a operação de tratamento seja realizada no território nacional; (ii) a atividade de tratamento tenha por

[81] Esse cenário poderia indicar a não adoção, pelo controlador estrangeiro, das medidas protetivas exigidas pelo art. 46 da Lei nº 13.709/18.

objetivo a oferta ou o fornecimento de bens ou serviços ou o tratamento de dados de indivíduos localizados no território nacional; ou (iii) os dados pessoais objeto do tratamento tenham sido coletados no território nacional. Ademais, a LGPD considera coletados no território nacional os dados pessoais cujo titular nele se encontre no momento da coleta.

Pois bem, quando um investidor residente no território nacional possui uma carteira administrada no exterior, por qualquer veículo que seja, o gestor estrangeiro deve respeitar as disposições da LGPD. Essa é a única conclusão a se extrair do art. 3º, II da Lei nº 13.709/18.

Daí decorre que o investidor brasileiro poderá, por exemplo, ter direito de acesso aos seus dados e o direito de portabilidade (art. 18, LGPD). Decorre também desta conclusão, que o controlador ou agente de tratamento de dados pessoais (no caso o gestor estrangeiro) poderá estar sujeito a sanções administrativas aplicáveis pela Autoridade Nacional de Proteção da Dados, as quais já detalhamos mais acima.

3.4. Participações Diretas de Investidores Brasileiros em Veículos de Investimento Estrangeiros

Assim como no caso da carteira administrada no exterior, caso um investidor brasileiro detenha participação direta em veículo de investimento no exterior, é muito provável que a entidade estrangeira tenha de coletar informações pessoais de seu investidor brasileiro, fazendo incidir as disposições da Lei Geral de Proteção de Dados.

Atualmente, já é bastante comum que fundos e carteiras administradas no exterior possuam em seus kits de documentação um documento intitulado "*privacy notice*", em que o investidor residente na Europa é informado acerca da forma de tratamento de seus dados pessoais e a respectiva base legal (i.e. legítimo interesse).

Apenas para exemplificar, suponhamos um *hedge fund* norte-americano, constituído na forma de *limited partnership*, de acordo com as leis do Estado de Delaware, ofertado privadamente a investidores brasileiros e de outras nacionalidades. Nesse caso hipotético, após a entrada em vigor da LGPD, o fundo em questão teria de atualizar os seus documentos de colocação (i.e. *private placement memo*; *privacy notice*), para esclarecer aos investidores e potenciais investidores brasileiros em que casos, e sob qual base legal, as suas informações podem ser coletadas e tratadas pelo controlador, no caso o fundo estrangeiro.

Como falamos acima, é muito comum nas estruturas de *hedge funds* que buscam investidores internacionais, a previsão de diversas disposições que versam sobre o tratamento dos dados de investidores europeus, para fins de atendimento à GDPR. A novidade após a entrada em vigor da LGPD é que os advogados brasileiros dos investidores nacionais deverão se preocupar sobre como os dados de seus clientes são coletados e tratados pelo fundo investido. Qual a base legal utilizada para o tratamento destes dados? Em algumas estruturas notamos o uso do legítimo interesse como base legal indicada nos documentos do fundo.

Mas a preocupação com a base legal e a legalidade do tratamento dos dados pessoais dos investidores não será exclusiva do ponto de vista dos investidores nacionais. Tais assuntos também podem ser relevantes sob ponto de vista dos riscos do fundo estrangeiro em si e dos demais investidores, uma vez que infrações podem gerar consequências à *limited partnership* como um todo. Exemplificando, se um *hedge fund* estrangeiro inseriu em seus documentos que a base legal para tratamento de determinados dados pessoais dos investidores seria "o cumprimento de obrigação legal ou regulatória"[82], mas na verdade

[82] BRASIL. Lei 13.709/18, art. 7, II.

tais obrigações legais inexistem, a *lawful basis* para o tratamento foi erroneamente informada para o titular dos dados, o que poderia em tese acarretar em sanções pecuniárias da Autoridade Nacional de Dados ao fundo estrangeiro, conforme a competência extraterritorial desta entidade e a eficácia extraterritorial da LGPD. Importante destacar, ademais, que não é recomendável a mudança da base legal que é utilizada para tratamento dos dados pessoais. Ou seja, se a base legal para o processamento dos dados pessoais de um determinado investidor é o consentimento, e o investidor revoga tal consentimento, o controlador (no caso, o fundo) não poderia – pelo menos de acordo com a interpretação atualmente mais aceita da GDPR – continuar a tratar os dados pessoais de tal investidor com base no legítimo interesse[83].

Além da base legal para tratamento dos dados pessoais de cada investidor, um outro ponto de atenção neste tipo de estrutura é a transferência internacional de dados. De acordo com o conceito previsto na Lei nº 13.709/18, a transferência internacional de dados consiste na transferência de dados pessoais para país estrangeiro ou organismo internacional do qual o país seja membro. Conforme art. 33, IX da LGPD, a transferência internacional de dados pode ocorrer, por exemplo, quando necessária para cumprimento de alguma obrigação legal ou regulamentar do controlador, o que poderia funcionar como uma justificativa plausível para diversas informações pessoais que o fundo estrangeiro deve manter dos investidores brasileiros para fins de KYC ou PLD. Nesse sentido, é importante que os documentos de oferta ou colocação privada do fundo estran-

[83] Vide, por exemplo, esclarecimento da ICO (UK) sobre o tema. Disponível em: https://ico.org.uk/for-organisations/guide-to-data-protection/guide-to-the-general-data-protection-regulation-gdpr/lawful-basis-for-processing. Acesso em 30/05/2019.

geiro distribuído a investidores brasileiros tenham previsões a respeito deste tema, seja para informar ou para direcionar o consentimento do investidor, conforme a base legal eleita para a transferência internacional dos dados pessoais.

3.5. Transferências Internacionais de Dados no Mercado de Administração de Recursos de Terceiros e Sigilo Bancário

O art. 1º, *caput*, da Lei Complementar nº 105/01 ("LC 105/01") impõe o dever de sigilo às instituições financeiras ou equiparadas, tanto em suas operações ativas, quanto nas passivas, bem como nos serviços prestados pelas mesmas (*i.e.* custódia, cobrança de títulos).

Há certa disputa, em especial em decisões judiciais sobre o assunto, sobre o fundamento constitucional do sigilo bancário positivado pela LC 105/01, mais precisamente, se ele reside nos termos do art. 5º, X – que declara a inviolabilidade da intimidade, da vida privada, da honra e da imagem das pessoas – ou no art. 5º, XII – o qual declara a inviolabilidade do sigilo de correspondência e das comunicações telegráficas, de dados e das comunicações telefônicas. Sobre esta contenda, há decisões do STF e do STJ, com base em um ou outro artigo. Em resumo, a controvérsia está em saber se a proteção do sigilo bancário seria parte da sistemática de guarida aos dados pessoais dos cidadãos ou não. A respeito dessa indagação, Carlos Alberto Hagstrom opina com veemência:

> De fato, é notório que o sistema bancário opera, na atualidade, calcado essencialmente na utilização de sistemas de informática. No entanto, parece evidente que os estabelecimentos bancários não são bancos de dados no sentido comum, nem funcionam como bancos de dados pessoais. Seja como for, a meu ver, para fins de fundamentação jurídica (em nível constitucional) do sigilo bancário, melhor será separar, como se fez nos países europeus, as

operações bancárias, como parte da intimidade econômica, de um lado, e a proteção da dados pessoais, de outro[84].

Pois, trazendo o assunto para a realidade deste trabalho, é importante considerar que, de acordo com a Instrução CVM nº 558/15: (i) as instituições que atuam como administradores de carteira na categoria "administrador fiduciário" ou "administrador pleno" devem ser instituições financeiras ou cumprir requisitos patrimoniais mínimos que são razoavelmente custosos; e (ii) diversas instituições que atuam como administradores de carteira de fundos de investimento, na categoria "gestor", são instituições financeiras, apesar de não existir tal requisito na regulamentação aplicável; entendemos ser providencial o presente tópico para discutir em que medida as normas da Lei Geral de Proteção de Dados podem ser importantes para estas instituições, mesmo que já cumpram com o disposto na LC nº 105/01.

A polêmica sobre em que medida as instituições financeiras (inclusive administradores, custodiantes e gestoras de recursos de terceiros) precisam se preocupar com as normas específicas de proteção de dados, uma vez que já estão obrigadas a respeitar o sigilo bancário dos clientes, não se cinge ao Brasil, logicamente. Fato é que, no exterior, após a edição do GDPR, muitos bancos entenderam que não precisariam se preocupar com as novas regras da referida legislação, uma vez que já estavam aderentes à lei suíça do sigilo bancário. Apesar das semelhanças entre o arcabouço normativo que protege o sigilo bancário e aquele que protege os dados pessoais dos cidadãos, compreendemos que existem diferenças consideráveis, tanto no Brasil,

[84] HAGSTROM, Carlos Alberto. **Comentários à lei do sigilo bancário: Lei Complementar nº 105, de 10 de janeiro de 2001.** Porto Alegre, Sergio Antonio Fabris Ed., 2009.

quanto no exterior. Nesse sentido, encontramos um artigo que habilmente expõe as distinções entre ambos os regimes jurídicos, o qual entendemos ser útil à realidade brasileira, *mutatis mutandis*. Conforme trecho destacado abaixo:

> *However, banking secrecy predominantly addresses the security of personal data within a bank in terms of confidentiality. Data protection legislation goes beyond preventing the disclosure of personal data. It governs the processing of personal data, provides rights to data subjects and confers duties on data controllers and processors. Therefore, complying with banking secrecy laws does not relieve Swiss banks from complying with data protection legislation.* [85]

No caso do Brasil, cumpre observar que (i) o conceito de dados pessoais da Lei 13.709/18 é mais amplo do que as informações que a doutrina e a jurisprudência entendem estar abarcadas pela lei de sigilo bancário; (ii) a Lei Geral de Proteção de Dados confere uma série de direitos ao titular de dados que a Lei Complementar do Sigilo Bancário não confere; (iii) a Lei Geral de Proteção de Dados estabelece uma série de deveres aos controladores (que seriam as instituições financeiras, no caso que estamos tratando neste tópico), que não encontram correspondentes exatos na LC nº 105/01; (iv) a Lei Geral de Proteção de Dados estabelece poderes a um regulador para deter-

[85] Disponível em: https://www.pwc.ch/en/publications/2017/gdpr_banking_industry_report_en.pdf. Acesso em: 18/04/2019. Em tradução livre, o trecho destacado acima diz: "Entretanto, o sigilo bancário diz respeito, predominantemente, à segurança dos dados pessoais sob poder do banco em termos de confidencialidade. A legislação de proteção de dados vai além, impedindo a abertura de dados pessoais. Regula o processamento de dados pessoais, provê direitos para os titulares dos dados e confere deveres aos controladores e operadores. Portanto, cumprir com as leis de sigilo bancário não faz com que os bancos suíços estejam livres de cumprir com a legislação de sigilo dos dados pessoais".

minar medidas administrativas e sancionar os seus regulados por infrações.

Parece-nos que a diferença basilar entre um e outro regime jurídico está no fato de que a sistemática de proteção ao sigilo de dados visa tutelar não apenas a confidencialidade na guarda de tais informações, mas também a forma de coleta, produção, recepção, classificação, utilização, acesso, reprodução, transmissão, distribuição, processamento, arquivamento, eliminação, avaliação ou controle, modificação, comunicação, transferência, difusão ou extração dos dados pessoais[86].

São pelas razões colocadas acima, por exemplo, que acreditamos ser recomendável a adaptação dos documentos de ofertas de fundos nacionais que investem em veículos de investimento no exterior, sempre que estes últimos puderem, em tese, ter acesso às informações pessoais dos clientes no Brasil, ou em caso de carteira administrada/fundo de investimento no exterior para clientes brasileiros, mesmo nos casos em que o investidor já costumava consentir com a flexibilização das regras do sigilo bancário para permitir o compartilhamento de informações entre as instituições envolvidas na estrutura de investimento. Em todas as situações as quais elencamos nos itens 4.1. a 4.3. *supra*, somos da opinião de que os documentos deverão ser atualizados para prever o consentimento dos investidores em relação à possibilidade de transferência internacional de dados, na forma do art. 33, VIII da Lei nº 13.709/18, salvo se (i) o país destinatário da informação proporcione grau de proteção de dados adequado ao previsto pela LGPD, de acordo com os critérios a serem determinados pela ANPD, (ii) o controlador ofereça garantias de cumprimento dos princípios, dos direitos do

[86] Vide art. 5º, X, Lei 13.709/18. A lei do sigilo bancário (LC 105/01) visa tutelar, grosso modo, o armazenamento e a confidencialidade das informações bancárias dos clientes de instituições financeiras ou equiparadas.

titular e do regime de proteção de dados previstos na LGPD, ou (iii) caso alguma outra exceção do art. 33 da LGPD se aplique[87].

3.6. FATCA, CRS, Sigilo Bancário e a Transferência Internacional de Dados na LGPD

O *Foreign Account Tax Compliance Act* (FATCA) é uma legislação norte-americana que, em geral, requer que instituições financeiras localizadas fora dos Estados Unidos da América reportem os ativos detidos junto a sua instituição por "pessoas dos Estados Unidos", ou que estejam sujeitos à retenção de pagamentos na fonte[88].

O FATCA é, portanto, uma legislação com efeitos extraterritoriais, a qual somente gera efeitos no Brasil por força de um acordo intergovernamental (IGA) celebrado entre a República Federativa do Brasil e os Estados Unidos da América em 20 de março de 2007, posteriormente internalizado pelo Decreto n 8.003, de 15 de março de 2013.

[87] São elas: (i) quando a transferência for necessária para a cooperação jurídica internacional entre órgãos públicos de inteligência, de investigação e de persecução, de acordo com os instrumentos de direito internacional; (ii) quando a transferência for necessária para a proteção da vida ou da incolumidade física do titular ou de terceiro; (iii) quando a autoridade nacional autorizar a transferência; (iv) quando a transferência resultar em compromisso assumido em acordo de cooperação internacional; (v) quando a transferência for necessária para a execução de política pública ou atribuição legal do serviço público, sendo dada publicidade nos termos do inciso I do caput do art. 23 da LGPD; (vi) quando necessário para atender as hipóteses previstas nos incisos II, V e VI do art. 7º da LGPD (para cumprimento de obrigação legal pelo controlador, quando necessário para a execução de contrato ou de procedimentos preliminares relacionados a contrato do qual seja parte o titular, a pedido do titular dos dados, ou para o exercício regular de direitos em processo judicial, administrativo ou arbitral).

[88] Disponível em https://www.irs.gov/businesses/corporations/foreign-account-tax-compliance-act-fatca. Acesso em 01/05/2019.

Em 23 de setembro de 2014, foi assinado um outro IGA que disciplinou a troca de informações de modo automático para fins do FATCA, este internalizado em 24 de agosto de 2015.

Além da adesão ao FATCA, o Brasil também aderiu a outro complexo sistema internacional de troca de informações de contribuintes, o chamado CRS, que contava já com cerca de 103 países quando de sua internalização no Brasil[89]. De acordo com o site oficial do Itamaraty:

> O Governo brasileiro depositou, em 01/06/2016, junto à Organização para a Cooperação e o Desenvolvimento Econômico (OCDE), em Paris, o instrumento de ratificação da Convenção Multilateral sobre Assistência Administrativa Mútua em Matéria Fiscal ("Convenção Multilateral"). O Brasil firmou o instrumento em 2011, o qual foi aprovado pelo Congresso Nacional, em abril de 2016, e promulgado, por meio do Decreto nº 8.842, em 30 agosto de 2016.

No cenário interno, a IN RF nº 1.680/16 disciplina que a entrega de informações das contas financeiras, por meio da e-Financeira, deve ser realizada de acordo com o *common reporting standard* ("CRS"). Todo o mecanismo é bem sumarizado abaixo:

> *Under the standard, jurisdictions obtain financial information from their financial institutions and automatically exchange that information with other jurisdictions on an annual basis. The standard consists of two components: a) the CRS, which contains the reporting and due diligence rules and b) the Model CAA, which contains the detailed rules on the*

[89] Disponível em: http://receita.economia.gov.br/noticias/ascom/2016/agosto/promulgada-convencao-multilateral-para-intercambio-internacional-de-informacoes-tributarias. Acesso em 01/05/2019.

exchange of information. To prevent circumventing the CRS it is designed with a broad scope across three dimensions: The financial information to be reported with respect to reportable accounts includes all types of investment income (including interest, dividends, income from certain insurance contracts and other similar types of income) but also account balances and sales proceeds from financial assets. The financial institutions that are required to report under the CRS do not only include banks and custodians but also other financial institutions such as brokers, certain collective investment vehicles and certain insurance companies.-Reportable accounts include accounts held by individuals and entities (which includes trusts and foundations), and the standard includes a requirement to look through passive entities to report on the individuals that ultimately control these entities. The CRS also describes the due diligence procedures that must be followed by financial institutions to identify reportable accounts. The CRS will need to be translated into domestic law, whereas the CAA can be executed within existing legal frameworks such as Article 6 of the Multilateral Convention on Mutual Administrative Assistance in Tax Matters or the equivalent of Article 26 in a bilateral tax treaty. Before entering into a reciprocal agreement to exchange information automatically with another country, it is essential that the receiving country has the legal framework and administrative capacity and processes in place to ensure the confidentiality of the information received and that such information is only used forthe purposes specified in the instrument.Consistent with previous OECD work in the area of automatic exchange, the common standard is intended to be used by those jurisdictions wishing to automatically exchange financial account information. Its aim is to avoid a proliferation of different standards which would increase costs for both governments and financial institutions.

Dito isto, resta saber se as informações requeridas pela IN RF nº 1.680/16 estão protegidas pelo sigilo bancário. Caso a instituição financeira deixe de apresentar tais dados à Receita Federal, poderia ser penalizada?

O Supremo Tribunal Federal ainda não se manifestou de modo categórico sobre o tema, mas é fato que progressivamente os países vem cada vez mais flexibilizando as regras de sigilo bancário em troca de uma cooperação internacional efetiva sobre as movimentações financeiras dos cidadãos, com vistas a combater crimes tais como lavagem de dinheiro, evasão de divisas e sonegação. Sem prejuízo, é verdade que o Plenário do STF já decidiu, em 2016, quando do julgamento de cinco processos que questionavam dispositivos da LC 105/01, que é permitido à Receita Federal receber dados bancários de contribuintes fornecidos diretamente pelos bancos, sem prévia autorização judicial, sem que se incorra em quebra de sigilo bancário[90]. Como não há definição sobre o tema, os mecanismos de envio de informações financeiras dos clientes à Receita Federal seguem a todo vapor.

Mais adiante, as discussões a respeito da interação entre a LGPD com o FATCA e o CRS também são interessantes, considerando que informações como nome, endereço e outras informações pessoais devem ser reportadas à RFB e, posteriormente, ao Fisco Norte-Americano. Esse novo paradigma de proteção de dados pessoais poderia afetar a forma como o Brasil lida com o FATCA e com o CRS?

A Europa passou por debates semelhantes para decifrar os efeitos da interação entre a GDPR com o FATCA. Em um estudo datado de maio de 2018, encomendado pelo Parlamento Europeu e supervisionado pelo Departamento de Direitos dos Cidadãos e Assuntos Constitucionais, a conclusão foi que os IGAs celebrados entre os Estados europeus e os Estados Unidos deveriam ser revistos para se adaptarem à realidade da GDPR. O documento destaca o risco de as informações pessoais dos clientes das instituições financeiras europeias serem utilizadas pelo Fisco Norte-Americano (IRS) com finalidade diversa da

[90] Disponível em http://www.stf.jus.br/portal/cms/verNoticiaDetalhe.asp?idConteudo=310670. Acesso em 10/05/2019.

que se espera. Ademais, o estudo conclui que a transferência de dados pessoais por conta do FATCA para as autoridades americanas requer um nível de proteção mais adequado nos IGAs, que deveriam, segundo os responsáveis pelo estudo, ser emendados pelas autoridades dos países europeus e dos Estados Unidos[91].

No caso brasileiro, a LGPD se aplica a qualquer operação de tratamento quando os dados tenham sido coletados no território nacional (art. 3º, III), o que significa que uma eventual emenda do IGA celebrado entre Brasil e Estados Unidos deveria, similarmente ao que está sendo sugerido no âmbito europeu, ser uma possibilidade a ser considerada a sério. Caso se entenda de fato que a LGPD incide sobre o tratamento dos dados pessoais realizados pelas autoridades norte-americanas, alguns princípios e direitos na LGPD deveriam ser respeitados, tais como os princípios dispostos no artigo 6º, ou o direito de correção dos dados pessoais (art. 18, III).

Ademais, o art. 33, que trata da transferência internacional de dados incide diretamente sobre esta situação. Como a Autoridade Nacional de Proteção de Dados ainda não se manifestou (e nem poderia), sobre se os Estados Unidos e as jurisdições declarantes do CRS ofereceriam ao Brasil o mesmo nível de proteção de dados pessoais para os cidadãos brasileiros, a transferência poderia ocorrer por força do inciso VI deste mesmo artigo, ou seja, por força de compromisso assumido em acordo de cooperação internacional.

3.7. Os Efeitos Extraterritoriais da LGPD

O presente tópico visa investigar se a aplicação extraterritorial da Lei Geral de Proteção de Dados brasileira é uma expansão indevida da competência da legislação brasileira e, consequen-

[91] Disponível em: http://www.europarl.europa.eu/RegData/etudes/STUD/2018/604967/IPOL_STU(2018)604967_EN.pdf. Acesso em 7/05/2019.

temente, da jurisdição da Autoridade Nacional de Proteção de Dados. A discussão da extraterritorialidade das leis pode ser analisada por dois enfoques diferentes, quais sejam: (a) quando as leis brasileiras possuem pretensão de aplicabilidade em território exterior; (b) quando as leis estrangeiras possuem pretensão de aplicabilidade no Brasil.

A propósito da aplicabilidade de leis estrangeiras no Brasil, o Decreto-Lei nº 4.657/41 ("Lei de Introdução às Normas do Direito Brasileiro" ou "LINDB") dispõe que as leis, atos e sentenças de outro país somente terão eficácia no Brasil quando não ofenderem a soberania nacional, os bons costumes e a ordem pública. Similares limites costumam ser atribuídos aos efeitos extraterritoriais das leis estrangeiras nas diferentes jurisdições.

A discussão a respeito da aplicação extraterritorial das leis, por certo, é bastante densa e distante de uma resolução simplificada, tanto na doutrina, quanto na jurisprudência. É interessante notar que os tribunais superiores se manifestaram tangencialmente algumas vezes sobre o assunto. Em 2017, o STJ acabou por decidir o seguinte:

> *(...) Ainda que se reconheça que negócios firmados entre empresas internacionais em solo estrangeiro possam causar efeitos no Brasil, violando, em certos casos, princípios sobre os quais se erguem a atividade econômica em território pátrio, não se pode olvidar que a aplicação de penalidades a tais empresas, por atos praticados no exterior, representa indevida expansão extraterritorial da competência da autoridade brasileira de defesa da concorrência (...)*[92].

Por lógica, se a aplicação de multas a empresas internacionais, por autoridade brasileira, em decorrência de atos lesivos à

[92] Superior Tribunal de Justiça. Recurso Especial nº 1.353.274-DF. Rel. Ministro Napoleão Nunes Maia Filho. Julgado em 09/12/2016.

concorrência ocorridos em território exterior é indevida, também deveria, por extensão, ser considerada indevida, seja por lesão à ordem pública, à soberania nacional ou aos bons costumes, a aplicação de multas por autoridades estrangeiras por atos praticados no Brasil, por empresa(s) brasileira(s)?

Na verdade, o posicionamento do STJ não é suficientemente firme a respeito do tema e varia conforme o caso concreto, o tipo de legislação e mercado/ambiente regulado. Por exemplo, no caso acima, pode-se asseverar que o entendimento do acórdão se cinge tão somente à competência da autoridade brasileira de defesa da concorrência, e não necessariamente o entendimento seria o mesmo para a Autoridade Nacional de Proteção de Dados, porquanto as leis que regem estas entidades são distintas.

Sobre a legalidade dos efeitos extraterritoriais das leis estrangeiras no Brasil tampouco há jurisprudência significativa sobre a matéria, vez que as empresas normalmente decidem pagar espontaneamente os valores devidos às autoridades estrangeiras, por conta do risco de imagem e de operação nesses respectivos territórios[93]. Seja como for, o direito positivo, consubstanciado, nesse caso, no §3º do art. 784 do Código de Processo Civil, estabelece que o título executivo estrangeiro terá eficácia no Brasil se satisfeitos os requisitos de formação exigidos pela lei local e quando o Brasil for indicado como o local de cumprimento da obrigação. Em outros termos, caso houvesse um título executivo extrajudicial ou judicial oriundo de uma multa aplicada por autoridade estrangeira a agente brasileiro, em virtude de violação de leis desse determinado país

[93] Nesse sentido, ver: https://www.reuters.com/article/us-brazil-corruption-usa/brazilian-firms-to-pay-record-3-5-billion-penalty-in-corruption-case-idUSKBN14A1QE; http://www.fcpablog.com/blog/2018/9/27/petrobras-reaches-178-billion-fcpa-resolution.html; https://www.reuters.com/article/us-brazil-corruption-usa/u-s-judge-approves-braskem-633-million-fine-in-record-corruption-case-idUSKBN15A2QF.

com eficácia extraterritorial, a única barreira capaz de impedir a execução de tal decisão no Brasil seria a disposta no art. 17 da LINDB, ou seja, uma eventual ofensa à soberania nacional, aos bons costumes e à ordem pública.

Exemplos internacionais desse tipo de legislação – com efeitos extraterritoriais – não faltam e costumam ser mais frequentes no direito bancário, financeiro ou fiscal. Nessa esteira, podemos citar o FATCA, o FCPA e o Dodd-Frank Act norte-americanos, bem como a GDPR europeia[94].

Na doutrina, como comentávamos acima, a possibilidade de atribuição de efeitos extraterritoriais às leis nacionais não é isenta de críticas, nem no Brasil, nem no exterior. Nos Estados Unidos, encontramos um interessante artigo, intitulado "*The Dangerous Extraterritoriality of American Securities Law*" em que os autores adotam postura crítica em relação a "doutrina da extraterritorialidade" no direito norte-americano – teoria que estende a jurisdição dos Estados Unidos a diferentes operações no mercado de capitais fora dos Estados Unidos, para proteger os investidores ou os mercados norte-americanos –, argumentando que a melhor proteção para o mercado é o aumento da

[94] Sobre a GPDR, a *European Data Protection Board* expediu recentemente, em novembro de 2018, um ofício com orientações a propósito da aplicação extraterritorial da GDPR. No documento, um exemplo de aplicação extraterritorial da referida lei seria o de uma empresa norte-americana que, apesar de não ter negócios na União Europeia, oferece um *app* de mapeamento de cidades para turistas. A aplicação processa dados pessoais concernentes a localização dos usuários que a usam, no momento em que eles começam a usar o *app* na cidade em que estão visitando, de modo a oferecer publicidade personalizada de lugares a visitar, restaurantes, bares e hotéis. O *app* fica disponível para turistas enquanto eles visitam Nova York, São Francisco, Toronto, Londres, Paris ou Roma. A empresa norte-americana, nesse caso, está oferecendo serviços para indivíduos localizados na União Europeia (i.e. Londres, Paris, Roma), o que faria incidir os termos da GDPR, de acordo com o documento.

"mobilidade do capital", ou seja, se os investidores não estiverem satisfeitos com um certo país, eles simplesmente devem escolher outro[95].

No caso da LGPD brasileira, a sua pretensão extraterritorial fica evidente nos incisos II e III do art. 3º, uma vez que determinam a aplicação desta legislação a operações de tratamento, realizadas por pessoas naturais ou jurídicas, de direito público ou privado, independentemente do país de sua sede ou do país onde estejam localizados os dados, desde que "a atividade de tratamento tenha por objetivo a oferta ou o fornecimento de bens e serviços ou o tratamento de dados de indivíduos localizados no território nacional" ou "os dados pessoais objeto do tratamento tenham sido coletados no território nacional".

A única conclusão é que não há uma vedação segura e abrangente *per se* a este tipo de legislação, a despeito dos problemas que são gerados. Exemplos práticos de leis similares não faltam, de modo que é possível sim que a Autoridade Nacional de Proteção de Dados tenha *enforcement* sobre entidades estrangeiras por força do disposto na Lei nº 13.709/18. Sem prejuízo, pensando na realidade analisada no presente estudo, não é surreal imaginar um cenário em que um custodiante de um fundo global esteja submisso a um feixe de legislações distintas sobre proteção de dados com efeitos extraterritoriais (*i.e.* LGPD, GPDR, *California Consumer Privacy Act* 2018), o que pode, futuramente, levar à paralisia negocial ou ao menos elevar sobejamente os custos de *compliance* das empresas com alcance global, de modo que nos parece necessário que os países comecem a pensar seriamente em como lidar com os efeitos extraterritoriais das leis de segurança da informação.

[95] Choi, Stephen J.; Guzman, Andrew T. ***The Dangerous Extraterritoriality of American Securities Law***, 17 Nw. J. Int'l L. & Bus. 207 (1996-1997).

Conclusão

O presente trabalho analisou, à luz da Lei Geral de Proteção de Dados, as transferências internacionais de dados que podem ocorrer no mercado de administração de recursos de terceiros.

Vimos que a Lei 13.709/18 incidirá sob os mais diversos mercados, regendo relações jurídicas das mais diversas, inclusive no que concerne à administração de recursos de terceiros.

No primeiro capítulo após a introdução, verificamos que o Brasil, mesmo sem haver promulgado até meados do ano passado uma lei geral de proteção de dados, já possuía um arcabouço normativo apto a proteger, em alguma medida, os dados pessoais de seus cidadãos. Entre essas disposições esparsas no ordenamento jurídico, vimos por exemplo o artigo 31 da Lei de Acesso à Informação, que estabelece regras de proteção de dados pessoais, o artigo 3º do Marco Civil da Internet, que prevê a proteção da privacidade e a proteção dos dados pessoais como princípios do uso da internet no país, bem como o próprio Código de Defesa do Consumidor.

No caso da administração de recursos de terceiros, verificamos que os conceitos de "controlador" e "operador" previstos na lei poderão ser aplicados para administradores fiduciários, custodiantes, gestores de recursos e distribuidores, a depender do caso concreto. Assim, prestadores de serviços fiduciários deverão se adequar a várias das disposições da LGPD, seja indicando um encarregado, comunicando ocorrências à Autoridade Nacional de Proteção de Dados, ou adotando políticas de segurança da informação consistentes em proteger os dados dos investidores.

Mais adiante, destacamos que, no mercado da administração de terceiros, é possível que ocorram transferências internacionais dos dados pessoais dos investidores, por exemplo: para fins de FATCA/CRS, com a finalidade de cumprimento das boas práticas de *compliance* ou PLD aplicáveis no exterior, no caso de veículos de investimento *offshore*, investimentos no exterior por veículo brasileiro, ou carteiras administradas de investidores brasileiras de gestor estrangeiro, fazendo, em todos estes casos, a nosso ver, incidir as regras da Lei 13.709/18.

Concluímos que documentos como *privacy notices* e *offering memos* dos veículos estrangeiros que captem recursos de investidores brasileiros terão de ser adaptados, assim como ocorreu quando da entrada em vigor da GDPR europeia.

No caso do compartilhamento de informações pessoais de cidadãos brasileiros com os Estados Unidos e os países participantes do CRS, através dos mecanismos previstos no convênio entre governo brasileiro e o governo norte-americano para cumprimento do FATCA, entendemos que o art. 33 da LGPD, que trata da transferência internacional de dados incide diretamente sobre esta situação. Como a Autoridade Nacional de Proteção de Dados ainda não se manifestou sobre se os Estados Unidos e as jurisdições declarantes do CRS ofereceriam ao Brasil o mesmo nível de proteção de dados pessoais para os cidadãos brasileiros, a transferência poderia ocorrer por força do inciso VI deste mesmo artigo, ou seja, por força de compromisso assumido em acordo de cooperação internacional.

Finalmente, vimos que os efeitos extraterritoriais da Lei 13.709/18 são parte de uma perigosa tendência global de expansão da incidência de leis sobre proteção de dados. Não existe, sem prejuízo, qualquer regra geral ou de princípio que impeça ao Poder Legislativo de legislar atribuindo efeitos extraterritoriais às leis *per se*, de modo que o Poder Judiciário de cada país deverá, no caso concreto, averiguar se a lei brasileira poderá ser aplicada, caso seja necessária a execução de uma multa da Autoridade Nacional de Proteção de Dados inscrita em dívida ativa, por exemplo.

A conclusão não poderia ser outra, senão que a Lei Geral de Proteção de Dados terá impacto significativo sobre as transferências internacionais dos dados pessoais dos investidores que ocorrem atualmente no mercado de administração de recursos de terceiros. Os prestadores de serviços a veículos de investimento, brasileiros ou estrangeiros, deverão se adaptar a esta nova realidade, pois estarão sujeitos à jurisdição da Autoridade Nacional de Proteção de Dados, podendo sofrer penalidades severas em caso de descumprimento. Por não haver consenso global sobre a possibilidade da aplicação extraterritorial das leis de proteção de dados, não é seguro que prestadores de serviço fiduciários estrangeiros que tratem dados de investidores brasileiros simplesmente ignorem os preceitos da referida legislação.

Referências

BIONI, Bruno Ricardo. **Xeque Mate: o tripé da proteção de dados pessoais no jogo de xadrez das iniciativas legislativas no Brasil.** São Paulo, 2015.

CARVALHO, Mário Tavernard Martins de. **Regime Jurídico dos Fundos de Investimento.** São Paulo: Quartier Latin, 2012.

CHOI, Stephen J.; GUZMAN, Andrew T. ***The Dangerous Extraterritoriality of American Securities Law,*** 17 Nw. J. Int'l L. & Bus. 207 (1996-1997).

DIAS, José Carlos Vaz e SICHEL, Ricardo. **"Personal Data Protection in Brazil: How far have we been and how far can we go?"**. Quaestio Iuris. Vol. 11, nº. 04, Rio de Janeiro, 2018. pp. 2876-2915 DOI: 10.12957/rqi.2018.37426.

DONEDA, Danilo. O Direito Fundamental à Proteção de Dados Pessoais. In: DE SOUZA, Allan Rocha [et al.]. **Direito Digital, Direito Privado e Internet**; organizado por Guilherme Magalhães Martins, João Victor Rozatti Longhi. Indaiatuba, SP: Editora Foco, 2019.

EBERLIN, Fernando Buscher von Teschenhausen. **As alterações na LGPD e a criação da Autoridade Nacional de Proteção de Dados**, 2019.

HAGSTROM, Carlos Alberto. **Comentários à lei do sigilo bancário: Lei Complementar nº 105, de 10 de janeiro de 2001.** Porto Alegre, Sergio Antonio Fabris Ed., 2009.

LIMBERGER, Têmis. Informação em Rede: Uma comparação da Lei Brasileira de Proteção de Dados Pessoais e o Regulamento Geral de Proteção de Dados Europeu. In: DE SOUZA, Allan Rocha [et al.]. **Direito Digital, Direito Privado e Internet**; organizado por Guilherme Magalhães Martins, João Victor Rozatti Longhi. Indaiatuba, SP: Editora Foco, 2019.

MENDES, Laura Schertel. **Privacidade, proteção de dados e defesa do consumidor: linhas gerais de um novo direito fundamental.** São Paulo, 2014.

MENDES, Laura Schertel. **Privacidade, proteção de dados e defesa do consumidor: linhas gerais de um novo direito fundamental.** São Paulo. Saraiva, 2014.

NUCCI, Guilherme de Souza. **Manual de Direito Penal.** São Paulo: Revista dos Tribunais, 2008.

PAVIA, Eduardo Cherez. **Fundos de Investimento: Estrutura Jurídica e Agentes de Mercado como Proteção do Investimento.** São Paulo: Quartier Latin, 2016.

PINHEIRO, Patrícia Peck. **Proteção de dados pessoais: comentário à Lei 13.709/18**. São Paulo: Saraiva Educação, 2018.

VIOLLIER, Pablo. **El Estado de La Proteccion de Datos Personales En Chile**, 2017. Disponível em: https://www.derechosdigitales.org/wp-content/uploads/PVB-datos-int.pdf. Acesso em 8 de janeiro de 2019.

WARREN, Louis; BRANDEIS, Louis. **The right to privacy**: Harvard Law Review. Vol. IV, 1890, nº 5 Disponível em: http://groups.csail.mit.edu/mac/classes/6.805/articles/privacy/Privacy_brand_warr2.html. Acesso em 20 de dezembro de 2018.

Legislação

BRASIL. Comissão de Valores Mobiliários. Edital de Audiência Pública SDM nº 05/2018

BRASIL. Comissão de Valores Mobiliários. Instrução CVM nº 555, de 17 de dezembro de 2014.

BRASIL. Comissão de Valores Mobiliários. Instrução CVM nº 607, de 17 de junho de 2019.

BRASIL. Conselho Monetário Nacional. Resolução nº 4.658, de 26 de abril de 2018.

BRASIL. Conselho Monetário Nacional. Resolução nº 4.661, de 25 de maio de 2018.

BRASIL. Lei 13.709, de 14 de agosto de 2018.

BRASIL. Lei nº 6.385, de 7 de setembro de 1976.

BRASIL. Medida Provisória nº 881, de 30 de abril de 2019.

BRASIL Código ANBIMA de Regulação e Melhores Práticas para a Administração de Recursos de Terceiros, em vigor desde 2 de janeiro de 2019.

CHILE. *Ley* 19.628, promulgada em 18 de agosto de 1999.

SUÉCIA. *Data Protection Act*, promulgada em 11 de maio de 1973.

Spoofing e *Layering*: Manipulação de Mercado por Meio de Negociação de Alta Frequência

Tomás Centurione Leme Barbosa

Introdução

O aprimoramento dos sistemas eletrônicos de negociação figura como uma importante ferramenta para o desenvolvimento do mercado de capitais. No entanto, o avanço tecnológico permitiu o surgimento de novas modalidades de manipulação de mercado.

As práticas de *spoofing* e *layering* fazem parte dos efeitos adversos trazidos ao mercado pelas negociações em alta frequência.

Com as negociações em alta frequência práticas abusivas relacionadas aos vícios de vontade no mercado de capitais ganharam força, aproveitando-se de sua velocidade e capacidade de enviar e cancelar ofertas rapidamente para induzir outros investidores a erro, como ocorre nas estratégias de *spoofing* e o *layering*.

Casos com indícios de *spoofing* e *layering* são cada vez mais corriqueiros e seus praticantes vem apresentando variações na execução de tais estratégias, a fim de que as irregularidades não sejam identificadas pelos participantes que intermediam suas operações ou pelos órgãos reguladores e autorreguladores.

Portanto, se faz necessária uma análise das condutas vedadas no mercado de valores mobiliários e que podem resultar em *spoofing* e *layering* à luz das normas brasileiras reguladoras e autorreguladoras. Para alcançar esse objetivo, este estudo buscará conceituar tais práticas e o tratamento dado pelos reguladores internacionais.

A relevância da análise da experiência estrangeira em casos desta natureza surge na medida em que os mercados de valores mobiliários estão cada vez mais integrados e interconectados, sendo relevante ao aplicador do Direito, desta maneira, entender como a prática de *spoofing* e *layering* são tratadas em outras jurisdições.

Outro motivo a justificar a análise da experiência estrangeira reside no fato de tais práticas, tal como se apresentam hoje, terem sido identificadas primeiramente em mercados mais maduros como o norte-americano e o europeu, daí o maior número de trabalhos publicados e decisões das autoridades regulatórias e judiciais daqueles países.[1]

O presente estudo também buscará traçar um panorama sucinto acerca da regulação do mercado de capitais brasileiro e das infrações previstas nas normas.

Será destacado o caráter aberto das normas que estabelecem as condutas vedadas aos agentes econômicos, favorecendo a atualização do seu objeto a partir da evolução das práticas e das tecnologias empregadas no mercado de capitais.

Na esfera penal, tais práticas configuram crime de manipulação de mercado cuja conduta é descrita no artigo 27-C da Lei

[1] INTERNATIONAL ORGANIZATION OF SECURITIES COMMISSIONS – IOSCO. **Regulatory Issues Raised by the Impact of Technological Changes on Market Integrity and Efficiency – Final Report**. Madrid, 2011. Disponível em: https://www.iosco.org/library/pubdocs/pdf/IOSCOPD361.pdf. Acesso em: 21 jul. 2018

nº 6.385/1976 (incluído pela Lei nº 10.303/2001 e alterado pela Lei nº 13.506/2017)[2]:

> Realizar operações simuladas ou executar outras manobras fraudulentas destinadas a elevar, manter ou baixar a cotação, o preço ou o volume negociado de um valor mobiliário, com o fim de obter vantagem indevida ou lucro, para si ou para outrem, ou causar dano a terceiros.
>
> Pena – reclusão, de 1 (um) a 8 (oito) anos, e multa de até 3 (três) vezes o montante da vantagem ilícita obtida em decorrência do crime.

Atualmente, questão controvertida envolve o enquadramento das práticas de *layering* e *spoofing* nos ilícitos administrativos descritos na Instrução da Comissão de Valores Mobiliários ("*CVM*") nº 8, de 8 de outubro de 1979 ("*Instrução CVM nº 8/1979*").[3]

A BSM – Supervisão de Mercados ("*BSM*") classifica a prática abusiva como criação de condições artificiais de oferta, demanda e preço (inciso II, "a", da Instrução CVM nº 8/1979). A CVM, por sua vez, tem o entendimento de que a prática configura manipulação de preços (inciso II, "b", da Instrução CVM nº 8/1979).

[2] BRASIL. Lei nº 6385, de 07 de dezembro de 1976. Dispõe sobre o mercado de valores mobiliários e cria a Comissão de Valores Mobiliários. **Palácio do Planalto Presidência da República**, Brasília, DF, 07 dez. 1976. Disponível em: http://www.planalto.gov.br/ccivil_03/LEIS/L6385.htm. Acesso em: 04 ago. 2018

[3] COMISSÃO DE VALORES MOBILIÁRIOS. Processo Administrativo Sancionador CVM nº RJ 2016-7192, **Manifestação de Voto**. Dir. Gustavo Borba, j. 13 mar. 2018. Disponível em: http://www.cvm.gov.br/export/sites/cvm/noticias/anexos/2018/20180314_manifestacao_voto_DGB_spoofing.pdf. Acesso em: 21 jul. 2018

Nesse sentido, o trabalho buscará analisar os critérios utilizados pelos órgãos reguladores e autorreguladores para a identificação das práticas *spoofing* e *layering*, bem como para a tipificação do ilícito administrativo, nos termos da Instrução CVM n° 8/1979, sem adentrar com profundidade em outras modalidades de ilícitos classificadas pela referida Instrução.

Por fim, o estudo irá tratar da atuação sancionadora por parte da CVM e da BSM especificamente em relação a tais condutas irregulares praticadas no mercado de capitais.

As atividades de supervisão e punição de ilícitos no mercado de capitais são conduzidas pelos órgãos reguladores e autorreguladores.

A BSM, como órgão autorregulador de supervisão de operações cursadas nos mercados administrados pela B3 S.A. – Brasil, Bolsa, Balcão ("*B3*"), tem competência conferida pela Instrução CVM nº 461, de 23 de outubro de 2007 ("*Instrução CVM n° 461/2007*") para instaurar, instruir e conduzir processos administrativos disciplinares para apurar as infrações cometidas por participantes do mercado que têm vínculo contratual com a B3.

Ressalta-se que a BSM não tem competência para processar e punir investidores. Sua competência se restringe aos intermediários do mercado, que têm o dever de monitorar continuamente seus clientes a fim de evitar ou coibir a prática de algum ilícito administrativo, como é o caso do *layering* e do *spoofing*.

A CVM é a autarquia federal responsável pela regulação do mercado de capitais brasileiro. Cabe ao órgão federal apurar irregularidades praticadas pelos investidores ou outros integrantes.

Nesse sentido, o trabalho também irá tratar da interação entre as atividades fiscalizadoras e sancionadoras conduzidas pela BSM e pela CVM no combate à prática do *layering* e do *spoofing*.

1. Condições para o Regular Funcionamento do Mercado de Capitais

A função primária do mercado de capitais é permitir a alocação eficiente dos recursos na economia. De acordo com Eugene Fama[4]:

> O ideal seria um mercado em que os preços ofereçam indicações precisas para as decisões de alocação dos recursos: isto é, um mercado em que as empresas possam tomar decisões a respeito de produção e investimentos, e em que os investidores possam escolher, dentre os valores mobiliários, que representam participações nas empresas e suas atividades, sob premissa de que os preços de tais valores mobiliários refletem plenamente, em qualquer momento, todas as informações disponíveis.

A alocação eficiente dos recursos é possível, portanto, quando o mercado apresenta preços que refletem as informações relevantes sobre um ativo. Quanto mais informativos os preços dos ativos e mais líquido o mercado em que está inserido, maior a sua capacidade funcional alocativa.

Os preços que se formam em mercado regulamentado são referência e utilizados em inúmeras decisões públicas e privadas. Além da sua utilização como base para operações no mercado secundário, as cotações do mercado de bolsa servem como base para fusões, aquisições, cálculo de tributos e outras operações societárias.

A perda do caráter informativo dos preços dos valores mobiliários afeta diretamente a alocação eficiente do capital, pois dificulta a identificação dos projetos econômicos mais eficientes.

[4] FAMA, Eugene F. **Efficient capital markets: a review of theory and empirical work**. The Journal of finance. New York: American Finance Association, v. 25, may. 1970. p. 383. Tradução livre.

Portanto, a garantia da livre e justa formação de preços é essencial e determinante para a tomada de decisão racional de investimento e para manutenção da integridade do mercado.

Um mercado em que as informações são sempre completas, corretas e disseminadas de forma imediata e ampla é um mercado transparente e justo.

A transparência no processo de formação de preço dos valores mobiliários é um dos pilares do mercado de valores mobiliários. Assim, os preços, quantidades e horários de todas as ofertas e negócios realizados em ambiente de bolsa são públicos aos investidores e intermediários. Esses elementos (preço, quantidade e horário) participam do processo de formação de preço e do processo de decisão dos investidores que negociam no mercado de bolsa.

Tendo essa premissa em consideração, todas as ofertas registradas e negócios realizados em ambiente de bolsa têm o potencial de interferir no processo de formação de preço dos valores mobiliários.

Se o livre jogo da oferta e demanda são observados em negociações no mercado de valores mobiliários, as previsões de mercado sobre determinados ativos serão fidedignas, conforme a avaliação e a estimativa dos participantes desse mercado.

Mercados íntegros são mais líquidos, pois aumentam a percepção de proteção do investidor. Por sua vez, mercados líquidos produzem efeito rede positivo: mantêm e atraem ofertantes de ativos (empresas), pela redução do custo de capital, mantêm e atraem investidores finais, pela redução do custo de transação.

1.1. Vícios de Vontade no Mercado de Capitais

A manutenção da integridade do mercado de valores mobiliários depende, entre outros fatores, de regulação que garanta que os negócios executados refletem a vontade dos investidores. Por essa razão, os mercados administrados pela B3 são regidos por normas que condicionam a realização de negócios às ordens, que são a forma pela qual os investidores manifestam ao intermediário sua intenção de negociar.

Pelas ordens, o investidor autoriza o intermediário a negociar ou registrar operações com valores mobiliários em seu nome e estabelece suas condições negociais[5]. Para garantir que as ordens reflitam a vontade do investidor, as ordens devem obedecer a determinados requisitos de forma[6] e de conteúdo previstos nas normas do mercado.

Para a execução das ordens dos clientes, os intermediários inserem ofertas nos sistemas de negociação da B3. O fluxo das ofertas nos sistemas de negociação da B3 emite sinais ao mercado, que os interpretam e influenciam o processo de tomada de decisão dos investidores quanto a vender, manter ou comprar valores mobiliários.

A intenção de execução das ofertas constitui, portanto, elemento essencial para a validade das ordens e das ofertas. Portanto, as ofertas registradas em ambiente de bolsa que não se prestam à realização de negócios, mas a finalidades diversas, são consideradas artificiais.

Ordens e ofertas com vício de intenção constituem infrações ao mercado de valores mobiliários porque emitem sinais artificiais ao mercado e, em decorrência da artificialidade desses sinais, alteram as condições de oferta, demanda e preço de valores mobiliários de modo irregular. Tal artificialidade poderá induzir em erro os diversos agentes que utilizam as informações disponibilizadas como critério decisório.

Nesse cenário, a apuração da intenção dos investidores com a emissão de ordens e dos intermediários com o registro de

[5] Nos termos do art. 1º, inc. V da Instrução CVM nº 505, de 27 de novembro de 2011 ("*Instrução CVM nº 505/2011*").

[6] Nos termos do art. 12 da Instrução CVM nº 505/2011.

ofertas é especialmente relevante nos casos onde são apuradas estratégias que criam condições artificiais de oferta, demanda e preço de valores mobiliários e a manipulação de preços.

Conforme será melhor explicado a seguir, através das estratégias de "*spoofing*" e "*layering*", o praticante simula uma demanda ou oferta para determinado ativo, de forma a atrair investidores a agredir sua oferta pretendida. A realização de operações simuladas sinaliza a existência falsa de oferta e demanda pelo ativo, influenciando artificialmente o processo de formação de preços.

As estratégias de manipulação do mercado trazem prejuízos a investidores de boa-fé, que executam negócios com base em informações falsas. Em razão de tais situações artificiais, são criados riscos que abalam a confiança dos investidores no mercado.

Nos casos onde o vício de intenção não puder ser claramente identificado pelas informações contidas nos sistemas de registro e gravação de ordens, a demonstração do vício de intenção poderá restar comprometida – em prejuízo da integridade e da transparência do mercado de capitais – se outras formas de identificação não forem aceitas pelo regulador.

Por esse motivo, a discussão a respeito dos vícios de intenção e sua relação com a manipulação de preços e a criação de condições artificiais de demanda, oferta e preço de ativos mobiliários é de extrema relevância para persecução do desenvolvimento do mercado de capitais, ainda mais nesse momento, onde ambientes remotos e sistemas eletrônicos de negociação permitem a reação quase imediata de investidores aos sinais emitidos pelo mercado, registrando e cancelando ofertas em frações de segundos. A regulação dos principais centros financeiros reflete esse momento.

Nos Estados Unidos, o *Commodity Futures Trading Commission* ("CFTC") – agência independente do governo dos Estados Unidos criada em 1974, que regula os mercados de futuros e opções – emitiu orientações ao mercado a respeito dos critérios que serão utilizados para distinguir entre a inserção de ofertas regulares e ofertas com intenção de serem canceladas antes da execução, o que, de acordo com o CFTC, caracteriza o *spoofing* e o *layering*.

Para o regulador norte-americano, fatores como o contexto do mercado onde o ativo é negociado, o padrão de negociação do operador e do investidor, e outros fatores e circunstâncias relevantes serão considerados para determinação da intenção do investidor e do operador.

Dentre os fatores e circunstâncias relevantes para apuração do vício de intenção, podem também ser considerados a quantidade e o padrão das ofertas, o período de tempo pelo qual as ofertas ficaram registradas no livro de ofertas antes do cancelamento, o índice de cancelamento de ofertas que obedeçam a determinado padrão de volume e prioridade de execução, as características dos ativos negociados, o nível de preço onde as ofertas foram inseridas, entre outros elementos[7].

No Brasil, a BSM entidade autorreguladora do mercado, entende que, para fins de apuração de vícios de intenção que possam causar artificialidade nas condições de oferta, demanda e preço, deverá ser analisado o conjunto probatório contido nos autos do processo administrativo correspondente[8].

[7] KLUCHENEK, Matthew F., KAHN, Jacob L. **Deterring Disruption in the Derivatives Markets: A Review of the CFTC's New Authority over Disruptive Trading Practices.** Harvard Business Law Review. Disponível em: http://www.hblr.org/2013/03/deterring-disruption-in-the-derivatives-markets-a-review-of-the-cftcs-new-authority-over-disruptive-trading-practices/. Acesso em 14 abr. 2018.

[8] Conforme apresentação realizada pela BSM no "Simpósio de Trade Surveillance" promovido pelo Itaú Unibanco em junho de 2017, disponível em: https://www.bsmsupervisao.com.br/Noticias/2017-06-22-Simposio-de-Trade-surveillance-no-Itau-Unibanco. Acesso em: 28 jul. 2018.

Dentre tais provas, estão o índice de cancelamento de ofertas que obedeçam a determinado padrão de volume e prioridade de execução, período de tempo pelo qual as ofertas canceladas ficaram registradas no livro de ofertas antes do cancelamento, nível de preço onde as ofertas foram inseridas, contexto do mercado onde o ativo é negociado, o padrão de negociação do operador e do investidor, características dos ativos negociados, entre outros elementos.

2. Desafios Impostos pela Tecnologia no Mercado de Capitais

O mercado de capitais ainda permeia a imaginação de grande parcela da sociedade como fonte geradora de riqueza à qual poucos têm acesso. A estes, bastaria uma combinação de elementos intangíveis e subjetivos como sorte, predestinação e intuição para verem seus investimentos multiplicados e usufruírem do conforto, da comodidade e da tranquilidade proporcionadas pelo acúmulo de capital. Faz parte desse cenário idealizado a imagem de homens frenéticos ao telefone gritando ordens de compra e venda de ações.

O alerta e a imagem traçada pelo autor norte-americano Michael Lewis em seu livro *Flash Boys*[9] retratam bem o quanto esta imagem a forma pela qual tanto essa ideia quanto a ilusão do ganho fácil no mercado de capitais estão equivocadas.

> Na década passada, os mercados financeiros mudaram rápido demais, o que dificultou a formação de uma imagem mental fiel à realidade. Aposto que a imagem que a maioria das pessoas ainda tem dos mercados é uma foto que um ser humano poderia ter tirado. Nela, aparece uma faixa com as cotações correndo na parte inferior de uma tela de TV a cabo e vários machões com paletós

[9] Lewis, Michael. **Flash Boys: A Wall Street Revolt**. New York: W. W. Norton & Company, 2014

de cores específicas para identificá-los nos postos de negociação, berrando uns com os outros. Essa imagem é datada; o mundo que ela mostra já morreu. Desde 2007, mais ou menos, não existem mais os sujeitos musculosos com paletós de determinada cor no pregão; ou, se existem, não fazem a menor diferença. Alguns seres humanos ainda operam no pregão da Bolsa de Valores de Nova York e nas várias bolsas de Chicago, mas não comandam mais nenhum mercado financeiro nem têm uma visão privilegiada dentro desses mercados. O mercado acionário americano agora opera dentro de caixas-pretas, em edifícios com segurança maciça em Nova Jersey e Chicago.

Transações totalmente automatizadas fazem parte hoje de uma parcela bastante significativa dos mercados de bolsa no Brasil e já são responsáveis por mais de 40% (quarenta por cento) de tudo que é comprado e vendido diariamente na bolsa de valores brasileira.[10]

De fato, o papel preponderante que a tecnologia computacional vem assumindo no mercado global de valores mobiliários desde a segunda metade da década passada constitui fenômeno recente que impõe novos desafios aos reguladores locais.

Apesar de contribuir com a eficiência informacional e a melhora da liquidez de mercado, o uso de negociação de alta frequência permite a prática de manipulação do mercado[11].

Investidores mal-intencionados se beneficiam do aumento da velocidade do tráfego de informações, proporcionado pelo

[10] SANTANA JUNIOR, Edemilson Cruz. **A Digitalização do Mercado de Capitais no Brasil: tendências recentes**. Texto para discussão 2370. Instituto de Pesquisa Econômica Aplicada – IPEA. Brasília, fevereiro de 2018. p. 10

[11] TADIELLO, Guilherme. **High frequency trading e eficiência informacional; uma análise empírica do mercado de capitais brasileiro no período de 2007-2015**. Dissertação (mestrado) – Universidade de São Paulo. São Paulo, 2016. p. 126)

desenvolvimento tecnológico, para alterar o regular processo de formação de preços, de forma sutil e imperceptível aos olhos.

Novos algoritmos, desenvolvidos a partir de parâmetros previamente estipulados, permitem realizar transações em alta frequência (*high frequency trading*[12] – "HFT", na sigla em inglês) disparando aos sistemas de negociação das bolsas de valores um elevado número intradiário de ordens de compra e venda de valores mobiliários, em uma escala de tempo medida na ordem de milissegundos ou microssegundos.

A utilização de algoritmos para negociações de valores mobiliários em alta frequência em sistemas automatizados de negociação permite aos praticantes de *spoofing* e *layering* inserir e cancelar ordens em intervalos contados em milésimos de segundos, de série ordenada e pré-determinada, que alteram artificialmente as condições de compra ou venda do ativo, visando realizar o negócio no preço pretendido.[13]

Conforme será detalhado abaixo, as condutas de *spoofing* e *layering* ocorrem quando há inserção de ofertas em um dos lados do livro de ofertas, sem a intenção de executá-las, mas de criar falsa demanda ou oferta por determinado ativo. As ofertas artificiais têm como objetivo induzir os demais investidores do

[12] A expressão "*high frequency*" está relacionada ao termo "*high frequency data*", definido como um conjunto de dados relativo a períodos de tempo inferiores a um dia. Atualmente as bases de dados de alta frequência utilizam o período de tempo de registro de 1 milissegundo (1 milésimo de segundo), porém há registro de atividades inferiores a 1 microssegundo (1 milionésimo de segundo). Portanto, as HFT são operações realizadas com base em *high-frequency data*. (Costa, Isac Silveira da. **High frequency trading (HFT) em câmera lenta: compreender para regular**. 2018. Dissertação (mestrado) – Escola de Direito de São Paulo da Fundação Getulio Vargas, São Paulo, 2018. p. 19)

[13] Pimenta, Guilherme. **Spoofing: nova forma de manipular o mercado de ações**. JOTA, 03 set. 2017. Disponível em: https://jota.info/justica/spoofing-nova-forma-de-manipular-o-mercado-deacoes-03092017. Acesso em: 28 jul. 2018.

mercado a agredirem sua oferta pretendida, inserida no lado contrário do livro. Em seguida, o praticante cancela as ofertas artificiais.

A prática do *spoofing* e *layering* vem sendo objeto de estudo e regulação em mercados mais maduros desde o final da década passada, como desdobramento da crise financeira global de 2008 que exigiu dos reguladores globais a revisão dos critérios e parâmetros de monitoração das operações cursadas no mercado bancário e financeiro.

Foi com base nessa exigência que, em 2010, o G20 – grupo que congrega as dezenove maiores economias do mundo e a União Européia – incluiu a reforma do sistema financeiro como "elemento central" de um plano de ação traçado para que a economia global cresça de maneira significativa, equilibrada e sustentável e solicitou à *International Organization of Securities Commissions* (*"IOSCO"*) que desenvolvesse e reportasse ao *Financial Stability Board* recomendações para promover a integridade e a eficiência dos mercados de valores mobiliários com o objetivo de reduzir os riscos causados pelo desenvolvimento tecnológico ao sistema financeiro global.[14]

Após rodadas de consultas públicas, o Comitê Técnico da IOSCO publicou em julho de 2011 o relatório final do trabalho intitulado *Regulatory Issues Raised by the Impact of Technological Changes on Market Integrity and Efficiency.*

O HFT é uma questão-chave que vem sendo analisada pela IOSCO quando se trata dos impactos causados pela tecnologia

[14] INTERNATIONAL ORGANIZATION OF SECURITIES COMMISSIONS – IOSCO. "**Technological Challenges to Effective Market Surviellance. Issues and Regulatory Tools – Final Report**". The Board of the International Organization of Securities Commission. FR04/03, April, 2013. Disponível em http://www.iosco.org/library/pubdocs/pdf/IOSCOPD412.pdf. Acesso em 14 abr. 2018.

na eficiência e integridade do mercado de capitais[15]. É exatamente no contexto da análise dos riscos trazidos pelo HFT à integridade e eficiência do mercado de capitais que o *spoofing* é tratado neste relatório da IOSCO.

Ao agrupar os riscos advindos pela prática do HFT em três grandes grupos (riscos à eficiência dos mercados; riscos à equidade e integridade dos mercados e riscos à estabilidade e resiliência dos mercados), e ao analisar o segundo, a IOSCO reconhece que um dos desafios impostos pela prática do HFT é a necessidade de se avaliar se a vantagem operacional obtida com o HFT resulta em vantagem indevida para os praticantes, em detrimento dos demais investidores.

2.1. High Frequency Trading

O termo em inglês *High Frenquency Trading* significa negociações em alta frequência. Trata-se de uma estratégia de investimento por meio da qual um grande volume de operações é realizado em período curto de tempo.

O HFT não é um meio de inserção de ordens como o *algorithmic trading* ("AT"), no qual o investidor utiliza de algoritmos como ferramenta para executar sua estratégia de investimento[16]. O HFT é uma estratégia de investimento, cujo objetivo é realizar operações com valores mobiliários em alta velocidade.

[15] INTERNATIONAL ORGANIZATION OF SECURITIES COMMISSIONS – IOSCO. **Regulatory Issues Raised by the Impact of Technological Changes on Market Integrity and Efficiency – Final Report**. Madrid, 2011. Disponível em: https://www.iosco.org/library/pubdocs/pdf/IOSCOPD361.pdf. Acesso em 21 jul. 2018.

[16] Noda, Margareth. **Acesso eletrônico e tendências para a intermediação no mercado de valores mobiliários**. Dissertação (Mestrado em Direito Comercial) – Universidade de São Paulo, São Paulo, 2010. p. 47 e 48. Disponível em: http://www.teses.usp.br/teses/disponiveis/2/2132/tde-01122010-134441/pt-br.php. Acesso em: 21 jul. 2018.

É certo que, tanto o AT como o HFT utilizam algoritmos nos seus processos de negociação, que podem ser entendidos como uma combinação de instruções programadas para serem executadas em determinado período sem a necessidade de intervenção humana. No entanto, nem todo AT é realizado em alta frequência. Por sua vez, todo HFT utiliza AT na execução da estratégia.

Conforme parâmetros estabelecidos, o AT permite operar por estratégias a longo prazo, com maior alavancagem ou em alta velocidade, com lotes pequenos, como na estratégia de HFT. O HFT utiliza de algoritmos complexos e ferramentas tecnológicas cada vez mais sofisticadas para emitir uma grande quantidade de ordens em um pequeno período de tempo.

A estratégia busca ganhos mínimos com cada operação para que, no final do dia, seu resultado positivo seja relevante. Por esse motivo, quanto maior o número de ordens emitidas no menor período de tempo, melhor será para a estratégia de HFT.

Em razão do grande volume de operações, a estratégia de HFT traz liquidez ao mercado. Da mesma forma, na busca pelos ganhos mínimos em cada operação, é comum que os HFT cancelem ou alterem suas ofertas várias vezes ao dia, logo após inseridas[17]. Grande parte das ofertas de HFT é cancelada logo após chegar ao livro de ofertas, seja pelas condições do mercado verificadas pelo algoritmo ou pelo próprio tipo de estratégia adotada.

Ocorre que, a colocação da oferta seguida do seu cancelamento pode ter uma finalidade manipulativo. O subsequente cancelamento de ofertas pode ser um indício de que estas foram inseridas sem a intenção de serem executadas, mas visando

[17] Costa, Isac Silveira da. **High frequency trading (HFT) em câmera lenta: compreender para regular**. 2018. Dissertação (mestrado) – Escola de Direito de São Paulo da Fundação Getulio Vargas, São Paulo, 2018. p. 79 – 80.

induzir o mercado a inserir ou ajustar ofertas ao nível de preço desejado pelo agente. A oferta sinaliza a existência falsa de oferta e demanda pelo ativo, influenciando artificialmente o processo de formação de preços e, após atingir esse objetivo, é cancelada.

No entanto, é possível que o objetivo do cancelamento não seja a alteração do fluxo de ofertas. O algoritmo pode estar programado a cancelar ou alterar ofertas conforme a atuação do mercado, ao identificar que a concretização do negócio não seria mais vantajosa economicamente. A análise dos padrões de comportamento do algoritmo na estratégia é essencial para identificar se foi programado para facilitar o a inserção ou cancelamento de ofertas com finalidade manipulativa.

Em certas situações, a atipicidade pode estar demonstrada por meio de estudos estatísticos sobre os negócios e seus resultados, passíveis de indicar se a alteração ou cancelamento de ofertas foi precedido de um movimento favorável ao agente.

Nesse sentido, há uma dificuldade em distinguir se a estratégia é utilizada de forma indevida, configurando uma prática abusiva, ou se é regular, munida de fundamento econômico.

Não há um consenso se a utilização de tal estratégia é benéfica ou prejudicial ao mercado. Há argumentos no sentido de que a utilização de HFT traz efeitos benéficos, relacionados à liquidez, gestão de risco e à evolução dos métodos e estratégias do mercado[18]. Em sentido contrário, há argumentos que indi-

[18] Brogaard, Jonathan et al. **High-Frequency Trading and Price Discovery**. The Review of Financial Studies, vol. 27, nº 8, Oxford. Oxford University Press, 2014, pp. 2267-2306.; Hendershott, Terrence et al. **Does Algorithmic Trading Improve Liquidity?** The Journal of Finance, vol. 66, nº 1, New Jersey. Wiley, 2011; AFM – The Dutch Authority for the Financial Markets. **High frequency trading: The application of advanced trading technology in the European marketplace.** 2010. Disponível em: http://www.afm.nl/; Baden Powell; Stuart Zhang, Frank. **The impact of High-Frequency Trading on**

cam que tal estratégia é prejudicial ao mercado, podendo gerar maior volatilidade nos preços e falhas na formação das cotações[19]. Segundo o relatório elaborado pela IOSCO[20] as estratégias de HFT contribuíram para o evento "*Flash Crash*"[21] da bolsa de valores nos Estados Unidos, em 6.5.2010.

É necessário, portanto, identificar os diferentes impactos e formas de uso da estratégia de HFT, no intuito de combater as práticas abusivas sem, contudo, impactar nos efeitos benéficos capazes de serem gerados.

3. *Spoofing* e *Layering*

Entende-se por práticas manipulativas a utilização de condutas deliberadas de interferência na formação de preços ou para criação de aparências falsas ou enganosas sobre as condições de negociação de um ativo.

Markets. CFA Institute Magazine, vol. 22, nº 2, 2011, pp. 10-11. Acesso em: 12 jun. 2019.

[19] GREGORIU, Greg N.; LHABITANT, François-Serge. **High-Frequency Trading: Past, Present and Future**, in The Handbook of High-Frequency Trading (ed. Greg N. Gregoriu). Academic Press. Londres, 2015, p. 160; ZHANG, Frank, **High-Frequency Trading, Stock Volatility, and Price Discovery.** Yale University, 2010, pp. 33-35. Disponível em: http://ssrn.com/abstract=1691679; JARROW, Robert; PROTTER, Philip. **A Dysfunctional Role of High Frequency Trading in Electronic Markets**. Johnson School Research Paper Series, nº 08-2011, p. 13. Disponível em: http://ssrn.com/abstract=1781124; ZHANG, Sarah; RIORDAN, Ryan. **Technology and Market Quality: The case of High Frequency Trading.** Proceedings of the 19th European Conference on Information Systems, 2011. Disponível em https://aisel.aisnet.org/ecis2011/95/. Acesso em: 12 jun. 2019.

[20] INTERNATIONAL ORGANIZATION OF SECURITIES COMMISSIONS – IOSCO. **Regulatory Issues Raised by the Impact of Technological Changes on Market Integrity and Efficiency – Consultation Report**. Madrid, 2011. Disponível em: https://www.iosco.org/library/pubdocs/pdf/IOSCOPD354.pdf. Acesso em: 15 mar. 2019.

[21] *Crash* da bolsa norte americana: Disponível em: http://www.sec.gov/news/studies/2010/marketevents-report.pdf. Acesso em: 18 dez. 2018.

Em linhas gerais, as ações manipulativas compreendem a divulgação de informações falsas ou enganosas para o público; a colocação de ofertas de compra ou venda que podem não refletir a real intenção dos agentes do mercado e o conluio com outros agentes para a negociação e/ou divulgação de informações falsas de forma coordenada.

O termo "*spoofing*" tem origem do verbo em inglês "*to spoof*", que em português significa "imitar", "satirizar sutilmente", "enganar". O termo "*layering*" também advém do inglês, do verbo "*to layer*", cuja tradução para o português é "estender em camadas", "cortar em camadas".[22]

No Brasil, a BSM, entidade autorreguladora do mercado de bolsa da B3, classifica a estratégia de "*spoofing*" da seguinte forma[23]:

> Prática abusiva que cria liquidez artificial com ofertas de tamanho fora do padrão do livro de ofertas com o objetivo de influenciar investidores a superar a oferta artificial e gerar negócios do lado oposto do livro. Após negócio, a liquidez artificial na forma de oferta fora do padrão é cancelada.

De acordo com a BSM, a prática de *layering* é semelhante à prática de *spoofing*, mas difere relação à criação de liquidez artificial que ocorre por meio da inserção de camadas ("*layers*", em inglês) de ofertas em níveis sucessivos de preços, enquanto no *spoofing* a liquidez artificial ocorre por meio de ofertas com

[22] MICHAELIS. **Moderno Dicionário Inglês.** Disponível em: https://michaelis.uol.com.br/moderno-ingles/. Acesso em: 15 ago 2018.

[23] BSM – SUPERVISÃO DE MERCADOS. **Painel: Monitoração de ofertas – Spoofing e Layering Workshop sobre Monitoração de Práticas Abusivas de Ofertas, de Prevenção à Lavagem de Dinheiro e de Controles Internos de Suitability**. São Paulo, 23 nov. 2016. Disponível em: https://www.bsmsupervisao.com.br/assets/file/noticias/Monitoraca_Ofertas.pdf. Acesso em: 21 jul. 2018.

quantidades desproporcionais em comparação àquelas presentes no livro.

Spoofing e *layering* correspondem a estratégias de inserção intencional de oferta, ou conjunto de ofertas, não executável(is) no sistema de negociação de valores mobiliários, por investidor, em um dos lados do livro de ofertas, com o objetivo de criar expectativas para os demais participantes do mercado quanto a tendência de negociação do ativo, induzindo-os a comportamentos que levem a alterações desejadas pelo investidor no nível de preço do ativo e permitam a colocação, por este, de oferta executável na ponta contrária após a obtenção do efeito desejado, com imediato cancelamento da(s) oferta(s) não executável(is).

Entende-se por oferta ou conjunto de ofertas não executável(is) aquela(s) que, no momento de sua inserção no sistema de negociação esteja(m) fora de condições de negociabilidade, considerando os critérios estabelecidos para prioridade de execução, tais como preço ofertado e cronologia.

Por conseguinte, oferta(s) executável(is) corresponde(m) a oferta(s) que esteja(m) em condições de negociabilidade imediata, tendo prioridade sobre as demais ofertas constantes do livro.

Neste sentido, a(s) oferta(s) não executável(is) pode(m) ser considerada(s) como oferta(s) de má-fé que tem(êm) como exclusivo propósito gerar condições para a colocação de oferta executável, pelo investidor, na ponta em que se pretenda efetivamente negociar.

As práticas do *spoofing* e *layering* exigem o elemento subjetivo (dolo) do agente envolvido. A verificação do dolo do agente é relacionada com a análise dos elementos dos ciclos do *spoofing* e *layering*, e visa distinguir a prática abusiva de outras estratégias de negociação legítimas no mercado de valores mobiliários, principalmente aquelas que fazem uso de HFT.

Para definição do dolo na conduta do agente são analisados os negócios efetivamente concretizados em um dado pregão pelo agente, em busca de situações que: (i) demonstrem o entendimento por parte do agente que os seus atos podem causar desequilíbrios de mercado; (ii) permitam identificar a intenção de fraudar o livro de ofertas e concretizar a prática do *spoofing* ou *layering*.

Quanto à compreensão e conhecimento das condutas vedadas no mercado de valores mobiliários e que podem resultar em *spoofing* e *layering*, a BSM vem divulgando informações sobre o tema desde 2011, e a partir de 2014 vem realizando palestras educativas e apresentações que foram disponibilizadas em seu *website*[24].

No combate às práticas abusivas, a BSM vem atuando de forma coordenada junto aos participantes de mercado e à CVM, por meio de Atividades educacionais e de persuasão, compartilhamento de alertas sobre indícios de *spoofing* e *layering;* orientação sobre avaliação de casos em análise, recebimento de comunicação de casos identificados e promoção de *workshops* sobre o tema.

3.1. Conceito de *Spoofing*

Spoofing é a estratégia de fraude ao regular funcionamento do mercado de capitais pela qual o praticante altera o processo de livre formação de preços de determinado valor mobiliário de maneira deliberada e artificial mediante a inserção de lotes expressivos do ativo sem intenção de executá-los.

A estratégia de *spoofing* é constituída por uma série ordenada e pré-determinada de ofertas inseridas nos sistemas de

[24] *Workshop*, notícias relacionadas e vídeos educativos disponíveis em: https://www.bsmsupervisao.com.br/Noticias/2017-04-17-Workshop-Monitoramento-de-Ofertas-em-Spoofing-e-Layering e https://www.bsmsupervisao.com.br/Noticias/Spoofing-Layering.

negociação de bolsas de valores pela qual o praticante busca executar negócios ao preço por ele determinado por meio do aumento artificial da oferta ou da demanda do ativo, causado pelo lote expressivo.

Esses lotes expressivos fazem com que os demais investidores tenham que melhorar os preços de suas ofertas, alcançando então o preço pretendido pelo praticante. Ao realizar o negócio originalmente pretendido, o praticante reduz a pressão que houvera artificialmente criado por meio do cancelamento total ou parcial da oferta do lote expressivo.

A série ordenada e pré-determinada de ofertas que caracteriza a prática de *spoofing* pode ser assim sintetizada[25]:

Primeiro passo: inserção de oferta de compra ou venda de determinado ativo, no preço pretendido pelo praticante, com prioridade de execução[26] ("*oferta pretendida*").

Segundo passo: inserção de oferta de lote expressivo na ponta contrária à pretendida ("*oferta artificial*"). Se a oferta pretendida for inserida na ponta compradora, o praticante do *spoofing* insere a oferta artificial no lado oposto do livro, de maneira a aumentar a pressão vendedora. Já se a oferta pretendida for inserida na ponta vendedora, o praticante insere a oferta artificial no lado comprador do livro.

Terceiro passo: criação de pressão artificial para atrair investidores. As ofertas artificiais criam pressão vendedora ou compradora em razão do aumento significativo da quantidade

[25] BSM – SUPERVISÃO DE MERCADOS. **Painel: Monitoração de ofertas – Spoofing e Layering Workshop sobre Monitoração de Práticas Abusivas de Ofertas, de Prevenção à Lavagem de Dinheiro e de Controles Internos de Suitability**. São Paulo, 23 nov. 2016. Disponível em: https://www.bsmsupervisao.com.br/assets/file/noticias/Monitoraca_Ofertas.pdf. Acesso em: 21 jul. 2018.

[26] De acordo com o item 4 do Manual de Procedimentos Operacionais da B3. Disponível em: http://www.b3.com.br/pt_br/regulacao/estrutura-normativa/operacoes/. Acesso em: 21 jul. 2019.

disponível do ativo no livro de ofertas do ativo, o que induz os demais investidores a aumentarem ou diminuírem o preço das suas ofertas. Ou seja, outros investidores inserem ofertas com preços melhores aos do lote expressivo, motivados pelos sinais artificiais emitidos exatamente pelo lote expressivo, alcançando o preço da oferta pretendida pelo praticante do *spoofing* no lado oposto do livro.

Quarto passo: cancelamento da oferta artificial. Depois da execução da oferta pretendida, o praticante do *spoofing* cancela a oferta artificial.

O *spoofing* pode ser praticado ainda que a ordem desta série não seja respeitada. Por exemplo, a oferta pretendida pode ser inserida após a inserção da oferta do lote expressivo, desde que a oferta pretendida seja inserida com prioridade de execução.

No caso do *spoofing*, elementos de cada etapa da série como tamanho do lote expressivo, prioridade de execução da oferta pretendida e do lote expressivo e nível de preço do lote expressivo são mais importantes do que a ordem em que as etapas se apresentam.

A configuração do *spoofing* não depende de uma ordem específica, mas sim da manipulação do mercado mediante a prática de sucessivas ofertas, e dentre estas, as ofertas artificiais e aquelas que visam realizar negócios.

As ofertas artificiais criam a sensação de falsa liquidez no lado oposto do livro ao qual se encontra a oferta desejada. Esta sensação causa uma reação nos demais investidores, que agridem a oferta desejada superando a oferta artificial e gerando a vantagem econômica ao participante.

Esta reação se funda no tamanho da oferta artificial inserida pelo praticante do *spoofing*, que destoa do padrão das demais ofertas presentes no livro. O padrão das ofertas no pregão é verificado empiricamente, considerando o dia e os ativos envolvidos na prática do *spoofing*.

Também existem variações nas etapas do ciclo de *spoofing*: (a) os praticantes do *spoofing* podem não cancelar a oferta artificial, mas sim alterar o tamanho e/ou preço da oferta, de forma a executá-la dentro dos padrões das demais ofertas presentes ou tirá-la da linha de execução de ofertas no lado oposto do livro; (b) a oferta artificial pode ser desdobrada em várias ofertas ao mesmo preço, que geram a sensação de liquidez nos demais investidores; (c) em ativos que tenham liquidez elevada na dinâmica regular do mercado, a oferta artificial pode gerar mais de um negócio no lado do livro em que se encontra a oferta que visa concretizar o negócio pretendido pelo praticante do *spoofing*; (d) ofertas artificiais que tenham execução marginal, o que não descaracteriza o *spoofing* e (e) inserção de ofertas por intermédio de contas distintas do praticante do *spoofing* em um mesmo intermediário.

3.2. Conceito de *Layering*

Layering corresponde à inserção de múltiplas ofertas limitadas em um lado do livro de ofertas, na ponta contrária a que se pretende negociar, a vários níveis de preço melhores que aqueles praticados momentaneamente pelo mercado.

O propósito é criar aparência de alteração nos níveis de oferta e demanda do ativo e, dessa forma, mover artificialmente seu preço e favorecer a execução de oferta do investidor na ponta inversa ao preço artificialmente criado, a qual se segue o imediato cancelamento das ofertas anteriormente inseridas.

O praticante cria pressão artificial compradora ou vendedora e atrai outros investidores para negociação por meio de inserção de ofertas artificiais, provocando pressão artificial de compra ou venda do ativo, de acordo com o seu interesse.

Essas ofertas dão a falsa impressão de maior liquidez para o ativo e levam outros investidores negociar as ações por preço artificial. O praticante do *layering*, então, insere oferta do outro lado do livro, de modo a fechar negócio com o investidor atraído. Após a execução do negócio pretendido, as ofertas artificiais são canceladas.

Assim como na prática de *spoofing*, há variações da estratégia de *layering*: (a) as camadas variam de quantidade de ofertas de acordo com as condições do ativo, sendo padrão utilizar o lote mínimo de apregoação; (b) a formação das camadas considera os níveis de preços já preenchidos com ofertas de outros e, nesse caso, as camadas não seriam contínuas; (c) o cancelamento das camadas pode ser feito com operação de mesmo comitente (total ou parcial) e (d) é possível substituir o cancelamento por alteração das ofertas artificiais.

4. *Spoofing* e *Layering* na Regulação Internacional

Os agentes reguladores dos maiores mercados internacionais de valores mobiliários identificaram o emprego do *spoofing* e do *layering* em sistemas de negociação automatizados (*automated trading systems* – "*ATS*"), principalmente por investidores e operadores que se utilizam de tecnologias de negociação de alta-frequência (HTF), e editaram normas para prevenir e punir as práticas do *spoofing* e do *layering*.

No Reino Unido, o artigo 118(5) do *Financial Services and Markets Act* relaciona a criação de condições artificiais de oferta e demanda de valores mobiliários entre as práticas abusivas proibidas no mercado de capitais britânico[27]. Para orientar os agentes de mercado a respeito das práticas abusivas contra o mercado de capitais britânico, o *Financial Conduct Authority (FCA)* – órgão regulador do mercado de valores mobiliários do Reino Unido – editou o *Market Abuse Regulation* (MAR 1), cujo

[27] Financial Services and Markets Act 2000, Part VIII, Section 118 (5a), da Financial Conduct Authority (FCA) do Reino Unido. Disponível em: https://www.legislation.gov.uk/ukpga/2000/8/section/118.

Capítulo 1 estabelece o Código de Conduta de Mercado (*Code of Market Conduct*) e exemplifica as operações que, de acordo com o FCA, criam condições artificiais de oferta e demanda de valores mobiliários, dentre elas as operações relacionadas à prática do *spoofing*[28].

Na União Européia, a *European Securities and Markets Authority* – ESMA emitiu orientações voltadas às bolsas de valores, agentes do mercado financeiro e órgãos reguladores dos mercados de valores mobiliários dos países-membros, com o objetivo de atualizar a recomendação quanto a adoção de sistemas e controles em ambientes de negociação automatizados[29]. Dentre essas orientações, a Orientação 5 cita as práticas de *spoofing* e *layering*[30] dentre as potenciais infrações às quais os ATS estão mais suscetíveis.

[28] Market Abuse Regulation (MAR), da Financial Conduct Authority (FCA). Disponível em: https://www.handbook.fca.org.uk/handbook/MAR/1/6.html?date=2016-03-07.

[29] ESMA Guidelines. Systems and controls in an automated trading environment for trading platforms, investment firms and competent authorities. Disponível em http://www.esma.europa.eu/system/files/esma_2012_122_en.pdf. Acesso em 4.12.2018.

[30] *"Guideline 5. Organizational requirements for regulated markets and multilateral trading facilities to prevent Market abuse (in particular market manipulation) in an automated trading environment. (...) 2. Potential cases of market manipulation that could be of particular concern in an automated trading environment include: (...) Layering and Spoofing – submitting multiple orders often away from the touch on one side of the order book with the intention of executing a trade on the other side of the order book. Once that trade has taken place, the manipulative orders will be removed."* ("Orientação 5. Requerimentos organizacionais para mercados regulados e ambientes multilaterais de negociação para prevenção de abuso de mercado (em especial manipulação de mercado) em ambientes automatizados de negociação. (...) 2. Potenciais casos de manipulação de mercado que podem ser objeto de especial atenção em ambientes automatizados de negociação incluem: (...) Layering e Spoofing – inserir múltiplas ofertas sem prioridade de execução em um lado do livro de ofertas com a intenção de executar negócios do outro lado do livro de ofertas. Uma vez executado o negócio, as ofertas manipuladoras são canceladas.").

Nos Estados Unidos, a vedação à prática do *spoofing* varia conforme a regulamentação do mercado onde os ativos são negociados. Assim, a *Section 10(b)* do *Securities Exchange Act* de 1934 – e a *Rule 10b-5*, expedida pela *U.S. Securities and Exchange Comission* ("SEC") para regulamentar a *Section* 10(b) – e a *Section 17(a)* do *Securities Act* de 1933 vedam o emprego de práticas manipuladoras ou fraudulentas nos mercados de valores mobiliários.

No mercado norte-americano de derivativos e *commodities*, a regulação passou a vedar nominalmente a prática do *spoofing* após a edição do *Dodd-Frank Wall Street Reform and Consumer Protection Act* em 2013[31], que editou o *Commodities Exchange Act* para vedar práticas consideradas contrárias à transparência e higidez do mercado de valores mobiliários, entre elas o *spoofing*.

4.1. Casos de *Spoofing* e *Layering* no Direito Norte-Americano

Nos EUA, a primeira condenação veio em 2016. Michael Coscia, *trader* de investimento em alta frequência na *Panther Energy Trading*, foi condenado a três anos de prisão[32].

Os ciclos caracterizadores das estratégias de *spoofing* e *layering* e a consequente criação de condições artificiais de demanda, oferta ou preço estão presentes na jurisprudência

[31] Recentemente, a justiça norte-americana teve a oportunidade de se manifestar pela primeira vez sobre a prática de *spoofing* com base nas novas disposições do CEA trazidas pelo Dodd-Frank Act. Em *United States v. Coscia (United States v. Coscia*, Case No. 14-cr-00551 (N.D. III) (*indictment filed Oct. 1,2014*)), o tribunal do júri do Estado de Illinois julgou Michael Coscia culpado pelas seis acusações de prática de *spoofing* e nas seis acusações de fraude em operações com *commodities*.

[32] UNITED STATES DEPARTMENT OF JUSTICE. Northern District of Illinois. **High-Frequency Trader Sentenced to Three Years in Prison for Disrupting Futures Market in First Federal Prosecution of "Spoofing"**. 13 jul. 2016. Disponível em https://www.justice.gov/usao-ndil/pr/high-frequency-trader-sentenced-three-years-prison-disrupting-futures-market-first. Acesso em 07 ago. 2018.

do mercado de capitais internacional, como no caso de Navinder Sarao, investidor britânico que operou entre abril de 2010 e abril de 2014, a partir de Londres, minicontratos futuro de índice S&P 500 na Bolsa de Chicago, *The Chicago Mercantile Exchange* ("CME"), empregando estratégias de *layering* e *spoofing* que contribuíram para o evento que ficou conhecido como "*flash crash*", no dia 6.5.2010.

O investidor foi acusado pela CFTC e pela corte do estado de Illinois. De acordo com o indiciamento do investidor elaborado pela corte[33]:

> A partir de janeiro de 2009, Navinder Singh Sarao, o defendente, buscou enriquecer por meio da manipulação do mercado de contratos de e-mini. Ao inserir inúmeras ordens no livro de ofertas da CME em diferentes níveis de preço, Sarao criava a falsa impressão de oferta substancial do ativo, com o intuito de induzir outros participantes do mercado a reagir às suas ofertas artificiais. Sarao, dessa forma, pressionava artificialmente os preços de contratos e-mini para baixo. Com a ajuda de um programa de negociação automatizado, Sarao foi capaz de eliminar o risco de executar de maneira não intencional essas ordens, modificando-as e, finalmente, cancelando-as antes de executadas. Neste entretempo, valia-se da manipulação para gerar elevado benefício financeiro em suas operações, ao executar suas ordens pretendidas.

[33] Tradução livre de: "*Beginning in or about January 2009, NAVINDER SINGH SARAO, the defendant, sought to enrich himself through manipulation of the market for E-Minis. By placing multiple large-volume orders on the CME at different price points, SARAO created the false appearance of substantial supply in order to fraudulently induce other market participants to react to his deceptive market information. SARAO thus artificially depressed E-Mini prices. With the aid of an automated trading program, SARAO was able to all but eliminate his risk of unintentionally executing these orders by modifying and ultimately canceling them before execution. Meanwhile, he exploited his manipulation to reap large trading profits by executing other, real orders.*" Disponível em: https://www.justice.gov/criminal-fraud/file/910206/download.

Anteriormente à condenação de Navinder Sarao, a corte de apelação dos Estados Unidos da América já havia condenado Michael Coscia pela utilização de estratégias de *spoofing*. Também houve medidas de *enforcement* com relação a este investidor na própria CME, na CFTC e na FCA. De acordo com o indiciamento elaborado pela corte de Illinois[34]:

> O algoritmo criado era parte do esquema implementado e executado por Coscia em agosto de 2011, envolvendo estratégia de investimento de alta frequência (HFT), pela qual inseria um grande volume de ordens que pretendia cancelar imediatamente, antes que pudessem ser encontradas por ordens de outros investidores, de modo a fechar negócio. Coscia concebeu sua estratégia para criar uma falsa impressão sobre o número de contratos disponíveis no mercado e para induzir, fraudulentamente, outros investidores a reagir às informações falsas. A estratégia de Coscia moveu o mercado na direção favorável a si, possibilitando que ele comprasse os ativos a preço menor ou vendesse contratos a preço maior do que os preços disponíveis no mercado antes da sua entrada, cancelando, em seguida, suas ofertas expressivas.

[34] Tradução livre de: "*It was part of the scheme that, in and around August 2011, COSCIA devised, implemented, and executed a high-frequency trading strategy in which he entered large-volume orders that he intended to immediately cancel before they could be filled by other traders. COSCIA devised this strategy to create a false impression regarding the number of contracts available in the market, and to fraudulently induce other market participants to react to the deceptive market information that he created. COSCIA's strategy moved the market in a direction favorable to him, enabling him to purchase contracts at prices lower than, or sell contracts at prices higher than, the prices available in the market before he entered and canceled his large-volume orders. COSCIA then repeated this strategy in the opposite direction to immediately obtain a profit by buying futures contracts at a lower price than he paid for them, or by selling contracts at a higher price than he paid for them. As a result of this strategy, COSCIA made approximately $1,592,867.*" Disponível em: https://www.justice.gov/sites/default/files/usao-ndil/legacy/2015/06/11/pr1002_01a.pdf.

Coscia, então, repetia sua estratégia no lado oposto do livro de ofertas para obter imediatamente lucro ao comprar os ativos a um preço menor do que aquele que pagou ou por vender os ativos a um preço maior do que aquele que pagou. Como resultado dessa estratégia, Coscia obteve um lucro de aproximadamente US$ 1.592.867,00.

Ao tratar de operações realizadas por Coscia com contratos de futuro na Intercontinental Exchange ("*ICE*"), entre 6.9.2011 e 18.10.2011, e que utilizaram o mesmo algoritmo mencionado pela corte de Illinois, empregando estratégias de *layering*, a FCA determinou que, embora não tenha havido impacto significativo no preço dos ativos da ICE, o padrão de negociação de Coscia criou uma falsa liquidez no mercado, que foi utilizada em seu benefício e em detrimento de outros participantes[35].

Em 7.8.2017, a CFTC divulgou abertura de procedimento em face do *Bank of Tokyo-Mitsubishi UFJ, Ltd.* ("*BTMU*"), iniciada a partir de uma autodenúncia do BTMU, em razão da utilização de estratégias de *spoofing* com contratos futuro na CME[36]:

Um operador do BTMU inseriu diversas ofertas artificiais no livro, com a intenção de cancelá-las antes da execução. As estra-

[35] Tradução livre de: "*Although there was no significant impact on the price of ICE products, Mr Coscia's trading pattern created false liquidity in the market which he used to his advantage and to the detriment of other market participants*". Disponível em: https://www.fca.org.uk/publication/final-notices/coscia.pdf.

[36] Conforme tradução livre de: "*Trader A placed multiple orders for futures contracts with an intent to cancel the orders before their execution. Trader A's spoofing strategies included submitting orders on opposite sides of the same market at nearly the same time. The Order further finds that Trader A engaged in this spoofing activity in order to move the market in a direction favorable to his orders. Once aware of Trader A's misconduct, BTMU promptly suspended the trader and reported the conduct to the CFTC's Division of Enforcement (the Division)*". Disponível em: http://www.cftc.gov/PressRoom/PressReleases/pr7598-17.

tégias de *spoofing* do operador incluíram a inserção de ofertas em lados opostos do livro, quase concomitantemente, com o intuito de direcionar o mercado na direção favorável às ofertas pretendidas.

O caso *Hold Brothers On-Line Investment Services x SEC* foi julgado procedente no âmbito da SEC, tendo em vista a comprovação da prática de *layering*, em infração às *Sections* 9(a)(2) e 17(a) acima referidas. No caso, a SEC especificou que[37]:

> *Layering* consiste no uso de ofertas artificiais que o investidor não pretende executar, para induzir outros à compra ou à venda de um ativo a preço que não representa a real oferta e demanda do mercado. Mais especificamente, o investidor insere a oferta de compra (ou de venda) que pretende executar, e então imediatamente, insere inúmeras ofertas artificiais de venda (ou de compra) com o intuito de atrair interesse para a oferta pretendida. Não se pretende a execução dessas ofertas artificiais. A natureza dessas ofertas é induzir ou enganar outros participantes do mercado a fechar negócio com a oferta pretendida. Imediatamente após o negócio ser fechado com a oferta pretendida, o investidor cancela as ofertas artificiais e repete essa estratégia do lado oposto do mercado para fechar sua posição.

[37] Tradução livre de: "*layering concerns the use of non-bona fide orders, or orders that the trader does not intend to have executed, to induce others to buy or sell the security at a price not representative of actual supply and demand. More specifically, a trader places a buy (or sell) order that is intended to be executed, and then immediately enters numerous non-bona fide sell (or buy) orders for the purpose of attracting interest to the bona fide order. These non-bona fide orders are not intended to be executed. The nature of these orders is to induce, or trick, other market participants to execute against the initial, bona fide order. Immediately after the execution against the bona fide order, the trader cancels the open, non-bona fide orders, and repeats this strategy on the opposite side of the market to close out the position*". Disponível em: https://www.sec.gov/litigation/admin/2012/34-67924.pdf

Portanto, verifica-se dos casos internacionais acima, que a prática de *spoofing* ou *layering* não são novidades para o mercado de capitais, havendo precedentes de condenações dos investidores que realizaram referida prática.

5. *Spoofing* e *Layering* no Direito Brasileiro

A manutenção da integridade do mercado de valores mobiliários depende, entre outros fatores, de uma estrutura regulatória que garanta que os negócios executados reflitam a vontade dos investidores.

Nessa linha, a IOSCO, principal organização internacional que congrega reguladores dos mercados de valores e de futuros, publicou relatório[38] com diretrizes para regulação do mercado de valores mobiliários, baseado em três principais objetivos: (a) a proteção de investidores, (b) assegurar a criação e manutenção de mercados justos, eficientes e transparentes; e (c) redução do risco sistêmico.

Ainda que os três objetivos da acima mencionados pretendam ser alcançados pela regulação dos mercados de capitais, o foco em cada objetivo depende, em larga medida, das peculiaridades do mercado.

No mercado de capitais, a dinâmica da movimentação financeira obedece à lógica própria desse mercado, pela qual a transferência de recursos entre o investidor e o tomador de recursos financeiros é feita diretamente entre as partes, sem a intermediação de instituições bancárias.

Nessa lógica, o amplo acesso a informações atuais e fidedignas ganha especial relevo na regulação do mercado de capitais na medida em que é com base nessas informações que os investidores tomarão suas decisões de investimento.

[38] International Organization of Securities Commissions. **Objectives and Principles of Securities Regulation**. Junho, 2010. Disponível em: https://www.iosco.org/library/pubdocs/pdf/IOSCOPD323.pdf. Acesso em: 26 abr. 2019.

As ofertas públicas de distribuição de valores mobiliários regidas pela Lei nº 6.385/1976 e Instrução CVM nº 400, de 29 de dezembro de 2003 são exemplos de operações pelas quais empresas tomadoras buscam captar recursos junto à poupança popular sem a intermediação do mercado bancário.

Essa lógica que dispensa a intermediação bancária requer, por outro lado, que o foco da regulação seja direcionado à proteção dos direitos dos investidores. Para tanto, uma série de obrigações são impostas às empresas que buscam o mercado de capitais para financiamento de suas operações, visando regular ou vedar determinadas condutas. Nasce, portanto, o que se convencionou denominar regulação de condutas. Na opinião de Otavio Yazbek[39]:

> A regulação de condutas é aquela que estabelece obrigações ou procedimentos para os agentes nas suas relações concretas, outorgando proteção aos diferentes tipos de clientes (conforme o grau de especialização destes) ou de contrapartes das instituições. Em tal modalidade são adotados, predominantemente, regimes prescritivos, autorizando ou proibindo determinadas práticas ou determinados procedimentos. Essas prescrições podem abranger um amplo leque de atividades, indo desde a oferta dos produtos financeiros até o estabelecimento de obrigações de informar, de adotar condutas padronizadas, de manter estruturas de atendimento etc.

No campo da regulação de condutas, os incisos I e II da Instrução CVM nº 8/1979, editada com base na Lei nº 6.385/1976, estabelecem vedações aos participantes do mercado de valores mobiliários a condutas que criem condições artificiais de oferta,

[39] YAZBEK, Otavio. **Regulação do Mercado Financeiro e de Capitais**. 2ª edição. Rio de Janeiro. Elsevier. 2009. p. 190.

demanda ou preço de valores mobiliários, manipulem preços, ou que sejam caracterizadas como operações fraudulentas ou uso de práticas não equitativas.

5.1. Lei nº 6.385/1976

As obrigações estabelecidas pela regulação, e também pela autorregulação, são de fundamental importância para a manutenção da higidez e da integridade do mercado de valores mobiliários, devendo haver, necessariamente, instrumentos que coíbam seu descumprimento.

Em razão da necessidade de desenvolvimento do mercado e de uma estrutura institucional forte, foi editada a Lei nº 6.385/76, que dispõe sobre o mercado de valores mobiliários e cria o regulador Brasileiro (CVM).

A Lei nº 6.385/76, em seu artigo 4º, estabeleceu que o Conselho Monetário Nacional ("*CMN*") e a CVM devem exercer suas atribuições para, dentre outras finalidades, "evitar ou coibir modalidades de fraude ou manipulação destinada a criar condições artificiais de demanda, oferta ou preço dos valores mobiliários negociados no mercado" (inciso V); e "assegurar a observância de práticas comerciais equitativas no mercado de valores mobiliários" (inciso VII).

Nesse contexto, por meio de seu artigo 18, inciso II, alínea "b", a Lei atribuiu à CVM a competência para definir a configuração de condições artificiais de demanda, oferta ou preço de valores mobiliários, ou de manipulação de preço; operações fraudulentas e práticas não equitativas na distribuição ou intermediação de valores:

> Art. 18. Compete à Comissão de Valores Mobiliários: [...]
> II – definir: [...]
> *b)* a configuração de condições artificiais de demanda, oferta ou preço de valores mobiliários, ou de manipulação de preço; ope-

rações fraudulentas e práticas não equitativas na distribuição ou intermediação de valores;

Na esfera penal, a Lei 6.385/1976 também prevê condutas ilícitas, incluídas pela Lei nº 10.303/2001 e comina para elas as respectivas sanções penais. Dentre as condutas ilícitas lá previstas, destacamos a manipulação do mercado, disposto no artigo 27-C, com redação dada pela Lei nº 13.506/2017:

> Art. 27-C. Realizar operações simuladas ou executar outras manobras fraudulentas destinadas a elevar, manter ou baixar a cotação, o preço ou o volume negociado de um valor mobiliário, com o fim de obter vantagem indevida ou lucro, para si ou para outrem, ou causar dano a terceiros:
>
> Pena – reclusão, de 1 (um) a 8 (oito) anos, e multa de até 3 (três) vezes o montante da vantagem ilícita obtida em decorrência do crime.

Ao tratar da manipulação do mercado, o bem jurídico tutelado pela Lei foi a estabilidade do mercado de capitais, por meio da proteção do processo de formação de preços dos valores mobiliários.

A lei não exige qualquer qualificação específica do sujeito para a prática do crime. Qualquer pessoa ou grupo de pessoas pode praticá-lo. Trata-se de um crime comum e exige dolo específico: "o fim de obter vantagem indevida ou lucro, para si ou para outrem, ou causar dano a terceiros".

Ademais, trata-se de um crime de perigo abstrato. Isto é, o crime se configura mesmo se a lesão que ele puder produzir não tiver sido concretizada. O crime se consuma mesmo que nenhum lucro tenha sido auferido ou que nenhum prejuízo tenha sido causado. Basta que a conduta tenha essa finalidade.

5.2. Instrução CVM nº 8/1979

Sobre a Instrução CVM nº 8/1979, verifica-se que se trata de norma geral, que incorpora princípios e que pode ser aplicada para diversas condutas, sem que haja uma norma exemplificativa tipificando cada uma das condutas passíveis de enquadramento nessa norma.

Por sua vez, as modalidades de práticas abusivas descritas na Instrução CVM nº 8/1979 são consideradas como irregularidades de manipulação de mercado. Ou seja, a criação de condições artificiais de demanda, oferta ou preço de valores mobiliários, a manipulação de preços e as operações fraudulentas são espécies de um único gênero, a manipulação de mercado.

O bem jurídico tutelado pela proibição à manipulação de mercado é a integridade do mercado de capitais, protegendo o processo de formação de preço e evitando a sua alteração artificial, de modo que os investidores não negociem com base em informações e preços artificiais. É nesse contexto em que a proibição das práticas de *spoofing* e *layering* devem ser analisadas.

Assim, a Instrução CVM nº 8/1979 é uma norma geral, que incorpora princípios para se evitar a prática de manipulação de mercado, podendo ser aplicada para diversas condutas, não sendo necessário que haja uma norma descritiva de cada uma das condutas passíveis de enquadramento como prática abusiva.

O que a referida Instrução faz é indicar as modalidades nas quais essas práticas podem ser classificadas de acordo com as suas características, que apesar de poderem ser distintas, tem o intuito de impedir a manipulação de mercado.

A esse respeito, o Diretor da CVM Pablo Renteria, no julgamento do Processo Administrativo Sancionador nº RJ2014/12921, datado de 22.11.2016, afirmou que a Instrução CVM nº 8/1979 foi criada "de forma propositadamente genérica, [com] situações que configuram operações ou práticas incompatíveis com a regularidade que se pretende assegurar ao mercado de valores mobiliários", e indicando as modalidades nas quais práticas tais como o *spoofing* podem ser classificadas de acordo com as suas características, que apesar de poderem ser distintas, resultam a manipulação de mercado.

A utilização das estratégias de *spoofing* e *layering* podem ser caracterizadas como infrações ao inciso II, alíneas (a) e (b) da Instrução CVM nº 8/1979, que veda a criação de condições artificiais de demanda, oferta ou preço de valores mobiliários e a manipulação de preço.

5.2.1. Criação de Condições Artificiais de Oferta, Demanda e Preço

O inciso II, alínea "a", da Instrução CVM nº 8/1979 define condições artificiais de demanda, oferta ou preço de valores mobiliários como "aquelas criadas em decorrência de negociações pelas quais seus participantes ou intermediários, por ação ou omissão dolosa provocarem, direta ou indiretamente, alterações no fluxo de ordens de compra ou venda de valores mobiliários".

Portanto, os elementos para caracterização de determinada prática como criação de condições artificiais de demanda, oferta ou preço são: realização de negociações, presença de dolo e alteração no fluxo de ordens de compra ou venda de valores mobiliários[40].

O conceito engloba negócios artificiais ou simulados, que dão ao mercado a falsa impressão de uma compra e/ou uma venda, quando na verdade têm finalidade diversa, como a transferência de recursos entre contas gráficas perante um Participante. Conforme decidido pela CVM, a essência da criação de condições artificiais consiste na "dissimulação da verdadeira finalidade do negócio".[41]

[40] A esse respeito, vide EIZIRIK, Nelson; GAAL, Ariádna B. PARENTE, Flávia; HENRIQUES, Marcus de Freitas. *Mercado de Capitais – regime jurídico*. 3ª ed. revista e ampliada. Rio de Janeiro: Ed. Renovar, 2011, p. 548-549.

[41] Inquérito Administrativo CVM nº RJ 2002/5015, Rel. Norma Jonssen Parente, julgado em 11.12.2003.

Uma vez verificada a artificialidade dos negócios, as operações artificiais sempre interferem no bom funcionamento do mercado em razão de seu potencial impacto no fluxo de ordens, sem necessidade de comprovar a materialização do montante de tal interferência. Nesse sentido, "os negócios artificiais interferem, sempre, no bom funcionamento do mercado, que passa a ser um meio para transações com finalidades impróprias".[42]

A Nota Explicativa CVM nº 14/1979, que trata da edição da Instrução CVM nº 8/1979, evidencia o objetivo da referida instrução de conceituar "situações que configuram operações ou práticas incompatíveis com a regularidade que se pretende assegurar ao mercado de valores mobiliários", ou seja, práticas nocivas ao funcionamento regular do mercado.

Operações legítimas no mercado de bolsa não se confundem com operações realizadas com o fim de gerar lucro ou perda já conhecida, que representa simulação, caracterizando operações artificiais que influenciam o movimento regular de mercado e provocam alterações no fluxo de ordens, volume de negócios e a formação regular de preços.

Não há uma conduta específica que caracteriza a irregularidade de criação de condições artificiais de demanda, oferta ou preço de valores mobiliários, podendo ser cometida de formas diversas. Esse entendimento, inclusive, já foi explicitado pela Diretora da CVM Luciana Dias, em seu voto no julgamento do PAS 12/2010, em 7.10.2014[43]:

[42] Processo Administrativo Sancionador nº 12/04, voto do Diretor-Relator Alexsandro Broedel Lopes, julgado em 11.05.2010.

[43] Processo Administrativo Sancionador nº 12/10, voto do Diretora-Relatora Luciana Dias, julgado em 7.10.2014. Disponível em: http://www.cvm.gov.br/export/sites/cvm/sancionadores/sancionador/anexos/2014/20141007_PAS_122010.pdf.

> Segundo os acusados, o tipo 'criação de condições artificiais de demanda, oferta e preço de valores mobiliários' pressuporia o alinhamento de interesses entre as partes das negociações. Como consequência, as operações abrangidas por esse tipo estariam limitadas àquelas conhecidas como 'esquenta-esfria', 'troca de chumbo', 'Zé com Zé', dentre outras, nas quais resultados pré-combinados seriam obtidos por contrapartes atuantes em conluio. As operações apontadas pelos acusados me parecem ser, de fato, as principais, ou, pelo menos, as mais conhecidas modalidades de criação de condições artificiais de demanda, oferta e preço de valores mobiliários. Contudo, não encontro nem na regulamentação nem em precedentes desta casa qualquer indicativo de que as operações vedadas pela Instrução CVM nº 8, de 1979, em razão da criação de condições artificiais estejam limitadas às citadas modalidades.

Sobre a tipificação de uma conduta como criadora de condições artificiais de oferta, demanda ou preço, a Diretora da CVM, Luciana Dias, no julgamento do PAS 12/2010, em 7.10.2014, destacou:

> A meu ver, a alínea "a" do inciso II da mencionada instrução veda toda e qualquer operação cujos participantes (isolada ou conjuntamente) provoquem propositalmente alterações no fluxo de ordens de compra ou venda de valores mobiliários. E a primeira razão para tanto tem relação com o fundamento dessa vedação: a proteção da transparência e da eficiência do processo de formação de preço dos valores mobiliários.
>
> Para o adequado funcionamento do mercado de valores mobiliários, é imprescindível que esse processo seja pautado pela relação entre oferta e demanda, a qual pode ser influenciada por interferências indevidas em qualquer dessas pontas. Assim, a potencial criação tanto de aparente demanda quanto de aparente oferta de

valores mobiliários contribui para a transmissão de um sinal ilusório ao mercado quanto à liquidez de um determinado título e, consequentemente, pode prejudicar a confiança e a higidez do mercado. Por isso, as operações feitas com finalidades alheias ao mercado têm sido interpretadas como a criação de uma condição artificial para fins da Instrução CVM nº 8, de 1979.

Em segundo lugar, o entendimento acima manifestado parece ser corroborado por precedentes do Colegiado, nos quais se reconheceu como artificiais as operações realizadas com finalidades alheias ao mercado de valores mobiliários. Tais precedentes indicam que a utilização – por vezes sistemática – do mercado de valores mobiliários para fins e de forma diversa da esperada enseja prejuízo à livre e independente formação de preços e à confiança e higidez desse mercado.

A irregularidade pode ser identificada quando há a criação tanto de aparente demanda quanto de aparente oferta de valores mobiliários, a qual contribui para a transmissão de um sinal ilusório ao mercado quanto à liquidez de um determinado título, verificando-se, assim, a criação de condições artificiais.

5.3. Manipulação de Preços

A Instrução CVM nº 8/ 1979 define em seu inciso II, alínea "b", a manipulação de preços no mercado de valores mobiliários como: "a utilização de qualquer processo ou artifício destinado, direta ou indiretamente, a elevar, manter ou baixar a cotação de um valor mobiliário, induzindo, terceiros à sua compra e venda".

Os elementos caracterizadores do tipo (manipulação de preços) são a utilização de processo ou artifício destinado a promover cotações falsas ou enganosas, induzindo terceiros a comprar ou vender os valores mobiliários cujas cotações foram artificialmente produzidas.

Nos casos de manipulação de preços são utilizadas manobras artificiais para elevar, manter ou baixar a cotação de um valor mobiliário com a finalidade de induzir terceiros a adquirir papéis sobrevalorizados ou alienar papéis subvalorizados.

Na CVM, a Diretora relatora Ana Dolores Moura Carneiro de Novaes destacou, em seu voto do PAS CVM nº RJ2013/51947, julgado em 19.12.2014:

> Caracteriza-se a manipulação de preços se restar comprovado que a elevação dos preços de determinada ação não resultou das forças normais de mercado, mas da atuação de certos investidores. O tipo não exige a comprovação de um resultado material efetivo. Trata-se de ilícito administrativo formal ou de perigo abstrato. Contudo, para que seja aplicada a penalidade é necessário demonstrar o nexo causal entre o artifício e o resultado, a efetiva produção de cotações enganosas. Para a caracterização da manipulação de preços devem ser observados os seguintes elementos: i) Utilização de processo ou artifício; ii) Destinados a promover cotações enganosas, artificiais; iii) Induzindo terceiros a negociar valores mobiliários cujas cotações foram artificialmente produzidas; iv) Presença do dolo, ainda que eventual, de alterar as cotações e induzir terceiros a negociar com base nessas cotações falsas.

Diferente da irregularidade de criação de condições artificiais de demanda, oferta ou preço de valores mobiliários, o objeto da conduta da manipulação de preços se restringe à cotação. A criação de condições artificiais pode influenciar não só a cotação, mas também a demanda e oferta de valores mobiliários.

É possível que a conduta do agente tenha por objetivo a manipulação de preços para benefício próprio ou de terceiros e que essa manipulação se dê por meio da criação de condições artificiais de demanda e oferta. Contudo, esse não é o único artifício passível de ser utilizado para atingir o fim manipulativo. A manipulação poderá restar caracterizada quando o agente efetivamente executa uma série de negócios que resultem na elevação ou redução gradativa do preço ao patamar por ele desejado.

Contudo, assim como na irregularidade de criação de condições artificiais de demanda, oferta ou preço, não será caracterizada manipulação de preços se os negócios executados forem munidos de justificativas econômicas legítimas.

5.4. Atuação da BSM e CVM no Combate às Práticas de *Spoofing* e *Layering*

A BSM foi o primeiro órgão a concluir no Brasil, também em 2016, um processo administrativo sobre a prática de *spoofing*. Pela CVM, o primeiro caso de *spoofing* praticado por algoritmos no Brasil foi julgado em 13 de março de 2018.

Na análise da prática de *spoofing* realizada no âmbito do processo administrativo disciplinar ("PAD") nº 05/2016, a BSM entendeu que esse ilícito tinha características de criação de condições artificiais de oferta, demanda ou preço.[44]

O entendimento se deu em razão da oferta artificial ter alterado o fluxo de ordens do livro de ofertas, emitindo sinais artificiais ao mercado de aumento de oferta ou de demanda do ativo, sem que tais ofertas se prestassem a fechar negócio com as ofertas inseridas por outros investidores, porque a oferta artificial foi cancelada tão logo a sua oferta pretendida fechasse negócio com outro investidor, que foi induzido pela oferta artificial.

A CVM, por sua vez, no julgamento do Processo Administrativo Sancionador nº RJ2016/7192, também entendeu que a prática de *spoofing* constitui modalidade de manipulação de

[44] BSM – SUPERVISÃO DE MERCADOS. **Processo Administrativo Ordinário n. 05/2016**. São Paulo, 2017. Disponível em: https://www.bsmsupervisao.com.br/atividades-disciplinares-e-processos/acompanhe-os-processos/parecer/2016-005-pad. Acesso em: 21 jul. 2018.

mercado, ao imputar aos seus acusados o descumprimento da Instrução CVM nº 8/1979[45], no mesmo sentido que a BSM.

Contudo, a CVM considerou que as características da prática de *spoofing* se enquadraria sob manipulação de preços, nos termos do inciso II, alínea "b" da Instrução CVM nº 8/1979.

Em que pese esta diferença, o voto do Diretor da CVM Henrique Balduino Machado Moreira no âmbito do Processo Administrativo Sancionador ("PAS") CVM nº RJ2016/7192, em seu item 66, deixa claro que a prática também se adequa à acusação de criação de condições artificiais de demanda, oferta ou preço de valores mobiliários[46].

Assim, há uma convergência de entendimentos entre BSM e CVM de que a prática de *spoofing* é irregular e deve ser combatida para evitar-se a manipulação de mercado.

Em termos gerais, a vedação à prática do *spoofing* existe para coibir o enriquecimento e proteger a função do livro de ofertas de ser fonte essencial de informações para a tomada de decisões por parte dos investidores. Para tanto, deve ser íntegro, refletindo o fluxo real de negócios com determinado ativo.

A prática do *spoofing* ou *layering* distorce as informações que podem ser verificadas no livro de ofertas, que passa a trazer

[45] COMISSÃO DE VALORES MOBILIÁRIOS. **Processo Administrativo Sancionador CVM nº RJ 2016-7192.** Voto do Dir. Rel. Henrique Balduino Machado Moreira, j. 13 mar. 2018. Disponível em: http://www.cvm.gov.br/export/sites/cvm/noticias/anexos/2018/20180313_Voto_DHM_Spoofing__PAS_20167192__FINAL.pdf.

[46] Trecho do voto do Diretor-Relator Henrique Balduino Machado Moreira, no âmbito do Processo Administrativo Sancionador CVM nº RJ2016/7192 (19957.005977/2016-18), julgado em 13.03.2018: *"Nesse contexto, em que os tipos administrativos representam modalidades congêneres de manipulação de mercado, tenho que eventual diferença de interpretação da CVM e da BSM representa o consenso entre as instituições de que a conduta dos Acusados violou a integridade do mercado de valores mobiliários. Por seu turno, o autorregulador aparenta dar maior relevância à intenção dos Acusados de alterarem o fluxo de ordens de compra ou venda de valores mobiliários por meio da simulação de pressão vendedora ou compradora em um dos lados do livro"*.

falsa liquidez de determinado ativo, impedindo o surgimento do preço real do ativo através da dinâmica de agressão às ofertas com real intenção de realizar negócios.

Destaca-se que o cancelamento de ofertas não é vedado. O investidor que insere e cancela ofertas nem sempre tem intenção de manipular o mercado. O investidor pode inserir uma oferta e, após verificar que a concretização do negócio no preço inserido não seria vantajosa, realiza seu cancelamento.

A intenção de não executar a oferta enviada é essencial para a demonstração da ocorrência do ilícito.

Ocorre que não é fácil diferenciar ofertas inseridas sem a intenção de serem executadas das ofertas realmente pretendidas pelo investidor. É necessário avaliar o contexto do mercado, o padrão de negociação do acusado, e outros fatos e circunstâncias julgados relevantes, para o enquadramento de determinada conduta como *spoofing* ou *layering*.[47]

Na detecção da irregularidade de *spoofing*, a BSM analisa as características especiais da oferta que cria a falsa liquidez, que figuram como a chave para detecção da irregularidade [48]: (i) oferta 6 (seis) vezes maior que o tamanho médio praticado pelo

[47] Nesse sentido, conforme o "*interpretative guidance and policy statement*" editado pelo *Commodity Futures Trading Commission* ("CFTC"), citado pelo no voto do Dir. Rel. Henrique Balduino Machado Moreira, no julgamento do Processo Administrativo Sancionador CVM nº RJ2016/7192, não considerará como *spoofing* as negociações, práticas ou condutas imprudentes (*reckless*), acidentais (*accidental*) ou negligentes (*negligent*). (CFTC, *Antidisruptive Practices Authority*, 78 Fed. Reg. 31890, 31892, 31896). Disponível em: https://www.cftc.gov/sites/default/files/idc/groups/public/@lrfederalregister/documents/file/2013-12365a.pdf.

[48] BSM – SUPERVISÃO DE MERCADOS. **Painel: Monitoração de ofertas – Spoofing e Layering Workshop sobre Monitoração de Práticas Abusivas de Ofertas, de Prevenção à Lavagem de Dinheiro e de Controles Internos de Suitability**. São Paulo, 23 nov. 2016. Disponível em: http://www.bsmsupervisao.com.br/assets/file/noticias/Monitoraca_Ofertas.pdf. Acesso em: 21 jul. 2018.

mercado nos 3 (três) pregões que antecederam o negócio; (ii) oferta de tamanho pelo menos 1,8 (um vírgula oito) vez maior que a soma de todas as outras ofertas constantes no mesmo lado do livro do ativo, até o 3º (terceiro) nível de preço[49]; e (iii) oferta que tenha permanecido menos de 10 (dez) segundos no livro do ativo.

Da mesma forma ocorrida para os casos de *spoofing*, na detecção da irregularidade de *layering*, a BSM analisa as características das ofertas que criam a camada de falsa liquidez, que seriam a chave para detecção da irregularidade: (i) camada contendo no mínimo 4 (quatro) ofertas no mesmo lado do livro a preços diferentes; (ii) realização de negócio do lado oposto às quatro ofertas; e (iii) cancelamento de todas as ofertas manipuladoras após o negócio.

A BSM realiza a filtragem das ofertas nos seus sistemas e, ao identificar um ciclo com indícios de *spoofing* ou de *layering*, verificam se todos os elementos acima estão presentes para, então, gerar um alerta ao participante. Para o envio de um alerta pela BSM, a recorrência é também condição necessária. Ou seja, devem ser identificados, no mínimo, 8 (oito) eventos no período de análise da BSM (15 dias).

Não há portanto nenhuma irregularidade em elementos isolados, seja para a caracterização do *spoofing* ou do *layering*: (i) a velocidade que um investidor realiza suas decisões e negócios não é relevante para detecção da irregularidade; (ii) manter ofertas de ambos lados do livro, ou seja, não há irregularidade se o investidor tem de fato desejo de apregoar e tentar capturar o *spread*; (iii) ofertas em tamanhos atípicos: apregoação de lotes

[49] As ofertas estão classificadas segundo o princípio de prioridade de melhor preço. No caso de compra, quanto maior o preço, melhor a oferta e, no caso de venda, quando menor o preço, melhor a oferta. As ofertas com preços iguais são classificadas de acordo com a ordem cronológica de seu registro, ou seja, aquelas inseridas primeiro tem prioridade.

relevantes são feitas com cuidado para não emitir este sinal ao mercado, mas se o investidor deseja mostrar sua intenção de negociar não há irregularidade; (iv) manter várias ofertas com preços distintos no livro, mesmo ofertas em ambos lados; e (v) cancelamento de ofertas, que é parte da dinâmica de um livro de bolsa e não é considerado irregular.

A BSM considera apenas como irregulares as operações realizadas com ciclo completo de *spoofing* ou de *layering*.

Para cada operação com *spoofing* ou *layering* é quantificado o benefício financeiro naquela operação. Esse cálculo apura o benefício em cada unidade da irregularidade, mesmo que um investidor realize apenas operações de compra ou de venda. O resultado do *day trade* não é o resultado da irregularidade, inclusive podem existir situações que não há resultado de *day trade* para apurar.

O benefício financeiro é o resultado obtido pela irregularidade calculado pela multiplicação da quantidade de ativos negociada, tamanho ou cotação do ativo e diferença de *spread* identificada antes do registro da oferta expressiva (para *spoofing*) ou da camada de ofertas (para *layering*).

5.4. Casos de *Spoofing* e *Layering* na CVM e BSM

Além dos casos analisados pela BSM e pela CVM ao longo deste trabalho, outros casos de *spoofing* e *layering* tratados pelo regulador e autorregulador merecem destaque.

O PAD nº 26/2016 foi instaurado pela BSM para apuração da responsabilidade de um agente autônomo de investimentos, em razão da identificação de elementos que caracterizam a prática de *spoofing* autoria, conforme descrito no parecer elaborado pela Superintendência de Acompanhamento de Mercado ("SAM") da BSM.

Conforme se extrai do Termo de Acusação do PAD, o agente autônomo executou a prática internacionalmente conhecida como *spoofing*, ao inserir ofertas de lotes expressivos em nível de preço diferente do mercado, as quais induziram outros investidores modificar suas ofertas e agrediam a oferta pretendida do agente autônomo. Após a realização do negócio pretendido, as ofertas artificiais de lotes expressivos eram canceladas. Ao total, o agente autônomo realizou 781 (setecentos e oitenta e um) negócios, em um benefício econômico de R$ 54.228,00 (cinquenta e quatro mil duzentos e vinte e oito reais).

O agente autônomo foi acusado de infringir a Instrução CVM nº 8/1979, inciso I, com o conceito contido no inciso II, "a", ao criar condições artificiais de demanda, oferta ou preço de valores mobiliários (*spoofing*).

Pela prática de *spoofing*, o agente autônomo foi condenado pela Turma do Conselho de Supervisão da BSM, em 22.3.2018, à penalidade de multa no valor de R$ 108.456,00 (cento e oito mil, quatrocentos e cinquenta e seis reais). Conforme reportado pela BSM, sobre a dosimetria da pena aplicada[50]:

> O Relator destacou que a multa é equivalente correspondente a duas vezes o diferencial de *spread* calculado pela Acusação, conforme prática firmada pela CVM no âmbito do Processo Administrativo Sancionador CVM nº RJ2016/7192. Por sua vez, por diferencial de *spread* o Relator entendeu que este corresponde à diferença entre o preço da melhor oferta de compra ou venda dos ativos no livro de ofertas no milissegundo anterior à utilização das estratégias de *spoofing* e o preço pelo qual os ativos foram efetivamente comprados ou vendidos após a utilização das estratégias de *spoofing*.

[50] BSM – SUPERVISÃO DE MERCADOS. **Processo Administrativo Ordinário n. 26/2016**. São Paulo, 2017. Disponível em: http://www.bsmsupervisao.com.br/atividades-disciplinares-e-processos/acompanhe-os-processos/parecer/2016-026-pad. Acesso em: 03 jul. 2018.

O PAD nº 43/2016 foi instaurado em razão da constatação, pela SAM da BSM, da utilização de estratégias de *layering* em operações realizadas nos mercados administrados pela B3, por cliente da corretora acusada, que ocasionaram a criação de condições artificiais de oferta e demanda de valores mobiliários[51].

Segundo o parecer da SAM, a corretora intermediou, em nome do cliente, operações nas quais averiguou-se a prática de *layering* em um total de 2.232 (duas mil, duzentas e trinta e duas) vezes, em 137 (cento e trinta e sete) pregões, no período de 11 (onze) meses, gerando ao investidor benefício financeiro de R$ 16.534,00 (dezesseis mil, quinhentos e trinta e quatro reais).

A corretora e seu diretor de relações com o mercado foram acusados de falha de monitoramento e não cumprimento do dever de zelar pela integridade e regular funcionamento do mercado, ao contribuírem para a criação reiterada de condições artificiais de oferta e demanda de valores mobiliários, por meio da prática de *layering*, em infração o artigo 32, I, da Instrução CVM nº 505/2011, o item 22.3.2(3)(5b) do Regulamento de Operações do Segmento Bovespa (vigente à época dos fatos) e o item 126 do Roteiro Básico (vigente à época dos fatos).

O caso foi encerrado mediante a celebração de termo de compromisso pelo diretor e a corretora, mediante o pagamento do valor de R$ 150.000,00 (cento e cinquenta mil reais) à BSM, sendo R$ 100.000,00 (cem mil reais) pela corretora e R$ 50.000,00 (cinquenta mil reais) pelo diretor.

No âmbito da CVM, o Processo Administrativo Sancionador CVM SEI nº 19957.005504/2017-00 (RJ2017/2532) foi instaurado pela Superintendência de Relações com o Mercado e Intermediários (SMI) em face de uma gestora e um investidor

[51] BSM – SUPERVISÃO DE MERCADOS. **Processo Administrativo Ordinário n. 43/2016**. São Paulo, 2017. Disponível em: http://www.bsmsupervisao.com.br/atividades-disciplinares-e-processos/acompanhe-os-processos/parecer/2016-043-pad. Acesso em: 03 jul. 2018.

(uma instituição financeira), em razão da constatação da prática de manipulação de preços através de inserção de ordens artificiais de compra e venda, caracterizando a prática de *spoofing*, no período de 27.7.2015 a 29.2.2016, em operações envolvendo contratos de dólar futuro[52].

A manipulação dos preços teria proporcionado um lucro de mais de R$ 175.875,00 (cento e setenta e cinco mil oitocentos e setenta e cinco reais) para a empresa prestadora de serviços de administração de carteira e de R$ 900.125,00 (novecentos mil e cento e vinte e cinco reais) para o investidor acusado.

O processo foi encerrado mediante a formalização de termo de compromisso, no qual os acusados se comprometeram a realizar o pagamento à CVM de valores correspondentes a 2,5 (dois vírgula cinco) vezes a vantagem financeira obtida, sendo R$ 439.687,50 (quatrocentos e trinta e nove mil seiscentos e oitenta e sete reais e cinquenta centavos) pela gestora de recursos e de R$ 2.250.312,50 (dois milhões duzentos e cinquenta mil trezentos e doze reais e cinquenta centavos) pelo investidor.

Conclusão

A presença de ofertas artificiais no livro é vedada, para que o livro de ofertas possa ser a referência de tomada de decisão de investidores e formação de preço, num processo dinâmico e simultâneo, não podendo sofrer manipulações de qualquer espécie.

A BSM e a CVM concordam em descrever que as práticas do *spoofing* e do *layering* são irregulares e devem ser combatidas para evitar-se a manipulação de mercado, preservando a competitividade, confiabilidade e eficiência do mercado.

[52] COMISSÃO DE VALORES MOBILIÁRIOS. **Processo Administrativo Sancionador SEI nº 19957.005504/2017-00 (RJ2017/2532)**. Disponível em: http://www.cvm.gov.br/export/sites/cvm/noticias/anexos/2018/20180926_PAS_CVM_SEI_19957005504_2017_00_parecer_comite_termo_de_compromisso.pdf. Acesso em: 03 jul. 2018.

Em termos gerais, a vedação às práticas do *spoofing* e do *layering* existe para coibir o enriquecimento ilícito e proteger a função do livro de ofertas de sinalizar corretamente ao mercado as ofertas de compra e venda, a demanda de quantidades dos valores mobiliários e os preços resultantes desta dinâmica de oferta/demanda.

De acordo com a Instrução CVM nº 505/2011 todos os intermediários possuem o dever de zelar pela integridade e regular funcionamento do mercado. Para cumprir com esse dever em face das práticas de *spoofing* e *layering*, as corretoras devem monitorar todas as operações e ofertas que intermediam, com o propósito de identificar, avaliar, registrar, coibir e comunicar práticas abusivas, como o *spoofing* e o *layering*.

Com relação à utilização de HFT, é necessário apurar se a infração decorreu da intenção do investidor que à utiliza ou se decorreu dos algoritmos e demais tecnologias que emprega na estratégia. A análise dos padrões de comportamento do algoritmo na estratégia é essencial para identificar se foi programado com finalidade manipulativa.

As práticas do *spoofing* e do *layering* exigem o elemento subjetivo (dolo) do agente envolvido. A verificação do dolo do agente é necessária para distinguir a prática abusiva de outras estratégias de negociação legítimas no mercado de valores mobiliários, principalmente aquelas que fazem uso de HFT.

Para caracterização do dolo na conduta do agente, são analisados os negócios efetivamente executados em um dado pregão pelo agente, em busca de situações que: (i) demonstrem o entendimento por parte do agente que os seus atos podem causar desequilíbrios ao mercado; (ii) permitam identificar a intenção de fraudar o livro de ofertas, por meio da falsa de liquidez, da alteração do fluxo de ordens ou do preço artificial e (iii) concretizar as práticas do *spoofing* e do *layering*.

A fim de verificar se a atuação dos investidores que utilizam essa estratégia é regular ou configura uma prática abusiva, é necessário, portanto, apurar a finalidade do emprego do HFT. Essa apuração demanda uma maior fiscalização, por parte dos participantes do mercado, do uso do HFT e os efeitos que produz, como já vem sendo feito pela BSM nos mercados de valores mobiliários administrados pela B3.

No mais, é importante que os investidores que fazem uso dessa estratégia tenham ciência dos riscos e prejuízos que o emprego irregular do HFT pode gerar ao mercado.

Referências

AFM – The Dutch Authority for the Financial Markets. **High frequency trading: The application of advanced trading technology in the European marketplace.** 2010. Disponível em http://www.afm.nl/. Acesso em: 12 jun. 2019.

ALMEIDA, Miguel Santos. **Introdução à Negociação de Alta Frequência**. Cadernos do Mercado de Valores Mobiliários, n. 54, ago. 2016.

ANDREZO, Andrea Fernandes; LIMA, Iran Siqueira. **Mercado financeiro: aspectos históricos e conceituais**. São Paulo: Pioneira, 2007.

B3 – BRASIL, BOLSA, BALCÃO S.A. **Ofícios e Comunicados Externos (a partir de junho de 2017)**. São Paulo, jun. 2017. Disponível em: http://www.b3.com.br//pt_br/oficios-e-comunicados/. Acesso em: 21 jul. 2018.

______. **Programa de Qualificação Operacional (PQO)**. São Paulo, fev. 2018. Disponível em: http://www.b3.com.br/pt_br/b3/qualificacao-e--governanca/selos-pqo/. Acesso em: 21 jul. 2019.

______. **Regulamentos e Manuais**. São Paulo, fev. 2018. Disponível em: http://www.b3.com.br/pt_br/regulacao/estrutura-normativa/operacoes/. Acesso em: 21 jul. 2019.

BADEN POWELL, Stuart; ZHANG, Frank. **The impact of High-Frequency Trading on Markets.** CFA Institute Magazine, vol. 22, nº 2, 2011.

BITENCOURT, Cezar Roberto; BREDA, Juliano. **Crimes contra o Sistema Financeiro Nacional e contra o Mercado de Capitais**. 3. ed. São Paulo: Saraiva, 2014.

BOLINA, Helena. **A Revisão das Diretivas do Abuso de Mercado: Novo Âmbito, o Mesmo Regime**. Cadernos do Mercado de Valores Mobiliários, n. 51, v. II, ago./nov. 2015.

BRASIL. Lei nº 6385, de 07 de dezembro de 1976. Dispõe sobre o mercado de valores mobiliários e cria a Comissão de Valores Mobiliários. **Palá-**

cio do Planalto Presidência da República, Brasília, DF, 07 dez. 1976. Disponível em: http://www.planalto.gov.br/ccivil_03/LEIS/L6385.htm. Acesso em: 04 ago. 2018

______. Instrução 8 da Comissão de Valores Mobiliários, de 8 de outubro de 1979. Dispõe sobre condições artificiais de demanda, oferta ou preço de valores mobiliários, manipulação de preço, operações fraudulentas e práticas não eqüitativa. **Diário Oficial da República Federativa do Brasil**, Brasília, DF, 15 out. 1979. Disponível em: http://www.cvm.gov.br/legislacao/instrucoes/inst008.html. Acesso em: 21 jul. 2018.

______. Instrução 461 da Comissão de Valores Mobiliários, de 23 de outubro de 2007. Disciplina os mercados regulamentados de valores mobiliários e dispõe sobre a constituição, organização, funcionamento e extinção das bolsas de valores, bolsas de mercadorias e futuros e mercados de balcão organizado. **Diário Oficial da República Federativa do Brasil**, Brasília, DF, 24 out. 2007. Disponível em: http://www.cvm.gov.br/legislacao/instrucoes/inst461.html. Acesso em: 21 jul. 2018.

______. Instrução 505 da Comissão de Valores Mobiliários, de 27 de novembro de 2011. Estabelece normas e procedimentos a serem observados nas operações realizadas com valores mobiliários em mercados regulamentados de valores mobiliários. **Diário Oficial da República Federativa do Brasil**, Brasília, DF, 24 out. 2007. Disponível em: http://www.cvm.gov.br/legislacao/instrucoes/inst505.html. Acesso em: 21 jul. 2018.

BROGAARD, Jonathan et al. **High frequency trading and its impact on market quality**. Northwestern University Kellogg School of Management Working Paper, v. 66, 2010. Disponível em: https://secure.fia.org/ptg-downloads/hft_trading.pdf. Acesso em: 31 jul. 2018.

______. **High-Frequency Trading and Price Discovery**. The Review of Financial Studies, vol. 27, nº 8, Oxford. Oxford University Press, 2014.

BSM – SUPERVISÃO DE MERCADOS. **Painel: Monitoração de ofertas – Spoofing e Layering. Workshop sobre Monitoração de Práticas Abusivas de Ofertas, de Prevenção à Lavagem de Dinheiro e de Controles Internos de Suitability**. São Paulo, 23 nov. 2016. Disponível em: https://www.bsmsupervisao.com.br/assets/file/noticias/Monitoraca_Ofertas.pdf. Acesso em: 21 jul. 2018.

______. **Workshop Monitoramento de Ofertas em Spoofing e Layering.** São Paulo, 17 abr. 2017. Disponível em: https://www.bsmsupervisao.com.br/Noticias/2017-04-17-Workshop-Monitoramento-de-Ofertas-em-Spoofing-e-Layering. Acesso em: 21 jul. 2018.

______. **Orientação ao mercado sobre as práticas de Layering e Spoofing.** São Paulo, 16 jul. 2019. Disponível em: https://www.bsmsupervisao.com.br/Noticias/Spoofing-Layering. Acesso em: 16 jul. 2019.

______. **Simpósio de Trade Surveillance**. São Paulo, 7 jun. 2017. Disponível em https://www.bsmsupervisao.com.br/Noticias/2017-06-22-Simposio-de-Trade-surveillance-no-Itau-Unibanco. Acesso em: 28 jul. 2018

______. **Regulamento Processual**. São Paulo 24 mai. 2018. Disponível em: https://www.bsmsupervisao.com.br/assets/file/leis-normas-regras/Regulamento-Processual-da-BSM-25062018.pdf. Acesso em: 21 jul. 2018.

______. **Processo Administrativo Ordinário n. 05/2016**. São Paulo, 2017. Disponível em: http://www.bsmsupervisao.com.br/atividades-disciplinares-e-processos/acompanhe-os-processos/parecer/2016-005-pad. Acesso em: 21 jul. 2018.

______. **Processo Administrativo Ordinário n. 26/2016**. São Paulo, 2017. Disponível em: http://www.bsmsupervisao.com.br/atividades-disciplinares-e-processos/acompanhe-os-processos/parecer/2016-026-pad>. Acesso em 03 jul. 2018.

______. **Processo Administrativo Ordinário n. 43/2016**. São Paulo, 2017. Disponível em: http://www.bsmsupervisao.com.br/atividades-disciplinares-e-processos/acompanhe-os-processos/parecer/2016-043-pad. Acesso em: 03 jul. 2018.

______. **Caso 4: Spoofing (geração de condições artificiais de demanda). Supervisão de Mercado – Casos**. São Paulo, 2017. Disponível em: http://www.bsmsupervisao.com.br/supervisao-de-mercado/casos/4. Acesso em: 01 jul. 2017.

Calabró, Luiz Felipe Amaral. **Regulação e autorregulação do Mercado de Bolsa: Teoria Palco-plateia**. 1. ed. São Paulo: Almedina, 2011.

Cavali, Marcelo Costenaro. **Fundamento e limites da repressão penal da manipulação do mercado de capitais: uma análise a partir do bem jurídico da capacidade funcional alocativa do mercado**. 2017. Tese (Doutorado em Direito Penal) – Faculdade de Direito, Universidade de São Paulo, São Paulo, 2017.

COMISSÃO DE VALORES MOBILIÁRIOS. **Processo Administrativo Sancionador CVM nº 12/2004**, Voto Diretor Pedro Oliva Marcilio de Sousa, proferido em 1 ago. 2006. Disponível em: http://www.cvm.gov.br/export/sites/cvm/decisoes/anexos/0003/5147-0.pdf Acesso em 21 jul. 2018.

______. **Processo Administrativo Sancionador SP2013/0094**. Rel. Dir. Gustavo Borba, j. 14 dez. 2017. Disponível em: http://www.cvm.gov.br/

noticias/arquivos/2017/20171215-1.html#PAS_SP_2013_0094. Acesso em: 21 jul. 2018.

______. **Administrador de carteira e investidora são punidos pela prática de spoofing**. Rio de Janeiro, 13 mar. 2018. Disponível em http://www.cvm.gov.br/noticias/arquivos/2018/20180313-2.html. Acesso em 21 jul. 2018.

______. **Processo Administrativo Sancionador CVM nº RJ 2016-7192**. Voto do Dir. Rel. Henrique Balduino Machado Moreira, j. 13 mar. 2018. Disponível em: http://www.cvm.gov.br/export/sites/cvm/noticias/anexos/2018/20180313_Voto_DHM_Spoofing__PAS_20167192__FINAL.pdf. Acesso em 13 ago. 2018.

______. **Processo Administrativo Sancionador CVM nº RJ 2016-7192**. Manifestação de Voto do Dir. Gustavo Borba, j. 13 mar. 2018. Disponível em: http://www.cvm.gov.br/export/sites/cvm/noticias/anexos/2018/20180314_manifestacao_voto_DGB_spoofing.pdf. Acesso em 13 ago. 2018.

COMMODITY FUTURES TRADING COMMISSION. Antidisruptive Practices Authority. **Interpretative guidance and policy statement**. 78 Fed. Reg. 31890, 31892, 31896. Disponível em: https://www.cftc.gov/sites/default/files/idc/groups/public/@lrfederalregister/documents/file/2013-12365a.pdf. Acesso em 14 ago 2018.

COSTA, Isac Silveira da. **High frequency trading (HFT) em câmera lenta: compreender para regular**. 2018. Dissertação (mestrado) – Escola de Direito de São Paulo da Fundação Getulio Vargas, São Paulo, 2018.

COTIAS, Adriana. **Mercado vê cerco a casos de suspeita de manipulação**. VALOR, 25 jun. 2018. Disponível em: https://www.valor.com.br/financas/5618433/mercado-ve-cerco-casos-de-suspeita-de-manipulacao. Acesso em: 04 ago. 2018.

DONAGGIO, Angela Rita Franco. **Regulação e Autorregulação no Mercado de Valores Mobiliários: o caso dos segmentos especiais de listagem da BM&FBovespa**. Tese (Doutorado em Direito Comercial) – Faculdade de Direito da Universidade de São Paulo, São Paulo, 2016.

EIZIRIK, Nelson; GAAL, Ariádna B.; PARENTE, Flávia; HENRIQUES, Marcus de Freitas. **Mercado de Capitais: Regime Jurídico**. 3. ed. Rio de Janeiro: Renovar, 2011.

FAMA, Eugene F. **Efficient capital markets: a review of theory and empirical work**. The Journal of finance. New York: American Finance Association, v. 25, Maio,1970.

GONÇALVES, Telma Filipa Batista. **Estudo sobre os desafios da negociação algorítmica e de alta frequência na eficiência financeira e na inte-**

gridade do mercado – novos desenvolvimentos regulatórios. Estudos do Instituto dos Valores Mobiliários, 2017. Disponível em: https://institutovaloresmobiliarios.pt/estudos/pdfs/1485789524negocia%C3%A7%C3%A3o_algor%C3%ADtmica_tg.pdf. Acesso em: 03 ago. 2018.

GREGORIU, Greg N.; LHABITANT, François-Serge. **High-Frequency Trading: Past, Present and Future**, in The Handbook of High-Frequency Trading (ed. Greg N. Gregoriu). Academic Press. Londres, 2015.

HENDERSHOTT, Terrence et al. **Does Algorithmic Trading Improve Liquidity?** The Journal of Finance, vol. 66, nº 1, New Jersey. Wiley, 2011.

INTERNATIONAL ORGANIZATION OF SECURITIES COMMISSIONS – IOSCO. **Regulatory Issues Raised by the Impact of Technological Changes on Market Integrity and Efficiency – Final Report**. Madrid, 2011. Disponível em: https://www.iosco.org/library/pubdocs/pdf/IOSCOPD361.pdf. Acesso em: 21 jul. 2018.

______. **Regulatory Issues Raised by the Impact of Technological Changes on Market Integrity and Efficiency – Consultation Report**. Madrid, 2011. Disponível em: https://www.iosco.org/library/pubdocs/pdf/IOSCOPD354.pdf. Acesso em: 15 mar. 2019.

______. **Principles for Dark Liquidity**. Madrid, 2011. Disponível em: https://www.iosco.org/library/pubdocs/pdf/IOSCOPD353.pdf. Acesso em: 21 jul. 2018.

______. **Technological Challenges to Effective Market Surviellance. Issues and Regulatory Tools – Final Report**. The Board of the International Organization of Securities Commission. FR04/03, Abril, 2013. Disponível em http://www.iosco.org/library/pubdocs/pdf/IOSCOPD412.pdf. Acesso em 14 abr. 2018.

JARROW, Robert; PROTTER, Philip. **A Dysfunctional Role of High Frequency Trading in Electronic Markets**. Johnson School Research Paper Series, nº 08-2011. Disponível em: http://ssrn.com/abstract=1781124. Acesso em: 12 jun. 2019.

KLUCHENEK, Matthew F., KAHN, Jacob L. **Deterring Disruption in the Derivatives Markets: A Review of the CFTC's New Authority over Disruptive Trading Practices.** Harvard Business Law Review. Disponível em http://www.hblr.org/2013/03/deterring-disruption-in-the-derivatives-markets-a-review-of-the-cftcs-new-authority-over-disruptive-trading-practices/. Acesso em 14 abr. 2018.

LEWIS, Michael. **Flash Boys: A Wall Street Revolt**. New York: W. W. Norton & Company, 2014.

LILLO, Fabrizio; MICCICHÈ, Salvatore. **High-Frequency Data. In: CONT, Rama (ed.). Encyclopedia of Quantitative Finance.** Nova Jersey: Wiley, 2010.

NODA, Margareth. **Acesso eletrônico e tendências para a intermediação no mercado de valores mobiliários**. Dissertação (Mestrado em Direito Comercial) – Universidade de São Paulo, São Paulo, 2010. Disponível em: http://www.teses.usp.br/teses/disponiveis/2/2132/tde-01122010-134441/pt-br.php. Acesso em: 21 jul. 2018.

PIMENTA, Guilherme. **Spoofing: nova forma de manipular o mercado de ações**. JOTA, 03 set. 2017. Disponível em: https://jota.info/justica/spoofing-nova-forma-de-manipular-o-mercado-deacoes-03092017. Acesso em: 28 jul. 2018.

SANTANA JUNIOR, Edemilson Cruz. **A Digitalização do Mercado de Capitais no Brasil: tendências recentes. Texto para discussão 2370**. Instituto de Pesquisa Econômica Aplicada – IPEA. Brasília, fevereiro de 2018.

SANTOS, Alexandre Pinheiro dos; WELLISCH, Julya Sotto Mayor; OSÓRIO, Alexandre Medina. **Mercado de Capitais: Regime Sancionador**. São Paulo: Saraiva, 2012.

TADIELLO, Guilherme. **High-Frequency Trading e Eficiência Informacional: uma Análise Empírica do Mercado de Capitais Brasileiro no Período 2007-2015**. Dissertação (Mestrado Profissional em Administração) – Faculdade de Economia, Administração e Contabilidade da Universidade de São Paulo, São Paulo, 2016.

UNITED STATES DEPARTMENT OF JUSTICE. Northern District of Illinois. **High-Frequency Trader Sentenced to Three Years in Prison for Disrupting Futures Market in First Federal Prosecution of "Spoofing"**. 13 jul. 2016. Disponível em https://www.justice.gov/usao-ndil/pr/high-frequency-trader-sentenced-three-years-prison-disrupting-futures-market-first. Acesso em 07 ago. 2018.

YADAV, Yesha. **The Failure of Liability in Modern Markets**. Virginia Law Review, nº 106, 2016, no prelo; Vanderbilt Law and Economics Research Paper No. 15-21. 28 ago. 2015. Disponível em: http://ssrn.com/abstract=2652893. Acesso em 19 jan. 2016.

YAZBEK, Otavio. **Regulação do Mercado Financeiro e de Capitais**. 2ª edição. Rio de Janeiro. Elsevier. 2009.

ZHANG, Frank, **High-Frequency Trading, Stock Volatility, and Price Discovery.** Yale University, 2010. Disponível em: http://ssrn.com/abstract=1691679. Acesso em: 12 jun. 2019.

ZHANG, Sarah; RIORDAN, Ryan. **Technology and Market Quality: The case of High Frequency Trading.** Proceedings of the 19th European Conference on Information Systems, 2011. Disponível em: https://aisel.aisnet.org/ecis2011/95/. Acesso em: 12 jun. 2019.

SOBRE OS AUTORES

André Maruch

Mestre em Direito Privado pela Pontifícia Universidade Católica de Minas Gerais (PUC/MG). LLM em Direito dos Mercados Financeiro e de Capitais pelo Insper/SP. Graduado pela PUC/MG. Advogado em São Paulo.

Fernando Pinto Xavier Filho

Concluiu, em julho de 2014, a graduação na Faculdade de Direito da Universidade Presbiteriana Mackenzie e, em junho de 2019, o LL.M. em Direito dos Mercados Financeiro e de Capitais do INSPER. Atua como advogado nas áreas de societário, governança corporativa, private equity e fusões e aquisições (M&A) no escritório Cescon, Barrieu, Flesch & Barreto Advogados.

Júnia Fontes Vieira Cidade

Graduada em Direito pela Universidade Presbiteriana Mackenzie e pós-graduada (LLM) em Direito do Mercado Financeiro e de Capitais pelo Insper. Atuou até 2018 no departamento jurídico da Biosev S.A., empresa de capital aberto do setor sucroenergético, nas áreas do Direito Societário, Financeiro e Mercado de Capitais. Em 2019, ingressou na Nexa Resources S.A., empresa do setor de mineração do grupo Votorantim cujas ações são vendidas nas bolsas de Nova York e Toronto, e atua especialmente nas áreas de Governança Corporativa e de Fusões e Aquisições.

Rafael Viana de Figueiredo Costa

Graduado em Direito pela Fundação Getulio Vargas do Rio de Janeiro (FGV-RJ), Pós-graduado em Direito dos Mercados Financeiro e de Capitais pelo Insper – Instituto de Pesquisa e Ensino. Atuou como advogado in-house de corretora de títulos e valores mobiliários, e desde 2018 é advogado especializado em mercado de capitais no Velloza Advogados.

Tomás Centurione Leme Barbosa

Graduado em Direito pela Universidade Presbiteriana Mackenzie (2010), pós-graduado (lato sensu) em Processo Civil pela PUC-SP (2012) e pós-graduado (LLM) Direito do Mercado Financeiro e de Capitais pelo Insper (2019). Desde 2017, atua como advogado sênior na BSM - Supervisão de Mercados, entidade autorreguladora dos mercados organizados de valores mobiliários.